삶으로서의
역사

# 삶으로서의 역사

History As a Life

나의 서양사 편력기

이영석 지음

아카넷

# 차례

# 책머리에

나는 1년 후 퇴직을 앞두고 있다. 대학에서 학생들을 가르칠 때나 서양사를 연구하는 동업자들의 세계에서 '교수' 또는 '선생'으로 불린다. 그러나 이런 일반적인 호칭을 넘어서 연구 분야와 관련된 것으로는 역사학자, 더 좁은 의미로는 서양사학자라는 표현이 있다. 언제부터인가 신문 등에서 내 신간을 소개할 때 서양사학자라는 이름을 붙인다. 대학을 떠난 후에는 그냥 역사가로 불렸으면 좋겠는데, 쉽지 않은 일이다.

한 세대 이상 영국사를 공부하면서 수많은 논문들을 발표하고 여러 저서를 펴냈다. 그러면서도 도대체 내가 해온 작업이 어떤 의미를 갖는지 깊이 고민한 적은 별로 없다. 다만 오랫동안 역사연구자로서 평정심을 잃지 않고 냉정함을 유지하려고 노력해왔다. 그러나 2016년 겨울 박근혜 정권의 국정파탄과 탄핵사태를 지켜보면서 평정심을 잃었다. 원래 사회연결망서비스sns

에 관심이 없었던 나는 페이스북 계정을 가지고 있으면서도 거의 사용하지 않았다. 그러다 치밀어 오르는 울화를 참을 길이 없어서 페이스북에 직설적인 어법으로 정부와 지배 엘리트를 향해 순화되지 않은 비난을 연일 쏟아냈다. 보름쯤 지나자 화가 사라지고 냉정함을 되찾았다. SNS가 치유의 기능을 갖는다는 사실을 그때 처음으로 알았다.

냉정을 되찾은 후에 지금까지 나의 삶을 되돌아보고 가끔 떠오르는 단상을 페이스북에 올렸다. 삶의 경험과 역사 탐구의 과정을 연결해 좀 더 자유로운 형식의 짧은 글들을 썼다. 더 나이 들면 이런 작업도 어려울 것이라는 우려 때문이었다. 생각나는 대로 적은 것을 한 달여에 걸쳐 페이스북에 올렸다. 나와 같은 세대에 속하는 몇몇 분들이 글을 읽고 코멘트와 댓글을 달아주셨다. 이를 참조해 기억 속의 오류를 바로잡기도 하고 또 수정하기도 했다. 사실 공개적으로 올린 것은 이 책의 3분의 1 분량이다.

두서없이 써나간 원고를 책으로 펴내는 또 다른 이유가 있다. 지난해 초 출판사로부터 소책자 형태의 역사입문서 원고를 청탁받았다. 한동안 입문서 내용을 어떻게 구성할 것인지 이리저리 모색해보았지만, 역사학의 본질에 관해 내가 읽은 고전적인 입문서, 그러니까 제프리 엘튼이나 에드워드 카, 또는 존 개디스를 넘어서 그들과 다른 해석을 제시할 만한 자신이 없었다. 오랫동안 역사를 공부해온 연구자로서는 부끄러운 일이다. 아마

사회사를 중심으로 실증적인 연구를 해오다보니 철학적 사유를 멀리하는 타성에 젖지 않았나 싶다. 그보다는 오히려 내 삶의 경험, 그 경험들에 대한 기억, 그리고 한 세대에 걸친 연구 여정을 함께 뒤섞어 회고하는 작업을 하고 싶었다. 한 마디로 나 자신의 학문적 정체성을 찾는 작업이다.

1953년생인 나는 궁벽한 산촌에서 유년시절을 보냈다. 유년 속의 생활세계는 전근대적인 풍경으로 남아 있다. 언젠가 사석에서 농담 삼아 스스로 전근대, 근대, 탈근대를 가로지르며 살아왔노라고 말한 적이 있다. 더욱이 한국사회 자체가 산업화와 민주화의 진행과정에서 반세기 이상 심각한 혼란과 갈등을 겪었다. 나는 그 혼란의 와중에서 역사연구를 계속했다. 이 책은 한 개인의 생애사이자 한 역사가의 연구 궤적을 보여준다.

1~4장에서는 유년시절을 포함해 젊은 날의 기억을 되살렸고, 5~11장에서는 30여 년간에 걸친 내 역사연구의 궤적과 방향 전환, 그리고 그 과정에서 느꼈던 고민을 가능한 한 솔직하게 토로했다. 마지막 장에서는 역사학과 역사가로서의 삶에 대한 나름의 생각을 간략하게 정리했다. 이 책의 일부는 그동안 펴낸 책들에서 발췌한 내용도 포함하고 있다. 구체적인 전거는 필요한 것만 밝혔다.

나이가 들어갈수록 세상을 바라보는 눈이 달라지는 것을 느낀다. 스스로에게 엄격함을 요구하고 나의 삶이나 연구, 그리고 글쓰기에서까지 그런 원칙을 지키고자 했다. 그러나 그런 엄격함만이 전부가 아니다. 틈새가 있어도 어느 삶, 어느 글에나 나름의 진실이 깃들어 있다고 믿는다. 앞으로 좀 더 자유롭게 글을 쓰겠다는 다짐과 함께, 지난 겨울부터 서둘러 쓴 글들을 다듬어 책을 펴낸다.

2017년 11월 광주 진월골에서

이영석

# 1

## 두 개념어의
## 탄생과 서양사

---

**1** 산업혁명 당시 영국 공장 현장의 모습_ 영국 공장법에 관한 글이
필자가 쓴 최초의 학술논문이다.
**2** 모리드 도브의 책 『자본주의 발전연구Studies in the Development of Capitalism』(1946)의
원서와 한국어 번역판(광민사, 1980) 표지.
도브의 책과 문제의식은 오랫동안 필자의 학문세계를 지배했다.

## '역사'라는 단어의 기원

1983년 봄, 영국 공장법에 관한 글을 《역사학보》에 발표했는데, 나로서는 이것이 최초의 본격적인 학술논문이다.[1] 그로부터 33년 이상 전문 역사연구를 직업으로 삼고 살아온 셈이다. 그럼에도 정작 왜 역사연구를 하는가, 역사란 무엇인가라는 문제를 깊이 생각해본 적이 별로 없다. 그동안 여러 권의 연구서를 냈고 수많은 논문들을 발표해왔지만, 스스로 전문 역사가를 자처했을 뿐 나 자신의 정체성을 묻는 문제에 관심이 없었다. 정년을 앞두고서야 이런 문제들에 가끔 관심을 쏟곤 한다. 2016년 마지막 날에 몇 시간 동안 '역사歷史'라는 2자 성어成語의 기원을 추적하다가 중간에 멈추었다. 확실한 답을 찾지 못해서다.

전통적으로 한자문화권에서 '사史'라는 표현은 사용했지만, '역사'라는 성어는 낯설다. 아무래도 근대 개념어 또는 번역어가 아닐까 싶다. 이 문제라면 19세기 중엽 일본 지식인들의 노력과 활동을 통해 알아볼 수밖에 없다. 일본 지식인들은 헤이안平安 시대 이래 한문을 일본어 어순에 맞춰 이해하는 훈독의 방법을 확립한다. 19세기 중엽과 메이지 초기에 지식인들은 이 방법을 영문 이해에 적용한다. 그들은 영어 단어 가운데 근대 개념어와 학술어를 한자로 옮기는 어려운 작업에 전념했는데, 특히 영어의 개념어를 두 개의 한자로 이루어진 숙어로 치환하는 데 몰두했다. 이 작업의 선구자들이 니시 아마네西周(1829-97), 니시무라 시게키西村茂樹(1828-1902), 후쿠자와 유키치福澤諭吉(1835-1901), 모리 아리노리森有礼(1847-89) 등이다. 이들은 메이로쿠샤明六社를 세워 이 운동을 계속했다.[2] 그 중에서도 특히 니시 아마네의 활동이 두드러진다.

니시는 오늘날 우리가 사용하는 철학哲學, 주관主觀, 객관客觀, 이성理性, 귀납歸納, 연역演繹, 예술藝術, 문학文學, 심리心理, 과학科學, 기술技術, 권리權利, 의무義務 등의 근대 개념어를 번역한 인물로 널리 알려져 있다. 그 자신이 몸소 서양의 개념어는 일본 지식인에게 익숙한 한자의 2자 성어로 번역되어야 한다는 이론을 내세웠다. 이후 일본식 한자 성어가 19세기 후반 중국이나 조선에서 건너간 일본유학생들을 통해 같은 한자문화권에 널리 통용되기 시작했다는 것은 잘 알려진 사실이다.

내가 확인한 바로는, '역사歷史'라는 말은 메이지 6년(1874) 영어

'히스토리history'의 역어로 사용되기 시작했다.[3] 그 이전에 이 말은 전혀 사용되지 않았을까? 그렇지는 않다. '역사'라는 표현은 중국 명대明代 원황袁黃의 『역사강감보歷史綱鑑補』(1606)의 제목으로도 등장한다. 일본 에도江戶시대에도 '역사'라는 말이 가끔 사용되었다. 그러나 당시 이 단어의 의미는 지금과 달라 글자 그대로 '역대歷代의 사史'를 뜻했다, 즉 『사기』나 『한서』 같은 중국 역사서의 총체를 뜻하는 말로 사용된 것이다. 에도시대 지식인들은 왜 '역사'라는 말을 썼을까. 중국 역대의 정사正史를 독파해야 설득력을 갖는다. 과거의 경험에서 설득의 논리를 찾는 것이다. 당시 권위의 요체는 중국 고전의 인용이었다. 특히 인간의 삶을 다루는 정사야말로 그 중요한 전거였다.

그렇다면 '역대의 사서'를 뜻하는 '역사'가 어떻게 영어 '히스토리'의 번역어로 굳어졌을까? 일반적으로 영어 단어 '히스토리'는 과거에 일어난 것과 과거에 관한 서술 또는 탐구라고 하는 두 가지 의미를 지닌다. 여기에서 뒤의 의미는 과거에 일어난 것을 사료나 기록 등을 통해 탐사하는 지적 행위, 즉 역사연구 또는 역사학을 의미한다. 1862-72년 사이에 일본 지식인들은 '히스토리'의 역어로 다양한 표현을 썼다. '역사' 외에도 단순히 기록記錄, 사기史記, 사서史書, 내력來歷, 유래由來, 고사古事, 연기緣起 등의 말을 사용했던 것이다. 그러다가 요시다 요코쿠吉田庸德의 『수진영화절용집袖珍英和節用集』(1871) 이후 '히스토리'의 역어로 '역사'가

정착된다. 1872년 소학교, 중학교, 법학교, 외국어학교에 사학 史學이라는 교과목이 개설되었고 이후 그 명칭이 역사로 바뀌면서 오늘날 우리가 알고 있는 의미의 역사라는 표현이 널리 퍼졌다. 한자문화권인 동아시아 지식인들 또한 거의 비슷한 시기에 이 개념어에 익숙해진 것이다.[4] 그렇다면, 우리나라에서 이 개념어의 도입과정은 어땠을까? 아쉽지만 관련 자료가 없어서 더 이상 추적하기 어렵다. 한국사 연구자들의 과제로 남겨둔다.

### 근대 개념어 '서양'

한국연구재단 학문분류표에 따르면, 나의 전공학문은 인문학-역사학-서양사-영국사(또는 서양근대사)의 계통도에 속한다. 서양사학자로서 내가 속한 학회는 한국서양사학회고, 그 정기간행물도 《서양사론》이다. 이러한 학문 분류는 일본의 영향을 받은 것이니까, 당연히 일본도 비슷하다. 나는 최근에 일본서양사학회 기관지에 1970-80년대 일본서양사학이 한국의 진보적 독서운동에 미친 영향에 관한 글을 실었는데, 그 학술지 이름도 《서양사학 西洋史學》이다.[5]

한국이나 일본에서 서양사 西洋史는 웨스턴 히스토리Western History로 번역된다. 한국서양사학회의 공식 영어명칭도 'The Korean Society for Western History'다. 요즘은 동서양학자들의 교류가 많아 미국이나 유럽 학자들도 '웨스턴 히스토리'의 뜻을 이해하겠지만, 사실 그들의 학문용어에 이런 표현은 없다. 미국사람이 듣는다면 무슨 서부개척사인가 하고 생각할 것이고, 영국 역사가들은 아예 이해하지 못할 것이다. 영국사English history, 미국사American history, 유럽사European history 또는 지구사global history라는 표현은 쉽게 이해할 수 있지만, 유감스럽게도 동아시아에서 사용되는 서양사라는 말의 번역어는 쉽게 납득되지 않는 것이다.

물론 서양문명은 'Western civilization'으로 표현되고 이 말은 거리낌 없이 통용된다. 동양the East과 서양the West이라는 이 항대립적인 개념에 익숙한 탓이다. 문제는 동아시아에서 사용되는 '서양'이라는 말의 모호성에서 비롯된다. 유럽인이 사용하는 용어 가운데 이같이 애매한 것으로는 '오리엔트Orient'라는 말을 지적할 수 있다. 이 말은 유럽인 위주의 세계관에서 파생된 것이고 따라서 유럽인의 시각과 유럽중심주의를 반영한다. 우리는 '오리엔트'가 동아시아와 남아시아를 포함한다고 생각한다. 그러나 유럽인의 사고방식에서 그 말은 아마도 서아시아(중근동)만을 가리킨다고 보는 게 정확하다.

2000년 초만 하더라도 케임브리지대학 학과 가운데 동양학부 Faculty of Oriental Studies가 있었다. 10여 년 후에 그 정식명칭은 아시아 및 중동학부Faculty of Asian and Middle Eastern Studies로 바뀌었다. 몇 년 전 그 대학에 체류할 때, 동아시아 세미나에 참석한 후에 발표자 및 일본학 전공교수들과 함께 식사를 한 적이 있다. 발표자는 스웨덴에서 한류문화 현상에 관한 글을 발표했다. 토비아스 호비네테Tobias Hobinette라는 그 젊은 연구자는 실제로는 한국인 입양아 출신이었다. 식사하던 도중에 몇 마디 영어로 대화를 나누다가 내가 광주대 선생이라는 것을 알고 난 후에 갑자기 한국말로 이야기를 했기 때문에 그의 슬픈 과거를 알게 되었다. 신기하게도 그는 자신이 전라남도 영광 출신이라는 것을 잊지 않았다. 생모를 찾기 위해 광주를 세 번 찾았다고 한다. 물론 생모를 찾지는 못했다. 중산층 양부모의 후견으로 좋은 교육을 받고, 한국학을 전공하게 되었다고 한다. 밝은 모습으로 말했지만, 나는 그의 이야기를 들으며 비감한 마음을 억제하지 못했다. 그러면서도 그가 대견스러웠다. 외국에서 민족주의 감정이 치미는 것은 자연스러운 현상이다.

이야기가 옆길로 샌 것 같다. 좌우간 식사를 하던 도중에 일본학 교수들이 옥스퍼드대학의 보수적인 분위기를 조롱하면서 그들이 아직도 오리엔트학Oriental Studies이라는 명칭을 바꾸지 않았다고 말했다. 그렇다면, 아시아 및 중동학부Asian and Middle Eastern Studies는 개명된 표현인가? 나는 그들의 말에 동의하지 않았다. 새로운 명칭 또한 유럽중심적인 표현이 아닐까? 그들은 처음에는 내 질문을 이해하지 못했다. 내 설명은 이러했다. '아시아'는 객관적 지리적 명칭이다. 그렇지만, 당신들은 그 명칭

속에 오직 동아시아와 남아시아만을 넣고 있다. 중동Middle East 은 객관적 지리적 명칭이 아니다. 바로 영국중심적인Anglo-centric 표현 아닌가. 내 설명을 듣고 나서 그들은 내가 말하려는 의미를 이해했다. 아마도 조금 기분이 나빴을 것이다.

오리엔트라는 말은 원래 르네상스 이래 유럽 지식인들이 라 틴-알파벳 문자문화권의 외부를 가리키는 말로 사용했다. 당시 그들의 지리적 인식 수준에서는 당연히 서아시아, 무슬림 세계 를 뜻했을 것이다. 그 후 지리적 인식 지평의 확대와 더불어 동 아시아까지 넓혀졌겠지만, 역시 그 핵심은 서아시아였던 것이 다. 학문연구에서도 오리엔트학의 탄생지는 영국, 독일, 프랑스 등 서유럽 국가다.

한자문화권에서 '서양'이라는 말은 어떠했을까? 이 말은 유럽 의 오리엔트와 비슷한 출발점을 갖고 있다. 원래 중국에서 '서양' 은 사해四海 가운데 한 해양을 가리키는 말이었다. 이 표현의 기 원을 찾아 올라가면 왕대연汪大淵의 『도이지략島夷誌略』(1349)에까 지 이른다. 이 책에서 '동양'과 '서양'이라는 표현이 등장한다. 그 후 마테오리치의 『곤여만국전도坤輿萬國全圖』(1602)에서도 비슷하 게 쓰인다. 그러나 아직 '서양' 또는 '동양'이라는 말은 전통시대 동아시아에서 지역 명칭으로 사용되지 않았다. 적어도 18세기 까지만 하더라도 서양/동양은 지식인 사회에서 지리적 명칭의 시민권을 얻지 못했다.

그러나 예외도 눈에 띈다. 18세기 초에 아라이 하쿠세키新井白石의 『서양기문西洋紀聞』(1715)에서는 '서양'을 해양이 아닌 문화 개념으로 처음 사용하고 있다. 이후 일본에서는 지역 또는 문화권 개념으로 서양이라는 말이 간혹 사용되었다. 18세기 이래 메이지유신 이전까지 출간된 서적 이름에 서양이라는 표현이 들어간 경우가 230권에 달한다. 본격적인 유럽소개서로는, 야마무라 사이스케山村才助의 『서양잡기기西洋雜記紀』(1801)를 꼽는다. 이 전통의 결정판이 후쿠자와 유키치福澤諭吉의 『서양사정西洋事情』(1866-70)이다. 그럼에도 서양이라는 말이 언제부터 정확하게 지리적 또는 문화권적 명칭을 나타냈는가는 정확하지 않다. 19세기 후반에 영어 '히스토리'의 번역어로 역사라는 말과 함께 서양사西洋史라는 표현도 등장하지만 확실한 헤게모니를 쥐었다고 말할 수 없다. 이외에도 대서사大西史, 태서사泰西史, 만국사萬國史, 구라파사歐羅巴史, 구주사歐洲史 등이 사용되었다. 아마도 1870년대 무렵에 동양과 서양은 영어 이스트the East와 웨스트the West의 번역어로 자리 잡은 것 같다.[6]

'오리엔트'나 '서양' 모두 타자를 가리킨다. 여기에서 이 두 용어를 대비하면 어떨까? 앞에서 언급했듯이, '오리엔트'는 기본적으로 라틴-알파벳 문화 이외 지역을 상징하는 표현이다. 오리엔트라는 '타자'는 근대 유럽인들이 스스로를 비교해 자신을 규정할 수 있는 수단으로 작용했다. 사이드에 따르면, 근대 유럽 지식인은 "정치적 사회적 군사적 이념적 과학적으로, 또 상상력으로 오리엔트를 관리하거나 심지어 생산해왔다."[7] 그들은 오리엔트를 지식의 대상으로 삼아 이 지역 연구를 기반으로 타자에 관한 담론을 꾸준히 만들었다. 이 담론은 유럽인들이 이 지역에 관해 기술하고 생각할 때 그들의 사고와 태도에 영향을 미쳤고, 이를 통해 그들 자신의 정체성을 구성하는 데에도 영향을 받았다. 한 마디로 오리엔트라는 열등한 타자와 대비함으로써 스스로 우월성을 재확인한 것이다.

그렇다면 '서양'은 어떤가. 19세기 중엽 일본을 비롯해 동아시아 지식인들이 '서양'을 상상했을 때 그것은 오리엔트와 정반대의 작용을 했던 것처럼 보인다. 그들에게 상상된 서양은 배워야 할 대상이거나 극복해야 할 대상이었던 것이다. 그렇기 때문에 상상된 서양에 대한 동아시아 지식인들의 태도는 수동적이고 순응적일 수밖에 없다. 일본 메이지 초기의 지식인들의 태도가 이에 가까웠을 것이고, 이런 태도는 동아시아 다른 나라 지식인들이 공유했을 것이다. 그 태도가 구조화되어 1세기 이상 지속되었다. 지금은 물론 먼 나라 이야기 같지만 말이다.

### 나는 왜 서양사를 공부했는가?

당신은 왜 한국의 역사가 아니라 영국사를 공부하는가? 영국 역사가들을 만날 때마다 그들이 항상 묻는 질문이다. 이런 질문을 받으면 조금 당황스럽다. 나는 왜 영국 역사를 공부하고 있지? 물론, 내 나름대로 준비한 답변이 있다. 대충 다음과 같은 내용이다.

1970년대에 한국에서 대학을 다녔던 학생들은 자신의 문제보다는 조국과 사회의 문제를 고민했다. 당시 군부독재에 좌절하고 분노하면서도 이 나라의 바람직한 근대화가 무엇인가를 진지하게 고민했다. 나는 당시 한국의 가장 중요한 사회변동이 산업화라고 생각했고 바람직한 산업화의 경로 또는 산업화 이후의 올바른 방향을 알고자 했다. 이런 문제의식에서 최초의 산업화라고 할 수 있는 영국의 사례에 관심을 가졌던 것이다.

이렇게 말하면, 그들은 감동받은 표정을 짓는다. 사실, 유럽의 학자들이 이와 같이 치열한 문제의식을 가지고 학문의 길에 발을 들여놓은 경우는 드물다. 말 그대로 역사에 흥미를 가져서 대학원에 다녔고 그러다보니 연구자의 길로 들어섰다는 식이다. 그들의 서사에 비하면, 나의 준비된 대답은 상당히 그럴듯하고 낭만적이기도 하다. 젊은 후배 학자들과 담소를 나눌 때에도 비슷한 이야기로 대답한다. 나는 1999년에 펴낸 책 『다시 돌아본 자본의 시대』 필자 후기에서 자세히 밝힌 적이 있다. 아마 이런 내용이었을 것이다.

나는 유신시대에 학교를 졸업하고 학문의 길에 들어선 상당수의 사람들이 그러했듯이, 그 시대를 치열하게 살았던 주위의 동료들에게 마음의 빚을 지고 있었다. 그 부담을 덜기 위해서는 학문 자체가 우리 사회의 현실을 분석하고, 미래의 운동에 도움이 될 수 있어야 했다. 나도 역시 그런 강박관념에 사로잡혀 있었으므로 여전히 한국 현대사회에 관심이 있었고 그 사회를 이해하는 관건은 산업화라고 생각했다. 그런 점에서 우리보다 한두 세기 전에 산업화를 겪었던 영국의 사례는 한국 사회를 이해하는 데 도움이 될 것 같았다. 그것은 서양사를 도피처로 삼은 데 따른 자괴감과 자기희생의 길에 들어선 몇몇 동료들에 대한 부담을 동시에 덜 수 있는 주제라고 여겨졌다. 영국의 산업화를 섭렵한 다음에 본격적으로 한국 현대사회에 대한 탐구를 계속하면 되지 않겠는가. 당시 20대의 젊은이였던 나는 젊음의 패기를 내세우며 이 같은 시건방진 야심을 품었다. 산업혁명으로 나아가는 나의 학문적 여정은 이렇게 시작되었다. 그 길이 매우 고통스럽다는 것을 나는 곧바로 깨달았으나 거기에서 빠져 나올 수가 없었고, 수십 년이 지난 지금에도 그 여로는 끝나지 않았다. 내가 나태한 탓도 있겠지만, 그보다는 어리석은 환상에 사로잡혀 선택한 것에 따른 업보라고나 할까. 참으로 불행한 일이 아닐 수 없다.[8]

나는 이러한 대답을 거의 내 또래 세대가 공유한 문제의식이라고 일반화했다. 2007년에 50년간에 걸친 한국 영국사 연구경향을 정리하면서 내 또래 세대의 학문관을 이렇게 설파하기도 했다.

1980년대에 연구를 시작한 젊은 학자들은 이른바 유신세대에 해당한다. 그들은 유신시대에 대학을 다니면서 정치적 폭압을 직간접으로 체험한 사람들이었다. 그들 가운데 일부는 학문적 실천을 강조하면서 사회주의나 급진적 이념으로 자기 학문의 외피를 치장하려는 노력을 기울이기도 했다. 그들은 조국의 현실을 조명할 수 있는 주제를 영국사의 테두리 안에서 열심히 찾았는데, 그 귀결이 19세기 산업화 및 사회운동을 재검토하는 일이었다. 더욱이 그들은 1960, 70년대의 고도성장기를 지나면서 한국의 산업화를 성찰적으로 검토할 필요성을 절실하게 느끼고 있었다. 이 3세대 연구자들은 사회주의에 관심을 기울이면서도 정통 마르크스주의로부터 떨어져 있었다. 오히려 그들이 주목한 것은 유럽의 신좌파 이념이었다. 그 가운데서도 에드워드 톰슨의 영향은 절대적이었던 것 같다. 톰슨의 『영국 노동계급의 형성』은 그 당시 젊은 역사가들에게는 이미 살아 있는 고전으로 인식되었다. 이 책은 영국사뿐만 아니라 서양사에 관심을 둔 연구자에게 끊임없는 영감을 불어 넣어준 지적 원천이었다. 이들은 산업화라는 경제적 변화를 넘어서 그 시대에 살았던 무수한 인간군이 독자적인 계급을 형성해나가는 과정을 추적하는 것이야말로 진정한 '아래로부터의 역사'라는 믿음을 가지고 있었다. 19세기 초에 노동자들이 독자적인 계급을 형성했다는 톰슨의 주장은 한국과 같이 뒤늦게 산업화 과정에 진입한 나라의 연구자들에게 커다란 관심을 불러 일으켰다. 그것은 한편으로는 산업화 시기에 사람들의 의식적인 노력을 통해 자본주의 극복의 담지자로서 새로운 사회세력이 형성될 수 있다는 믿음을 던져주었다. 이와 함께 에릭 홉스봄의 저서 『혁명의 시대』도 커다란 영향을 주었다. '장기 19세기'나 '이중혁명' 등의 용어들이 널리 퍼졌고, 19세기 전반은 영국만이 아니라 유럽 사에서 격변과 혁명의 시대였다는 인식이 깊이 자리 잡았다.[9]

나와 비슷한 또래의 서양사 연구자들이 19세기를 중심으로 서유럽국가들의 이중혁명, 산업화, 노동운동, 사회주의에 관심을 기울였던 것을 보면 이러한 일반화도 무리가 없는 것 같다. 그럼에도 지금 돌이켜보면, 이런 식의 답변이 너무 형식적이고 과장된 것이 아닐까 하는 의심도 든다. 젊은 시절의 고민과 내밀한 사색을 정확하게 다 기억할 수는 없지만, 이런 이유만이 전부인 것 같지 않다. 또 다른 여러 생각과 고민들이 겹쳐 있었을 것이다. 그런 것들을 부차적인 것으로 밀어놓고 오랜 세월동안 내 나름의 공식적인 답변을 마련해 스스로를 합리화했는지도 모른다.

### 기억들의 조각 맞추기

왜 당신은 영국사를 공부하는가? 나의 공식적인 대답을 넘어 젊은 날의 기억의 편린들을 모아본다. 그 편린들을 모아 일종의 조각 맞추기를 하면 어떨까. 사실 조각 맞추기는 역사가로서 나의 숙련기술이다. 몇 가지 조각들을 내 기억의 저장소에서 끄집어 낼 수 있다.

1970년대 후반에 방위소집을 마치고 한동안 고향에서 빈둥 거리다가 학부 3학년에 복학해보니, 사학과 편제가 바뀌어 있었 다. 당시 내가 다녔던 성균관대 사학과는 20명을 모집하는 작은 학과였고 국사·동양사·서양사 교과목을 골고루 들어야 했다. 그런데 2년 공백기에 학과 편제가 바뀐 것이다. 아마 역사 분야를 3학과 체제로 운영해온 서울대의 영향을 받았던 것 같다. 신입 생을 세 분야로 나눠 모집하지는 못하고, 3학년 때에 세 분과 가 운데 하나를 선택해서 그 분과 개설과목을 집중적으로 이수하는 체제였다.

나는 서양사를 택했다. 소수 학생만이 서양사를 선택했는데, 그때 함께 서양사과목을 들었던 후배가 지금 한국기술교육대학 에 있는 김덕호 선생이다. 지금도 김 선생과 절친하게 지낸다. 전공은 미국사지만, 요즘에도 나는 학술지에 투고하기 전에 미 리 원고를 읽어달라고 부탁한다. 김 선생도 마찬가지다. 발표 전 에 부담 없이 원고를 읽어줄 수 있는 동료가 있다는 것은 학자에 게 행운이다. 학부 시절 1년간 두 사람이 늘 함께 서양사 과목을 수강했던 경험이 지금까지 진한 기억으로 남아 있다. 경기대 김 기봉 선생도 그런 몇 안 되는 후배 동업자 중의 하나다.

다시 조용히 묻는다. 그러면, 복학했던 그때 나는 왜 서양사를 전공으로 삼았을까. 우선은 집안 분위기에 대한 반발심이 컸다. 사실 나는 학부 시절에 역사를 더 공부하더라도 서양사를 전공할 마음이 없었다. 그럼에도 내가 서양사를 택한 것은 일종의 도피였다. 나는 어릴 적에 돌아가신 선친의 그림자에서 벗어나고 싶었다. 그 분은 세간에 '증산교'라고 널리 알려진 한 신흥종교의 교전인 『대순전경』을 편찬하셨고, 그 종교에 관해서 몇 권의 책을 남기셨다. 어머니는 내가 선친의 뒤를 이어 우리나라의 역사나 철학 또는 종교사를 공부하기를 바라셨다. 어렸을 때부터 나는 집안의 종교적 분위기가 싫었다. 어머니의 소망도 무척 부담스러웠다. 그 소망으로부터 벗어나는 것이 나의 일차적인 목표였다.

영어에 대한 친숙함도 또 다른 이유였는지 모른다. 물론 외국어로서 영어를 잘하지는 못했지만, 학부 저학년 때에도 도서관 참고열람실 서가에 있던 영문판 백과사전을 특히 좋아했다. 하나는 에드윈 셀리그만Edwin Seligman이 편집해 1930년대에 출판된 『사회과학백과사전』, 다른 하나는 1970년대 우파 시각을 반영해 편집 출판된 『국제사회과학백과사전』이었다.[10] 양쪽에 공통된 표제어나 서로 다른 표제어들에 관한 기사를 복사해 평소에 즐겨 읽었다. 가령 앞의 백과사전에 '계급class' 항목이 있다면 뒤의 백과사전에는 '계급' 대신 '계층stratification'만 나온다. 나는 두 표제어의 기사를 복사해 서로 비교하며 읽곤 했다. 사실 두 백과

사전에서 100개 항목의 기사를 복사해 읽으려는 원대한 목표를 세우기도 했다. 그 계획은 끝내 이루지 못했지만, 그래도 학부 시절에 20여 개 이상의 항목을 읽지 않았나 기억한다. 특히 복학할 무렵, 나는 모리스 도브Maurice H. Dobb의 『자본주의 발전연구』에 푹 빠져 있었는데,[11] 그 책이 오랫동안 나의 학문세계를 지배하게 되리라고는 꿈에도 생각하지 못했다.

그밖에도 이유는 또 있다. 1975년 말 한국 대학가에 교수 해임 바람이 불었다. 박정희 정권이 눈엣가시 같은 교수들을 대학에서 추방한 사건이다. 사립대학에서는 재단 눈 밖에 난 교수들도 함께 명단에 집어넣어 퇴직을 강요했다. 대부분 명목상으로는 강의 부실이나 태만 등을 이유로 내세웠다. 내가 다닌 사학과에서도 두 분이 쫓겨났는데, 모두 서양사 전임이었다. 학부 저학년 때 두 분 강의를 들었지만, 그 당시 대학강의는 대부분 부실하기 짝이 없었다. 내가 수강한 서양문화사 담당교수는 강의는 한 학기 내내 헤로도토스Herodotos의 역사서 일부 내용을 강의하곤 기말시험에 현대 대중문화에 관해 논하라는 문제를 냈던 것으로 기억한다. 다른 한 분은 밴다이어그램 두 개를 가지고 그리스 로마문화와 게르만문화의 분리, 접촉, 상호침투 등을 설명하는 방식이었는데, 그 분이 맡은 다른 강의 내용도 매우 비슷했다.

그 후 내가 휴학하던 기간에 그리스사를 전공하는 김진경 선생이 경북대에서 옮겨오셨고, 나머지 서양사 과목들의 강의는 해직교수였던 노명식 선생, 그밖에 다른 서울 소재 대학 교수들이 번갈아 맡고 있었다. 당시 건국대학에 있던 허승일 선생은 나와 김덕호에게 키케로의 『의무론』 영역본을 던져주고서 강의 내내 번역을 시켰다. 번역하기 무척 어려웠던 기억이 새롭다. 내가 서양사 전공을 택한 것은 그나마 그 분야 강의가 나을 것이라는 기대감 때문이었다. 국사·동양사 전임교수들의 강의는 듣기 민망할 정도였다. 당시 교수들은 교수법에는 전혀 관심을 갖지 않았던 것 같다. 강의 요지를 파악할 수 없고 만담 식으로 시작도 끝도 없이 강의를 진행하기 일쑤였다. 교수들에게는 참 좋은 시절이었음이 분명하다.

나보다 한 세대 전 서양사를 공부했던 교수들, 이를테면 노명식 선생 같은 분들의 경우, 서양사를 공부한 것은 한국사에 대한 자괴감 때문이었다고 술회한 적이 있다. 일제시대를 겪은 선배 세대가 자국의 역사에 어떤 태도를 가졌을까 하는 것은 짐작하고도 남음이 있다. 몇 년 전에 나는 노명식 선생을 회고하는 글에서 다음과 같이 썼다.

식민지의 질곡과 해방공간의 혼란을 겪는 것과 동시에 기독교 영향을 짙게 받으면서, 노명식은 기존의 전통보다는 서구의 새로운 문화를 통해 그의 조국이 새로운 발전경로를 밟아야 한다는 점을 무엇보다도 절감했던 것 같다. 그는 대학원에서 서양사전공을 택했는데, 이러한 선택은 어쩌면 자연스러운 것이었다. 젊은 시절에 그는 서구 민주주의야 말로 위대한 이념이며 제도라는 확신을 가지고 있었고, 그에 따라 서구 민주주의를 낳은 서구문화의 토양을 두루 섭렵하려는 학문적 욕구로 가득 차 있었다. 물론 동아시아 지역이 서구와 만난 것은 자유주의나 민주주의 같은 이념들의 도입을 위해서가 아니라, 제국주의 국가들의 야욕에 따른 결과였다는 것을 뒤이어 깨달았지만, 서구 민주주의에 대한 존중은 오랫동안 그의 학문적 배경에 깊이 자리하고 있었던 것이다. 자국의 전통에 대한 기대를 버리고 서구문화 속에서 미래의 새로운 희망을 대망하는 태도는 어쩌면 '자학사관'이라고 비판받을지도 모르겠다. 그러나 이런 태도는 식민지시기와 해방 후의 혼란을 겪은 세대에게 널리 퍼진 일종의 정신적 상흔이기도 했다.[12]

내가 국사 강의에 관심이 없었던 것은 이와 비슷한 감정 때문이 아니었을까. 자국사에 대한 열등감과 서구문화에 대한 막연한 기대감, 말하자면 일종의 문화적 사대주의 영향이 있지 않았을까? 확실하게 말할 수 없지만 당시 내 정신세계에 이와 비슷한 감정이 있었으리라고 막연하게 짐작한다.

지금 기억에 남은 조각들을 대부분 주워 모은 것 같다. 젊은 시절이었다면, 틀림없이 이들 요인들 가운데 가장 큰 영향을 미친 것이 무엇인가를 따졌을 것이다. 전통 역사학에서는 인과관계를 찾는다고 하고, 경제학 같은 좀 더 엄밀한 사회과학에서는 흔히 다변량분석이라고 부른다. 말하자면 어떤 변화(결과)에 작용한 여러 요인(변수)들의 영향력을 비교하는 것이다. 이것은 다음과 같은 수식으로 표현된다. 변화 $y = ax_1 + bx_2 + cx_3 + dx_4 \cdots$. 바람직한 근대화의 경로를 찾으려는 집념, 집안 종교 분위기에 대한 반발, 지루한 한국사 및 동양사 강의, 친숙한 영어, 문화적 사대주의, 이러한 것들의 경중을 과연 가늠할 수 있을까.

요즘 나는 역사에서 인과관계 찾는 작업을 중단하고 있다. 우선 밝히기 어렵다는 것이 주된 이유이고, 더 나아가 역사가들이 주장하는 가장 중요한 요인은 실제로는 그들 자신을 합리화하는 수단이나 담론에 지나지 않다고 생각하기 때문이다. 여러 가지 전거를 들어 인과관계를 밝히고 특정한 변화의 요인을 강조하더라도, 그것은 그 자신의 신념을 합리화하는 과정이라는 의심이 강하다. 이런 생각은 물론 포스트모더니즘의 영향을 받은 탓도 있지만, 실제로 젊은 시절 산업혁명사를 공부하면서 그 원인에 관한 논의가 거의 순환론의 덫에 빠져 있다는 강한 인상을 받았기 때문이기도 하다.

근본적으로는 역사의 변화를 단선적으로 설명할 수 있을 만큼 역사가 그리고 우리의 삶이 단순하지 않다는 것을 절감해서다. 인생은 단순하지 않다. 역사도 단순하지 않다. 역사가는 단순

31

하지 않다는 그 자명한 사실을 되풀이해서 언급하는 사람이 아닐까. 당신은 왜 서양사를 공부했는가. 나는 확실하게 대답할 수 없다. 무책임한 소리로 들리겠지만, 어쩌다 보니 서양사학자가 된 것 같다. 정말 삶을 이해한다는 것은 어려운 일이다.

# 2

## 자기 절제와
## 근면성에 관하여

1 유년시절 필자의 가족사진.
2 필자의 유년시절 모습.
3 2016년 5월 고흥반도 바닷가에서 친구 이수일(오른쪽)과 함께.
이수일은 내 삶에 결정적인 영향을 끼쳤다.

## 근면성에 관하여

어렸을 때 나는 잘 울었다. 눈물이 많고 유약하고 겁도 많았다. 지금도 자주 훌쩍이고 눈물을 흘린다. 그런데도 겉으로는 매우 절제력이 있고 엄격한 사람으로 알려져 있다. 연구자로서의 태도만 보자면 그런 인상을 줄 수도 있다. 1990년 광주대학으로 내려온 이래 지금까지 일관된 생활을 계속해왔다. 광주의 내 숙소에서 학교 연구실까지는 걸어서 40분 걸린다. 매일 아침 비슷한 시간에 도보로 학교에 갔다가 늦게 집으로 돌아온다. 수업 이외의 시간은 대부분 연구실에서 책을 읽고 글을 쓴다.

젊은 시절 내 연구의 화두는 산업혁명과 자본주의 발전의 역사였다. 자본주의 시장에 익숙할 법한데도 실제로 나의 생활은 매우 반자본주의적이다. 필수품 말고는 물건 사는 행위 자체를 극도로 싫어한다. 나 같은 사람들만 있으면 시장이 붕괴될 것이라고 농담조로 말하곤 한다. 아마 상품 혐오증이 있는지도 모른다. 게다가 새것 콤플렉스도 있다. 새로운 물건이나 상품에 적응을 못하는 것이다. 책을 제외하고 나는 새 물건을 몸에 지니는 것을 싫어한다. 중고등학교 시절 이후 객지에서 궁핍한 생활을 하면서, 욕구를 충족할 수 없는 현실에 대해 내 나름의 자기방어 기제를 마련한 것이 아닐까 싶다. 즉 욕구의 대상을 거부하고 멀리함으로써 스스로를 합리화하려고 한 것이 아닐까. 물론 그 반대의 경우도 상정할 수 있는데, 이상하게도 나는 이런 태도를 갖게 되었다.

　나의 괴팍한 태도는 여기에서 그치지 않는다. 일상생활에서 여러 가지 재미나 소일거리에 관심을 보이지 않는다. 유일한 오락이 있다면 밤늦게 숙소에 돌아와 '바둑 TV'를 켜는 것이다. 드라마, 영화, 다양한 오락 프로에도 관심이 없다. 거의 완벽한 비문화인이다. 오직 책 읽고, 글 쓰고, 교안 준비하는 것 외에 시간을 낭비하려 하지 않는다. 빈둥거리는 것도 싫어한다. 오랫동안 같은 학교에서 절친하게 지내는 이은봉 시인은 나의 일 중독증을 걱정하면서, 빈둥거려야 창조적인 상상력이 나오는 것이라고 훈계하기도 한다.[1]

　연구생활에서 엄격함과 반소비성향은 어떻게 형성된 것일까. 아무리 생각해도 어린 시절의 내 성격이나 취향과 전혀 연결되지 않는다. 나는 이러한 태도가 스스로 설정한 자기 절제에서 비롯되었다고 본다. 특히 1980년대에 나는 스스로를 이렇게 만들어 나갔다. 반면에 유년시절에 나는 상당히 잡기에 능해 바둑, 장기, 그 밖의 다양한 놀이도 즐겼다. 잡기문화에서 점차 멀어진 것은 대학시절이었을 것이다. 그 당시 시골에서 서울에 올라온 학생들이라면 대부분 그렇겠지만, 나는 대학시절을 주로 가정교사를 하며 다녔다. 남의 집에 입주해 숙식을 제공받고 그 집 아이들을 가르치는 일이 내 주업이었다. 자유롭게 시간을 쓸 수 없었고 정해진 시간에 들어가야 했다. 경제적으로도 다양한 활동을 할 수 없었다. 사학과 학생이면 누구나 참여하는 봄가을 답사 경험도 많지 않다. 내 기억으로는 두 번쯤 참가한 것 같다.

## 초여름의 수학여행, 그리고 소농경제

1960년대 중엽에 궁벽한 산촌에서 학교를 다닌 사람이면 누구나 고개를 끄덕이겠지만, 그 때 수학여행이란 단지 도회지 아이들에게나 해당되는 일이었다. 초등학교 6학년 초에 아마 담임 선생님이 처음 수학여행 이야기를 꺼내셨던 것 같다. 60명 남짓 되던 우리들 모두는 다 같이 좋아서 날뛰었고, 그 다음날부터 학교생활 자체가 여행 계획을 중심으로 짜여졌다.

그 계획은 싸리나무 빗자루를 만들어 여행자금을 마련하는 일이었다. 아이들은 학교 수업을 끝낸 후에 곧바로 마을 뒷산에 올라 싸리나무를 베었다. 학교 운동장 빈터에 싸리나무 가지를

37

널어놓고 햇볕에 말린 후에 한데 묶어 빗자루를 만들었다. 인근 면소재지에 장이 열리면 교대로 나가 빗자루를 팔았다. 수입이 얼마나 되었는지 알 수 없지만, 시골 5일장이 열리는 날에는 서로 장터에 나가려고 열심이었다.

드디어 6월 어느 날 이른 새벽에 우리는 그 동안 모은 돈을 밑천으로 수학여행을 떠났다. 말이 수학여행이지 그건 하루 종일 산길을 걷는 도보여행이었다. 산을 넘는 도중에 미리 준비한 도시락 두 개를 까먹기도 했다. 몇 봉우리의 산을 넘었는지는 알 수가 없지만, 어쨌든 저녁 무렵에 정읍 칠보 수력발전소에 이르렀으니 무척 많이 걸었던 것 같다. 그곳은 당시 국내 유일의 유역변경식 발전소라 해서 교과서에도 실렸다. 그 다음날 버스를 타고 인근 높은 산지에 펼쳐진 인공호수를 구경했다. 마침 이전 댐보다 훨씬 더 규모가 큰 새로운 댐을 건설하고 있었다. 공사감독의 배려로 현장에서 시멘트며 골재를 운반하는 케이블카에 올라타고 호수 전경을 한눈에 바라보는 행운도 누렸다. 원래 계획으로는 그날 버스 편으로 돌아와야 했다. 그러나 때마침 쏟아진 초여름 장맛비로 도로가 막히면서 공사판을 떠날 수 없었다.

우리는 공사판 근처의 허름한 여관집에서 길이 다시 뚫릴 때까지 사흘을 더 머물렀다. 식사 때마다 우동과 자장면을 번갈아 시켜 먹는 것이 무척 신이 나기도 했다. 식사가 끝나면 빗발 때문에 밖에 나가지도 못하고 널따란 방에서 끼리끼리 화투를 치며

놀았다. 비가 그친 후에 마을로 돌아오기는 했지만, 예상치 못한 비용 때문에 우리는 얼마씩 돈을 더 걷어야 했다. 일부는 담임 선생님이 부담하셨다고 들었다.

나는 초등학교 졸업 후에 곧바로 고향을 떠났으므로, 그 선생님의 소식을 듣지 못했다. 몇 해 전인가 우연히 시골 동창들끼리 만나서 그 말썽 많은 수학여행 기억을 떠올리며 이야기를 나눈 적이 있다. 그 분의 소식을 물었지만 아는 녀석은 아무도 없었다. 나는 지금도 어린 시절의 이 에피소드를 기억에 떠올리며 자신도 모르게 웃음을 머금을 때가 있다. 나이가 들수록 유년의 기억이 소중하다는 생각도 든다.

이것은 가난하고 고달팠던 반세기 전의 이야기다. 나는 오래 전 한 신문에 이런 내용의 칼럼을 기고한 적이 있다.[2] 아직은 1960년대 연구가 활발하지 않지만, 조만간 이 시기 우리나라 정치와 사회변동에 관한 학문 연구의 열기가 높아질 것이다. 그 때쯤이면, 이 에피소드도 그 시대 농촌사회 풍경을 알려주는 기록으로 받아들여질지도 모르겠다. 산업화 초기 새로운 사회변화의 영향을 받으면서도 아직 전통적 모습을 간직한 농촌 풍경이나, 또는 궁핍한 농민의 생활상을 알려주는 자료로 여겨질지 모른다.

다시 내 근면성의 문제와 소농경제의 체험을 연결시켜보자. 어쩌면 궁벽한 산촌에서 어린 시절을 보냈기 때문에, 소농경제 아래서 삶의 패턴을 자연스럽게 받아들였는지도 모른다. 소농경제 하면 생각나는 학자가 있다. 이영훈 선생이다. 정치적 이념의 차이는 있겠지만, 몇 번 만난 적도 있고 개인적으로 그의 성실한 태도를 좋아하는 편이다. 그는 '경영형부농'이라는 키워드로 한국자본주의 맹아를 추적했던 김용섭 선생과 그 후학들의 연구를 비판해왔다. 특히 19세기 소농경제가 경영규모의 세분화를 계속 겪었고 그만큼 농민사회가 피폐해졌으며 성장의 어떤 조건도 없었다는 점을 강조했다. 결국 20세기 후반 한국 경제의 성취는 일본의 식민지 지배라는 역사적 경험을 연결고리로 하지 않고서는 설명할 길이 없는 것이다. 그는 어느덧 식민지 근대화론의 이론적 근거를 제공한 학자로 인식되기도 했다.

최근 한국경제사를 개관하는 방대한 저술을 펴내면서, 이영훈 선생은 오늘날 한국의 경제적 성취가 모름지기 소농경제의 탄력성과 자기적응력을 바탕으로 이루어졌음을 강조했다고 한다.[3] 나는 신문에 실린 인터뷰 기사를 접했을 뿐 아직 그 책을 읽지 못했다. 이게 사실이라면, 그의 견해는 내가 요즘 들어 동아시아 전통사회와 근대화에 대해 생각해온 관점과 비슷하지 않을까 싶다. 나는 근대 이후 동아시아 경제사는 '근면혁명industrious revolution'을 핵심어로 삼아 이해해야 한다고 본다. 이런 시각은 이전의 『공장의 역사』나 최근에 펴낸 『영국사 깊이 읽기』에서도 되풀이해서 밝힌 바 있다.[4]

'근면혁명'이라는 용어는 1970년대 초에 일본의 하야미 아키라

速水融, 그리고 1994년 미국의 얀 드브리스Jan de Vris가 각기 다른 역사적 맥락에서 언급했다. 하야미 선생은 17-18세기 노비濃尾 평야의 농촌사회에서 인구가 급속하게 증가했는데도 축력 이용이 줄어드는 현상을 주목했다. 이는 자본집약적 방식이 위축되는 대신, 노동시간 연장을 통한 노동집약적 추세가 강화되는 것을 의미한다. 일반 경제적 상식과 어긋나는 이런 현상은 오히려 소농경제에서 인구증가에 대응하는 생산기능의 구조변화였다. 하야미는 농민들이 가축을 기르는 데 드는 자본을 투입하는 것 대신에 노동시간 연장과 노동 강화를 통해 인구증가에 대응했다고 주장한다. 이러한 변화를 그는 '근면혁명'이라고 불렀다. 도쿠가와시대에 자본투입량이 줄었음에도 농민의 생활수준은 상승했다. 축력을 인력으로 대체하는 과정에서 효율적인 농법 보급, 농기구 개량, 시비방식 개량과 함께 농민의 노동시간이 6시간에서 8시간으로 연장된 데 따른 결과였다. 근면이 미덕이라는 노동윤리도 확립되었다. 지배세력의 수탈이 심하지 않았기 때문에 근면성, 생활수준 상승, 생산성 증가, 노동윤리 확립, 생산증가의 선순환구조가 성립되었다는 주장이다. 하야미는 근면혁명이 17세기 대가족의 분해와 밀접하게 관련된다고 본다. 대가족 분해 이후 소농가족체제가 지배 형태로 등장하면서 생산자의 근면혁명이 전개된 것이다.[5]

일본 학계에서는 하야미의 뒤를 이어 스기하라 가오루杉原薫가

41

동아시아 일반의 노동집약적 경제발전론을 주장한다. 그가 보기에 16-18세기 동아시아의 높은 인구증가는 발전development을 가로막는 병리현상pathology이 아니라 인구를 먹이고 효율적인 노동 훈련을 계발한 '동아시아의 기적'이며, 이는 18세기 산업화를 뜻하는 '유럽의 기적'에 비견할 만한 경제적 성취였다.[6] 여기에서 일본과 중국의 높은 생활수준과 정교한 정치적·사회적 제도들은 서구학자들이 시장의 전제조건이라고 생각하는 토지재산과 계약에 대한 공적 보장이 없이도 시장에 유리한 결과를 낳았다.

이 변화는 물론 노동생산성 향상이 없는 자기착취적 노동에 지나지 않는다는 비판도 있다. 그러나 나는 생산성 변화 여부를 떠나 동아시아 소농경제에서 이러한 변화는 사람들의 삶의 태도에서 장기지속적인 현상이 되었고 이것이 20세기 동아시아 경제발전의 기반이었다고 생각한다. 이는 일본만이 아니라 한국과 중국을 포함한 광범한 지역에서 확인할 수 있는 것이다.

드브리스의 '근면혁명' 개념은 인구증가보다는 18세기 유럽사회의 수요증가현상에 자극 받은 연구다. 특히 노동자들이 임금수준이 낮은데도 높은 소비수준을 보여주는 수수께끼를 해명하려는 시도다. 18세기 유럽사회에서는 이제껏 부유층만이 독점했던 상품이 일반 가정에 등장했으며, 이들 상품은 세계에 대한 사람들의 물질적 상상력과 기대감을 증폭시켰다. 드브리스의 근면혁명론은 산업혁명 이전에 노동층의 연간 노동시간 증가가 있었고 이는 새로운 소비재 소비에 따른 결과라는 점을 중시한다. 노동자들은 더 장시간 일하고 레저시간을 줄였다. 특히 수요의 자극을 받은 농촌 수공업 노동자들은 이전의 생활과 다른 노동윤리를 발전시켰고, 이와 함께 기본 생산단위인 가정에서 생산자원을 재배치함으로써 생산증가를 꾀했다.

17-18세기에 농촌 수공업자들은 레저에 소비하는 시간을 줄이고 시장에 팔리는 상품을 생산하기 위해 더 오래 일하는 경향을 보여주는데, 드브리스는 이를 '근면혁명'이라 불렀다.[7] 이러한 과정에서 농촌 수공업자들은 상품 생산에 더 노력을 기울이고 저활용 노동력(어린이와 부녀자)을 생산에 투입하며, 궁극적으로 노동 강도를 높였다는 것이다. 유럽 학자들은 17-18세기 유럽 소생산자들의 노동시간 연장이 생산성 증가를 수반하는 선순환 구조를 이뤘다고 본다. 이것이 유럽 외부지역과 다른 유럽의 독특한 현상이라는 것인데, 나는 이런 주장에 동의하지 않는다.

앞의 논의로 돌아가보자. 혹시 나의 삶의 태도는 유년기 농촌 사회의 기억과 연결될 수 있지 않을까? 농촌사회, 더 나아가 소농경제의 기억을 떠올릴 때 나는 항상 웃음을 머금곤 한다. 고달프고 궁핍한 시절이었지만 그 당시 마을에서 살던 어른이며 어린애까지 그들 모두를 '근면혁명'이라는 렌즈를 통해 바라볼 수 있으리라고 생각한다. 아이들은 아침에 일찍 일어나 샘물에서 물을 퍼 나르고 토끼 먹이를 주고 야산에서 땔감을 모으는 등 여러 심부름과 잔일을 하며 부모를 도왔다. 물론 학교 공부는 열심히 하지 않았다. 그럴 필요성이나 동기를 느끼지 못했기 때문이다. 하루하루의 삶에서 부지런하지 않으면 살아갈 수 없는 궁핍한 시절이었다. 내가 오늘날 동아시아 경제발전의 키워드로 소농경제와 근면혁명을 상정하는 것도 이와 관련이 있다. 그렇다고 하더라도 유년시절의 경험과 기억, 말하자면 1950년대 비슷한 세대가 공유했던 그 기억이 성년이 된 후에 역사가로서 나의 삶과 태도에 지속적으로 영향을 미쳤다고 할 수 있을까?

## 삶의 태도의 변화? 한 친구에 대한 회상

앞에서 말했듯이, 어렸을 때 나의 기질은 유약하고 성급하며 인내심이 없었다. 촐랑거린다는 표현이 맞을 만큼 말도 많았다. 호기심이 많아 이것저것 관심을 나타냈지만, 항상 작심삼일로 끝났다. '작심삼일'이야말로 유년시절 나의 표지標識라고 해도 무방할 것이다. 지금의 내 삶의 태도와 너무 다른 것이다. 유년기 농촌사회와 소농경제의 경험과 기억을 이야기했지만, 그것으로 나의 지나친 자기 절제를 설명하기 어렵다. 돌이켜보면 이 절제에 대한 태도는 1980년대 내 스스로 의도적으로 만들어나간 인위적인 것이다. 왜 그 시절에 원래 기질과 상당히 다른 삶의 태도를 스스로 형성해나갔을까. 한 마디로 이야기하기에는 너무나 긴 사연이 있다.

1980년대의 나의 삶을 반추하자면 뒤얽힌 기억과 상념들을 일단 정리할 필요가 있다. 2016년 서양사학회 새 집행부가 의욕적인 사업의 하나로 회원들에게 가장 커다란 영향을 준 역사가와 역사서를 묻는 설문지를 돌렸다. 글쎄, 나는 이럴 경우 서슴지 않고 에드워드 톰슨을 거론한다. 물론 그의 영향을 크게 받은 것은 사실이다. 그렇다고 그만이 가장 결정적인 영향을 미쳤는지는 확실하지 않다. 일생에 가장 감명 깊었던 책이나, 가장 커다란 영향을 준 사상가, 이런 질문에는 대답하기 곤란하다. 그러나 당신의 삶에 가장 커다란 영향을 준 친구는 누구인가? 이런 질문을 받으면 뜸 들이지 않고 곧바로 이름을 댈 수 있다. 지금부터 1980년대 나의 자기 절제 노력에 가장 결정적인 영향을 준 어릴 적 친구 이수일 선생에 관한 이야기를 하려고 한다. 그의 허락도 없이. 내가 이 장을 쓰는 도중에 울컥하고 울음을 터뜨린 것은 그의 고단한 생애사를 떠올렸기 때문이다.

오랫동안 교사로 재직하면서 전교조 활동을 하던 이수일 선생은 몇 년 전 서울생활을 청산하고 전남 고흥에 자리 잡았으며 벌써 재작년 여름에 정년을 맞았다. 2015년 여름 전교조 고흥지부에서 그의 퇴임을 기리는 조촐한 자리를 마련했다. 나는 노원문고를 운영하는 후배 탁무권 사장과 함께 고흥을 찾았다. 우리는 그가 지은 작은 주택에서 밤을 지새우며 정말 오랜만에 담소를 나눴고 그 다음날에는 인근 녹동에서 광어회에 소주를 마셨다.

그 친구는 오래 전에 전교조위원장을 지냈다.

원래 경상도 출신인 이수일 선생은 어린 시절에 금산사 근처 우리 마을에 이사 와서 초등학교를 함께 다녔다. 모두가 가난했고 그는 말수가 유난히 적었다. 그 후 우리는 중고등학교 시절을 각기 다른 곳에서 지냈고 세월이 지난 후에 같은 대학 같은 학과에서 다시 만났다. 당시에 이미 그는 이전에 잠깐 다녔던 경북대에서 학생운동에 뛰어든 경험이 있었다. 성균관대에서도 자연스럽게 이념서클 활동을 했고 그의 권유로 나도 그 서클에서 여러 친구들을 만났다. 두 사람 모두 어렵게 대학을 다녔다. 내가 다시 복학했을 때 그는 학교를 졸업하고 여학교 교사로 근무 중이었다. 내 형편을 알고 있던 그는 자신이 살던 성북동 산골짜기의 자취방을 내게 물려주었다. 비가 새고 방 뒷면에 바위가 그대로 돌출되어 항상 습기가 흘렀지만, 어쨌든 나는 4학년 때 비로소 입주 가정교사 생활을 청산하고 나만의 공간에서 자유를 누렸다.

이수일 선생은 여학교 교사를 하면서 후에 남조선민족해방전선으로 알려진 비밀운동단체의 활동에 깊이 관련되어 있었다. 나도 모르는 여러 사람들과 만난 적도 있고 또 내 자취방에서 모임을 갖기도 했다. 나는 어렴풋이 그가 구체적인 활동을 벌이고 있다는 것을 짐작했지만 모르는 체 했다. 수일이도 내게 그 활동을 설명하거나 또는 가입을 권유하지도 않았다. 남민전 사건이

수사대상이 된 것은 아마 1979년 9월의 일이었을 것이다.

10월 3일로 기억한다. 추석 명절 때 고향집에 들렀다가 서울에 올라왔을 때 당시 학생처장을 맡고 있던 사학과 교수가 찾는다는 말을 한 친구로부터 들었다. 그분을 뵙고 형사들이 그 친구뿐 아니라 나에 관해 상세한 조사를 하고 갔다는 것이다. 그날부터 나는 자취집에 들어가지 않고 친구들 집을 전전하며 한 달 이상 숨어 지냈다. 며칠 후 대대적으로 사건이 보도되었고 그 친구는 물론 나와 절친한, 특히 경제학과 친구들 여럿이 구속되었다. 심지어 자취방에 함께 지냈던 내 고향 후배도 잡혀갔다. 친구들 집을 전전하는 것도 한계가 있었다. 마침 박정희가 죽었고, 남민전 사건은 더 이상 확대수사하지 않으리라는 말을 전해 들었다.

고향집에도 형사들이 나를 잡으러 다녔기 때문에 마을에 흉흉한 소문이 돌았던 모양이다. 홀로 계신 어머니의 마음이 어떠했겠는가. 11월 9일이었을 것이다. 더 이상 도피생활이 불가능하다고 생각한 나는 마지막으로 어머니를 뵈려고 시골집을 찾았다. 쪽문을 들어서는 순간 저쪽 텃밭에서 어머니가 밭에서 김을 매고 계셨다. 내가 어머니를 소리쳐 불렀음에도 그분은 나를 쳐다보지도 않고 손을 내저으셨다. 나중에 알았지만, 빨리 도망가라는 신호였다. 형사들이 잠복근무를 하고 있었기 때문이다. 나는 이를 눈치 채고 재빨리 쪽문 밖으로 나왔지만 곧바로 체포되었다. 경찰서 대공분실에 끌려가 이틀 조사를 받은 뒤에 풀려났다.

더 이상 사건은 확대되지 않았고 나는 구체적인 혐의가 없다는 이유로 훈방되었다.

조사를 받던 당시에는 경황이 없었지만, 훈방이 결정된 후에는 몇몇 형사들과 대화도 나누고 또 훈계도 들었다. 그들은 이미 붙잡힌 몇몇 사람들에게서 나에 대한 진술을 받아냈던 모양이다. 진술조서를 내게 보여주기도 했다. 그 중의 하나가 그 친구의 진술조서였다. 나는 그 조서를 읽으면서 무척 놀랐다. 질문은 왜 이영석을 가담시키지 않았는가라는 것이었는데, 그 이유는 내가 신뢰할 수 없는 인물이라는 점이었다. 이영석은 문학청년이고 심약하다. 믿을 만한 친구가 아니다. 친분이 있지만, 운동단체에 가입을 권유할 만한 인물이 못된다. 대략 이런 내용이었다. 풀려난 이후 그 진술내용은 항상 내 눈앞에 어른거렸다. 처음에는 부끄러웠고 다음에는 분노가 치밀었으며 나중에는 자괴감이 들기도 했다. 어릴 적부터 절친한 친구에게 믿음을 주지 못한 인물이라는 사실이 괴로웠다. 나는 오랫동안 자신이 싫었고, 정말 그런 인물로 생각했었는지 직접 만나 물어보고 싶었다.

여러 지인들이 남민전 사건으로 옥고를 치르다가 풀려났지만, 이수일은 무기징역 선고를 받은 터였다. 그는 만 9년간 수감생활을 했다. 일찍 풀려난 친구들, 그리고 사학과의 몇몇 친구들과 함께 일종의 친목계를 조직해 매달 각자 5천 원씩 영치금을 모아 그에게 전달했다. 몇 년간 그 일을 계속했고 한동안은 내가 그 일을 맡기도 했다. 그 시절에 대학원을 다니며 학문에 뜻을 세웠지만, 나는 항상 그 친구를 의식했으며 그에게 빚을 졌다는 죄의식에서 벗어나지 못했다.

1988년 12월 22일, 나는 몇몇 사람과 함께 야간열차를 타고 대구에 내려갔다. 이수일은 대구 화원교도소에서 수감생활을 하다가 석방되었다. 여러 양심수들이 석방되었기 때문에 환영행사도 열렸고 함께 식사도 나눴다. 나는 그를 만나 꼭 진술조서를 물어보고 싶었지만, 사람들이 많아서 사적인 대화를 나누기 어려웠다. 그 다음 주에 친구는 서울의 내 집에서 하룻밤을 머물렀다. 그날 밤 대화를 나누면서 나는 조심스럽게 그 진술조서에 대해 물었다. 그는 별 것 아니라는 표정으로, "아. 자네도 그 진술서 읽었는가. 거기에 아마 내가 욕 좀 했을 건데." 하고 태연한 표정으로 대답하는 것이었다. 나는 맥이 풀리고 말았다.

그의 기억에 따르면 연일 취조를 받았기에 정신도 없었고 심신이 지친 상태에서 문득 눈앞에 내 어머니의 모습이 어른거렸다고 한다. 그러니까, 거의 정신이 없던 도중에 그는 내 낯익은 모습을 생각하면서, 아 영석이는 살려야겠다고 되뇌었다는 것이다. 어쨌든 그가 나를 신뢰할 수 없는 친구로 낙인찍은 탓에 나는 시급히 체포해야 할 명단에서 빠지지 않았나 싶다. 석방 후 그는 교육문제연구소 활동을 하다가 복직했고, 오랫동안 전교조 이론가로서, 또 노조운동 활동가로서 주도적인 역할을 했다.

그에게는 매명의식도 권력지향적인 열망도 없었다. 모든 일에 헌신하면서도 앞으로 나서지 않았다.

나는 평소 그 친구의 인품과 겸손, 그러면서도 굳건한 의지에 탄복하곤 했다. 그렇지만 감옥생활을 하던 1980년대에 그는 나의 내면세계에 들어와 '기분 나쁘게도' 나를 감시했다고 말하고 싶다. 왜 감시라는 표현을 쓰고 싶을까? 그때까지만 하더라는 나는 모든 일에 절박감이 없었다. 집념을 가지고 한 가지 일에 몰두하는 법이 없었다. 어쩌면 신뢰할 수 없는 친구라는 이수일의 판단이 맞았을 수도 있다. 그 시절 내내 나는 항상 부끄러움을 느꼈고, 친구가 수감 중이라는 현실을 잊지 않으려 했으며, 그에 대한 죄책감에 괴로워했다. 지금 생각하면 그 죄책감이 나를 교화시켰던 것 같다. 어느새 삶에 대한 나의 태도가 달라졌다. 말이 많던 나는 과묵하게 변했고, 시간을 아껴 쓰기 시작했다. 나의 인내를 스스로 시험했다. 가능한 한, 모든 현실적인 삶의 욕구를 억누르고, 지금 생각하면 거짓 허상일 수도 있는 '역사' 공부에 매진했다. 그 당시 나는 스스로 고목枯木이 되어야 한다고 생각했다. 찰나적이고 신중하지 못한 삶의 태도를 바꾸려면 고목처럼 모든 것에 거리를 두고 무감각, 무반응 해야 하는 것이다. 나는 스스로의 기질과 성벽을 죽였다. 무협소설에서 말하듯이, 환골탈태해야 하는 것이다. 그것이 그 친구에 대한 죄의식을 상쇄할 수 있는 방법이었다. 1980년대가 지난 후, 나는 자기 절제가 자연스러운 그런 삶을 살게 되었다.

정말 오랜 시간이 지난 후 그 친구에게 1980년대 나의 삶의 고뇌를 고백한 적이 있다. 내 공부의 절반은 자네에게서 비롯했네 라고. 그 말을 들은 친구도 무척 숙연한 모습이었다. 어린 시절부터 대인군자大人君子였던 그는 내게 이렇게 말했다. "영석이, 나는 내 고난과 인생역정이 자네에게 그렇게 큰 영향을 주었는지는 꿈에도 생각하지 못했네. 우리가 오랜 인연을 가졌지만 말이네. 그렇지만 나의 삶이 자극이 되어 자네의 학문에 조금이라도 도움이 되었다고 한다면 그건 자네 몫일세. 그리고 나는 기쁘다네. 오히려 내가 감사하네."[8]

지금 이수일 선생은 고흥 농촌마을에서 새로운 삶을 시작하고 있다. 농촌의 어린 학생을 대상으로 방과후 교육을 통해 참교육을 실천하려고 한다. 나는 어떤가. 과연 치열하게 살아왔는가. 그나마 그 친구와 뒤얽힌 삶의 경험이 없었다면 나는 어떻게 되었을까? 자신에게 다시 되묻는다.

# 3

젊은 날의 독서

---

**1** 고교 시절 친구들과 찍은 사진(오른쪽이 필자).
**2** 대학시절의 필자.
**3** 불온서적_ 80년대 독서모임과 의식화운동은
한국사회를 이해하는 데 매우 중요하다.
이 운동을 통해 궁극적으로 한국사회의 민주화를 이룩했기 때문이다.

## 소년시절의 기억

2016년은 그동안의 연구생활 중에서도 가장 바빴던 해였다. 상반기에는 런던 대화재를 다룬 논문을 발표하고 일본 학술지 청탁원고를 마무리하느라 정신이 없었고, 그 다음에는 영제국의 해체에 관해 준비 중인 책의 3개 장을 탈고했기 때문이다. 이제 겨우 계획한 원고의 3분의 2를 채운 것 같다. 여기에 덧붙여 연말에 『영국사 깊이 읽기』를 펴내는 과정에서 여러 번 원고를 수정하고 고치는 데 여념이 없었다. 정말 "촌음을 아껴 쓴다"는 옛 사람의 말을 실감했다고나 할까? 나도 은퇴를 앞두고 있는 마당이라 마음이 조급해지고, 은퇴 전에 기획했던 일들을 마무리하려다 과속운전을 한 셈이다.

학술적인 글을 쓰는 일종의 기계가 되다보니 2016년을 되돌아보더라도 인상적인 독서를 한 적이 없다. 전공에 구애받지 않고

편한 마음으로 부담 없이 읽은 책이 거의 없다는 말이다. 유발 하라리의 『사피엔스』 번역본을 구입하고서도 처음 몇 페이지를 훑어보았을 뿐 한동안 거들떠보지도 않았다. 그 책이 거의 모든 역사서술을 평정했다는 말을 들은 다음에야 며칠 동안 그 책에 매달려 겨우 완독할 수 있었다.

인문학은 모름지기 전공의 구애를 받지 않는 다양한 독서를 바탕으로 해야 한다. 그런데, 학술논문 작성하는 기계가 되면서 교양인으로서 독서할 시간이 없는 것이다. 몇 년 전에 역사가들을 다룬 한 사론집에서 나는 역사가들의 독서에 대해 다음과 같이 말한 적이 있다. "사람들은 대체로 역사학자들이 박식하다고 생각한다. 책을 많이 읽었으리라고 넘겨짚는다. 그러나 내 경험으로 꼭 그런 것만은 아닌데, 젊은 시절을 제외하고는 책 읽는 시간을 충분히 갖기 어렵기 때문이다. 물론 논문 자료를 작성하기 위해 연구서나 저술을 읽고 검토하는 것도 책 읽기에 해당한다. 그러나 그것은 진정한 독서라고 말하기 어렵다. 말 그대로 연구의 일환이다. 적어도 순수한 독서라면 책 읽는 그 순간에는 다른 강박증을 갖지 않아야 한다. 아무런 부담감 없이 그 책의 내용과 논리에 빠져들어 저자와 대화를 나누거나 그의 주장을 다시 음미하는 기회를 가져야 하지 않겠는가."[1] 이제 기획한 프로젝트의 압박도 없고 별도의 연구 의무도 없으니 은퇴 후에는 좀 더 자유롭게 책 읽기를 할 수 있을 것이다.

지금 돌이켜보면, 후천적으로 체득한 근면성 외에 별다른 재주도 없는 내가 지금까지 역사연구를 계속할 수 있었던 것은 젊은 시절의 독서경험 때문이라고 감히 말할 수 있다. 중학교 때 아버지를 여의고 고등학교에 진학한 나는 학과 공부에는 흥미가 없었지만 책 읽기에는 관심을 보였다. 특히 1학년 때 도서관 보조학생 일을 맡으면서, 학교 도서관에 소장된 책들을 거의 다 읽겠다는 원대한 야망을 갖기도 했다. 당시 내 별명이 '소크라테스'였던 걸로 기억한다. 사실 중학교 시절에도 책 읽기를 좋아했다. 지금 이런 말을 하면 그분께 죄송하다는 생각이 들겠지만, 이어령 선생의 수필집은 그 시절에 나의 단골 애독서였다. 『흙속에 저 바람 속에』, 『하나의 나뭇잎이 흔들릴 때』 같은 제목의 책들이 기억 속에 자리 잡고 있다. 유년기에는 선생의 짧으면서도 독특한 수사, 특히 서양의 고사와 신화를 적절하게 원용해 현실과 우리들의 삶에 무엇인가 경종을 던지는 방식이 매력적이었다. 그러나 고등학교에 올라와 그분의 다른 책을 읽었을 때 그런 감흥이 없었다. 이전의 책과 비슷한 어투만을 발견할 뿐이었다.

고등학교 시절에 정말 많은 책들을 읽었는데, 그 책들의 내용을 어린 내가 얼마나 전유했을까 의심스럽다. 그렇지만 억지로 읽어간 책들이 어느 틈에 나의 정신세계에 들어와 그 작은 일부가 내면에 가라앉고 축적되지 않았을까? 1969년 그 시점을 돌아보면, 도시관 장서는 대부분 전집류였다. 『전후한국문학전집』,

『전후일본문학전집』, 『니체전집』, 『도스토엡스키전집』, 『세계문학전집』, 『세계사상전집』 등 도서관 한쪽 벽면에 가득 들어선 서가 대부분이 바로 이런 전집류로 채워져 있었다. 이런 전집류를 닥치는 대로 읽으면서 감수성이 예민했던 나로서는 상당한 영향을 받았던 것으로 기억한다. 지금도 이범선, 강신재, 이문희의 깨끗하고 아련한 단편소설이며 손창섭, 장용학의 음울하고 난해한 소설들이 뚜렷하게 기억의 한 면을 채우고 있다. 이문희의 「하모니카의 계절」이나 강신재의 「젊은 느티나무」가 너무 좋았지만, 다른 한편으로는 손창섭의 음울한 소설들과 김성한의 「5분전」 같은 해학과 풍자가 재미있기도 했다.

　특히 나의 관심을 끈 것은 『전후일본문학전집』이었다. 이시하라 신타로石原慎太郎의 「태양의 계절」, 미시마 유키오平岡公威의 「금각사金閣寺」에 매료되었던 기억이 있다. 전후세대 일본작가들의 단편선은 우리 단편문학과 비슷한 것 같으면서도 인간의 내밀한 면을 드러내 보여주려 했다는 점에서 관심을 끌었다. 니체와 도스토엡스키 또한 난공불락의 요새처럼 보였지만, 그저 전집을 완독했다고 자랑하기 위해 끙끙대며 고개를 파묻었던 기억이 난다. 후에 방송작가로 활동한 고등학교 친구 박구홍이 『까라마조프가의 형제들』을 완독했다고 우쭐거리던 모습이 떠오른다. 「대심문관」에서 소설 주인공으로 나오는 둘째 아들 이반이 동생 알렉세이에게 질문한 현실의 예수, 찰나적인 것과 영원의 문제를 두고 토론했던 적이 있다. 『세계문학전집』이나 『세계사상전집』에 수록된 책들도 선별적으로 읽었다. 키에르케고오르의 『고독에 이르는 병』이나 존 스타인벡의 『분노의 포도』는 기억에 새롭다. 지금 생각하면 웃음이 절로 나지만, 그 시절에 나는 조금쯤 정신적으로 조숙했다. 가끔 서점에 들러 『창작과비평』과 『문학과지성』의 신착호를 들춰보곤 했다. 송영과 황석영의 소설을 처음 접한 것도 이들 잡지를 통해서다.

특히 '전후 시리즈'는 대부분 신구문화사라는 출판사에서 펴냈던 것으로 기억하는데, 신동문 시인이 주간으로 되어 있었다. 오랜 시간이 지난 후 나는 절친한 이은봉 시인으로부터 그 출판의 비화를 들었다. 신동문 시인의 역할도 컸지만, 그 편집의 대부분은 염무웅 선생의 기획으로 이루어졌다는 것이다. 지금 생각해도 '전후시리즈' 출간은 우리나라 출판계의 한 획을 그은 사건이라고 본다. 그 때 '전후시리즈'를 통해 읽은 문학작품들이야말로 오늘날까지 내 인문적 소양의 토대가 되었음이 분명하다. 염무웅 선생 또한 아마 20대 후반의 나이가 아니었을까 생각되는데, 선생이 우리나라 독서계에 끼친 영향이 매우 컸다고 생각한다.

### 진보적 책 읽기

나의 광범한 독서는 대학시절에 더 가속되었다. 1970년대 한국사회는 급속한 변화를 겪었다. 한편으로는 박정희 정부 주도의 중공업화정책으로 산업화와 도시화가 진행되었고, 다른 한 편으로는 파시스트 권력의 탄압에 맞서 지식인, 학생, 노동자들의 사회운동이 본격적으로 전개되기 시작했다. 특히 1980년 광주학살은 전국적으로 일반 민중의 분노를 불러일으키면서 그 후 10여 년간 한국 민주화운동의 기폭제로 작용했다. 나는 가끔 광주민주화운동을 19세기 영국 사회사에서 피털루학살Peterloo Massacre에 비교하곤 한다.

사실 그 학살은 광주학살과 비교할 수 없다. 희생자가 불과 10여 명이었기 때문이다. 나폴레옹전쟁이 끝난 후 수많은 제대 군인들이 사회에 적응하기 어려웠고 맨체스터 공업지대에 불황이 심해지면서 노동자 파업과 소요가 잇달았다. 보통선거권을 요구하는 급진파 인사들의 강연회도 곳곳에서 열렸다. 피털루학살은 헨리 헌트Henry Hunt라는 한 급진파 연사가 정치개혁을 촉구하는 집회에 초빙되면서 발생한 사건이다. 운집한 군중을 막기 위해 맨체스터 치안판사들은 암암리에 제대군인들을 동원해 군중을 해산시키려고 했다. 제대군인들은 모처럼 기회를 만났다는 듯이, 말을 타고 완전군장을 갖춘 후에 운집한 군중 속으로 말을 몰고 치달렸다. 이 과정에서 소수의 사람들이 다치고 죽었다. 새뮤얼 뱀퍼드Samuel Bamford는 소년시절에 현장에 있었다. 후일 자전적 기록에서 녹화필름처럼 그 현장을 묘사한다.

삶으로의 역사

기마병이 가까이 다가오고 있을 때 군중은 환호로 맞이했다고 생각한다. 그러나 그들은 소리를 치면서 사람들의 머리 위로 군도를 휘둘렀고 고삐를 늦추는가 했더니 말에 박차를 가하고서는 곧장 돌진하여 사람들을 난자하기 시작했다. 나는 '고수하라'고 말했다. '그들이 우리를 향해 달려오고 있다.' '고수하라.' 그러자 우리 측에서 모두들 '고수하라'고 외쳤다. 기마대는 당황했다. 사람에다 말의 무게까지 합쳐서 빽빽하게 밀집한 사람들을 뚫고 지나가기가 도저히 불가능했다. 그래서 그들은 군도를 휘두르며 가로막고 있는 맨손의 사람들을 베며 길을 냈다. 그러나 토막난 팔과, 헤벌어진 두 개골이 눈에 들어왔다. '아, 저럴 수가!' 그리고는 '흩어져! 흩어져! 저들이 앞의 사람들을 죽이고 있다. 저들은 어찌해볼 도리가 없어!'라는 외침이 들렸고, 모두 '흩어져! 흩어져!' 하고 울부짖었다. 군중이 주춤하고 물러서자 파도처럼 그들이 마구잡이로 몰려왔고 우왕좌왕하는 군중과 도망가지 못해 군도에 찔린 사람들의 비명, 탄원과 저주가 마치 머리 위에서 치는 천둥과 같은 소리를 냈다.[2]

집회장소는 성베드로광장St. Peter's field이었다. 워털루전투에 참가했던 제대군인들이 동원되었다는 사실 때문에 '피털루학살'이라는 별칭을 얻게 된 이 사건은 그 후 영국 노동자들의 집회와 급진운동에 약방의 감초처럼 등장했다. 이 시기 "피털루를 기억하라"라는 문구는 거의 대부분의 집회 격문에 포함되었다. 피털루학살에 대한 기억이 그 후 차티스트운동기까지 영국 민중운동의 동력으로 작용했듯이, 한국사회에서도 광주학살에 대한 기억과 분노가 1980년대 민중운동, 학생운동, 노동운동을 자극했던 것이다.

나는 1970, 80년대에 대학 학부와 대학원을 다니면서 민주화운동을 직접 경험한 세대다. 돌이켜보면, 지금껏 내 역사연구의 자양분이 된 것은 이 시기에 읽은 독서 경험이 아닌가 한다. 학부시절에 역사, 철학, 경제학 분야의 리스트를 작성해 몇몇 친구들과 그룹 독서를 했다. 에드워드 카E. H. Carr의 『역사란 무엇인가』, 에리히 프롬Erich P. Fromm의 『자유로부터의 도피』, 허버트 마르쿠제Herbert Marcuse의 『이성과 혁명』, 『1차원적 인간』, 게오르그 루카치György Lukács의 『역사와 계급의식』, 에릭 홉스봄E. J. Hobsbawm의 『혁명의 시대』 등은 그 시절에 익숙했던 책들이다. 대부분은 번역되어 있었지만, 홉스봄과 루카치의 책은 영어복사본을 끙끙대며 읽었던 기억이 난다.[3] 그 시절에 이 책들은 대부분 금서로 낙인 찍혔고, 젊은 학생들은 독서그룹을 통해 주로 멤버의 자취방에서 비밀리에 책을 읽었다.

특히, 독서를 통해 인간과 세계에 관해 진보적인 관점을 수립하려는 움직임은 '의식화conscientization'라 불렸는데, 이 말은 파울로 프레이리Paulo Freire의 『피억압자의 교육학』에서 처음 알려진 것으로 기억한다.[4] 당시 독서모임에 가담한 학생들에게 의식화란 무의식과 무개념 상태에서 벗어나 자기의식을 가지고 세계를 바라보려는 주체적 결단과 노력을 뜻했다. 그것은 이러한 결단을 통해서 지배 이데올로기에 찌든 부모와 기성세대의 영향에서 벗어나는 일종의 모험의 여로였다. 세계에 관한 진보적 지식을 다른 친구와 공유하고 남에게 전하는 것이 운동권 문화이기도 했다. 이런 점에서 보면 '의식화'란 일찍이 임마누엘 칸트가 「계몽이란 무엇인가에 대한 답변」이라는 글에서 언급한 것, 즉 '계몽Aufklärung'이란 미성숙Unmüdichkeit에서 벗어나는 것이라는 슬로건과 비슷한 호소력을 지니고 있었다.[5]

1972년 박정희의 친위 쿠데타로 유신체제가 들어서면서 한국 사회는 가장 억압적이고 권위적인 정치세력의 탄압 아래 고통을 겪었다. 1970년대 대학생들은 대학생활이나 세계를 보는 시각 면에서 비슷한 동류의식을 지니고 있었다. 정도의 차이는 있겠지만, 대부분은 당시 정치 현실을 비판적으로 바라보았다. 1970, 80년대 대학생들의 진보적 독서운동은 이러한 동류의식을 바탕으로 널리 확산될 수 있었다.

당시 대학생과 노동자층 사이에 나타난 자발적 독서모임은 소그룹을 중심으로 비밀리에 함께 책을 읽고 토론하는 형태였다. 이미 언급한 책들 외에 리영희의 『전환시대의 논리』, 『8억인과의 대화』, 김우창의 『궁핍한 시대의 시인』, 송건호의 『해방전후사의 인식』 등이 널리 읽혔다.[6] 이들 대부분은 출판과 동시에 곧바로 금서목록에 포함되었지만, 바로 그런 이유만으로도 학생들의 관심을 끌었다.

1970년대의 진보적 독서운동에서 한 가지 주목해야 할 것은 일본문헌의 소개다. 사실 해방 이후 한국의 지식엘리트의 지적 기반은 일본문화였지만, 특히 한국전쟁 이후 일본 지식인들의 문헌은 한국사회에서 사라졌다. 그 대신에 영미문헌 번역 및 소개작업이 활발하게 이루어졌다. 내가 대학을 다니던 1970년대 내 세대의 학생들은 사실상 일본문화와 일본 지적 전통에서 완전히 차단되어 있었다. 선배세대가 일본의 지적 전통에 익숙했던 것과 대조적이다. 사실 우리를 가르쳤던 선생들은 서양사 분야만 하더라도 지적 소양을 일본문헌 또는 서구문헌의 일본어 번역본을 통해 습득했던 것이 분명하다. 그러면서도 그들은 우리 세대에게는 구미언어로 역사를 공부할 것을 주문하곤 했다.

굳이 학생운동권에 깊숙이 발을 들여놓지 않은 학생들도 마르크스와 레닌에 대한 관심이 높았기 때문에 이들 저술의 일본어 번역본이 복사본 형태로 진보적 독서운동에 스며들었다. 경제학과 대학원에 다녔던 권영근 선배의 지도를 받아 『자본론』을 읽었던 기억이 새롭다. 그 선배는 아오키서점靑木書店판 『자본론』을 주된 텍스트로 삼았고, 때마침 펭귄사에서 영역본을 새로 내놓았기 때문에 나와 한남대학의 민완기, 남서울대학의 유기준 선생 등은 영문판과 일본어 번역본을 대조해가며 읽었다.[7] 아마

1권만 읽었던 것으로 기억한다. 일본어는 그냥 눈으로만 읽었다. 내 경우에는 그래도 펭귄판 영역본에 크게 의존한 편이었지만, 그 내용을 정확하게 파악하는 것은 불가능했다. 권영근 선배의 일방적인 강의만 있었을 뿐이다. 일본어 번역본을 통해 레닌의 『러시아에서 자본주의 발전』과 『국가와 혁명』을 읽었지만, 마르크스와 레닌에 대한 지식은 호기심의 수준을 넘지 않았다. 어쨌든 그 선배를 통해 일본 좌파 지식인 사회에서 강좌파와 노농파의 오랜 논쟁을 귀담아 들었고, 이 때문에 후에 대학원 다닐 때 자본주의 이행 문제에 오랫동안 관심을 기울일 수 있었다.[8]

1980년대부터 일본 좌파문헌이 홍수처럼 몰려들었던 것으로 기억한다. 그 당시 운동권 출신 젊은 출판인들이 세운 무수한 인문사회과학 출판사들이 요즘으로 말하면, 해적번역이라는 방식으로 일본 좌파 지식인들의 저술을 국내에 소개했다. 나는 이 출판운동이 한국 현대사에서 매우 중요한 역할을 했다고 생각한다. 1980년대 출판운동을 정리하는 작업이 이루어져야 할 텐데, 이미 많은 자료들이 유실되고 있을 것이다. 실제로 작년에 나는 이를 절감했다. 이매뉴얼 월러스틴Immanuel Wallerstein의 『근대세계체제』 1-3권은 각기 1974, 1980, 1988년에 출판된 것으로 기억한다.[9] 1980년대 초에 그의 책 1권과 2권이 국내에 영인본으로 소개되었다. 대학원 시절에 나는 이 책들을 구입해 틈틈이 읽으려고 했지만 쉽지 않았다. 사회학 분야의 전문용어와 여러

3. 젊은 날의 독서

개념어들이 낯설었기 때문이다. 그렇지만 그 책 또한 내게 적지 않은 영향을 미친 것은 틀림없다. 그러다가 1984년경 동경대 교수이자 프랑스사 전공자인 시바타 미찌오柴田三千雄의『근대세계와 민중운동』번역본을 발견하고서, 이 책을 통해 월러스틴의 해석을 이해할 수 있었다.[10] 원래 일본서적이 1983년에 나왔는데 바로 그 다음에 한국어 번역본이 나온 것이다. 공교롭게도 2016년에 나는 일본의《서양사학》이라는 학술지 편집진에게서 시바타 미찌오의 학문세계와 그 영향을 한국 서양사학자의 입장에서 정리해달라는 청탁을 받고 글을 썼다.[11] 글을 준비하는 과정에서 그 책의 역자를 수소문했지만 불행하게도 찾을 수 없었고, 출판사도 사라졌다. 역자는 서양사학계 원로인 이광주 선생과 이은호의 이름으로 되어 있었다. 나중에 이광주 선생과 연락이 되었는데, 그분은 전혀 기억하지 못했다. 아마 이름만 올리고 이은호라는 분이 실제 번역을 했을 것이다. 출판인이나 역자와 대화를 통해서 그 책의 출판배경과 출판 후 독자층에 관해서 어느 정도 관련된 사실을 수집할 수 있을 텐데 불가능한 상태였다. 이런 상태라면 지식의 사회사 또는 서적의 사회사를 표방한 본격연구가 어려울 것이다.

1970-80년대 독서모임과 의식화운동은 현대 한국사회를 이해하는 데 매우 중요하다. 이 운동을 통해 파시스트정권이 강요한 다양한 보수 이데올로기의 허구성을 인식하고, 더 나아가 반

독재 민주화운동을 전개했으며, 궁극적으로 한국사회의 민주화를 이룩했기 때문이다. 그러나 이 시기 진보적 독서 모임의 경향, 추세, 의미 등을 실증적으로 탐색하려는 연구는 내가 알기로는 이루어지지 않았다. 그 시대를 살았던 사람들의 개인 기억과 경험만이 있을 뿐이다. 언젠가 좀 더 심층적이고 체계적인 탐구를 통해 진보적 독서의 사회사적, 운동사적 의미를 재구성할 수 있기를 소망한다.

# 4

역사연구의 길잡이

**1** 모리스 도브, 에드워드 톰슨, 에릭 홉스봄(왼쪽부터)_ 이들은 1980년대
필자에게 역사 연구의 방향을 정립하는 데 큰 영향을 끼쳤다.
**2** 미하일 고르바초프_ 현실 사회주의 몰락 이전 필자는
고르바초프의 개혁을 긍정적으로 보았다.

## 모리스 도브

이제 1980년대 대학원 시절에 내 역사연구의 방향을 정립하는 데 큰 영향을 미친 세 사람, 모리스 도브와 에드워드 톰슨, 그리고 에릭 홉스봄을 언급해야겠다. 1970년대에 광화문 정부종합청사 뒤에 영문복사판을 판매하는 서점이 있었다. 이름이 '민중서점'이었던 것으로 기억한다. 그 당시 영인본으로 해적 출판된 서구 좌파문헌을 판매하던 곳이었는데, 그 서점에 들르는 것은 참으로 용기가 필요했다. 몇 차례 서점에 들러 루카치의 책들과, 폴 스위지Paul Sweezy의 『자본주의 발전이론』, 모리스 도브의 『자본주의 발전연구』, 에드워드 톰슨의 『영국 노동계급의 형성』, 에릭 홉스봄의 『혁명의 시대』 등 여러 책들을 구입하곤 했다.[1] 가난한 대학생 신분으로 책값이 만만치 않았고 또 검색을 당할지 모른다는 불안감도 있었지만, 새로운 세계를 만난다는 기대감과 흥분이 더 앞섰다. 이들 책 가운데 도브의『자본주의 발전연구』가 그 후 오랫동안 나의 정신세계에 영향을 미쳤다. 물론 그 계기는 경제학과 선배의 안내를 받아 귀동냥으로 들은 일본 강좌파와 노농파의 논쟁, 그리고 오스카 히사오大塚久雄와 그 후학들의 역사인식-이는 흔히 당시 오스카사학大塚史學이라 불렸다- 등에 관한 단편적인 지식들이었다.

도브의『연구』는 1978년 언젠가 구입한 것으로 기억한다. 지금도 내 서재 어딘가에 복사판『연구』가 해진 채로 꽂혀 있을 것이다. 돌이켜 보면, 그 시절에 도브의『연구』를 탐독한 것은 그의 저작이 갖는 탁월함 때문만은 아니었다. 물론 1946년에 출간된 그의 책은 정치경제학의 기본 명제들을 구체적인 역사연구에 적용한 최초의 성과라는 평가를 받아 왔다. 그는 특정한 역사적 생산양식인 자본주의의 기원과 발전과정에 관하여 마르크스가 제시한 견해들을 역사 속에서 실증적으로 검토하고자 했으며, 그의『연구』와 이후에 계속된, 봉건제에서 자본주의로의 이행에 관한 서구학계의 논쟁은 역사학 및 인접 사회과학 분야에 심대한 영향을 끼쳤던 것도 사실이다.

그러나 이 책에 끌리게 된 것은 무엇보다도 도브 자신의 치열한 문제의식 때문이었다. 도브를 비롯해 금세기 중반에 연구생활을 시작한 진보적인 역사가들은 볼세비키혁명과 대공황, 1930년대 파시즘의 대두와 파국적인 세계대전을 경험하면서 서구 자본주의 사회의 정치·경제·사회적인 위기를 절감했으며, 한 사회체제가 붕괴되고 새로운 사회체제로 이행할지도 모른다는, 거의 묵시록적인 절망과 희망의 분위기에 사로잡혀 있었다. 도브는 그의 시대가 이행기라는 현실인식에서 출발하여 이전의 사회체제의 이행, 즉 봉건사회가 어떠한 경로를 통하여 자본주의로 전화했으며 그러한 변화의 동력은 무엇이었는가라는 좀 더 거시적인 문제에 학문적인 관심을 기울였던 것이다.

도브는 중세 말 원격지무역의 부활과 화폐경제의 보급이 봉건사회의 해체와 화폐경제의 성립을 가져왔다고 하는, 실증적 사회경제사학의 '상업화론'을 비판적으로 극복하려는 데 연구의 목적을 두고 있다. 연구자 개인에 따라 견해의 차이는 있겠으나, 일반적으로 상업화론은 농노제의 기초가 노동지대이고 시장의 확대가 그 노동지대를 화폐지대로 전화시킴으로서 농노제(그리고 봉건사회)의 쇠퇴를 초래했으며, 나아가서 시장은 임노동을 기반으로 하는 자본주의적 생산양식을 창출했다는 것을 중심 내용으로 한다.

도브는 근대 자본주의로의 이행을 상업과 해외무역이라는 외부요인보다는 유럽사회의 내부요인을 통해 설명하려고 한다. 그는 마르크스가 『자본론』 1권과 3권에서 자본주의의 기원에 관해 언급한 몇 가지 견해들, 예를 들면 시초축적, 상인자본, 지대론 등에 관한 논의를 근거로 하여 이행문제를 조명한다. 나아가 유럽(주로 영국) 절대주의 국가 및 부르주아혁명의 성격을 규명하는 것이야말로 근대 자본주의의 기원과 본질을 이해하는 데 중요하다는 점을 강조한다. 그리하여 이 시기에 농노제는 해체 단계에 이르렀으나 국가권력은 여전히 봉건적이었다는 전제 아래 소생산양식의 자기발전 과정에서 부르주아혁명, 나아가서는 산업자본의 기동력을 찾고자 했다.

이행기移行期의 문제와 관련된 도브의 견해를 요약하면 이렇다. 우선 그는 봉건제를 생산양식으로서의 농노제와 동일시한다. 따라서 그것은 영주의 특정한 요구를 충족하기 위하여 생산자에게 생산자 자신의 의지와 무관하게 강제적으로 부과되는 의무이며 그 강제력은 군사적, 관습적 혹은 법적 강제력일 수도 있다. 그렇다면 이 봉건제 쇠퇴의 결정적인 요인은 무엇인가. 도브는 상업의 부활과 교환경제의 침투라고 하는 외부요인을 결정적 요인으로 보지 않는다. 그보다는 농민의 부역(노동지대)를 동원해 직영지를 경작하는 농노제 자체의 비효율성, 기생계급 및 소비지출 증가에 의한 영주층의 수입욕구 증대, 봉건적 수탈과 억압의 강화, 그리고 그에 따른 노동력 감소와 봉건농민의 저항 등 봉건사회 내부의 생산력과 생산관계 간의 모순에서 그 원인을 찾고 있다. 따라서 중세 말기 노동지대의 화폐지대로의 전화와 직영지 임대와 같은 영주의 양보나, 농노제 강화의 길을 택한 영주의 반동은 다 같이 이러한 위기에 직면한 봉건지배층의 대응

책의 하나였을 뿐이라는 것이다.

한편 도브는 중세도시 자체가 봉건사회의 한 구성요소였으며, 초기 도시상인의 부의 축적이 그들의 약탈적, 독점적 활동에 의해 이루어졌음을 강조한다. 상인이 봉건적 제 관계의 용해제로 작용하였음에도 불구하고, 상인자본은 구질서의 기생충으로 그쳤고, 특권을 획득하자마자 그들은 봉건지배층과 타협하는 신속성을 보였다. 결국 이행기의 도시상인과 특권조합은 자본주의의 발전을 촉진하였다기보다는 오히려 방해했다.

상인자본의 성격이 이렇게 규정된 이상, 산업자본의 기원은 종래의 '상업화론'과는 다른 시각에서 고찰되어야 할 문제였다. 앞서 언급했듯이 도브는 소생산양식의 자기발전, 즉 독립소생산자의 양극분해에서 그 기원을 찾는다. 상승하는 독립소농민과 농촌수공업자 등 생산자의 일부가 자본을 축적하여 매뉴팩처 경영으로 전화했으며, 이들은 그 전화과정에서 특권조합이나 상인회사에 대항하여 상인의 생산과정 지배를 저지했다. 이것이야말로 마르크스의 지적대로 혁명적인 길이었다. 물론 상인이 일부 생산과정을 지배하는 과도적인 형태도 있었으나 그것은 소생산양식의 자기발전, 그리고 자본주의의 발전을 방해할 뿐이었다.

이행기의 문제 외에도 도브는 노동계급의 성장, 19세기 유럽의 산업화 과정, 그리고 20세기 서구 자본주의의 역사를 담담한 필치로 서술하고 있다. 이 부분에서도 그는 실증적 사회경제사학

75

의 풍부한 연구 성과를 토대로 하면서, 그와 동시에 정치경제학적 시각에서 자본주의 발전사를 재구성하려는 입장을 견지한다. 사실 도브의 『연구』가 구미학계에 가져다 준 충격은 놀라운 것이었다. 그의 논지에 대한 비판과 반비판이 십여 년 동안 계속되어, 이른바 자본주의 이행논쟁을 낳았으며, 이 문제에 관해서는 1950년대에 소련 및 동구의 여러 연구자들도 학문적인 관심을 기울인 바 있다.

나는 도브의 탁월한 저술들뿐만 아니라 연구자로서의 그의 삶 자체에서도 적지 않은 교훈을 얻었다. 그는 진보적인 마르크스주의자였지만, 교조적인 논리에 매몰되거나 선동적인 구호와 주장만을 되풀이하지는 않았다. 그 때문에 마르크스주의자들로부터 비판을 받았으며, 케임브리지의 실증적인 경제학자들의 모임에서는 마르크스주의적 편향성을 보여주고 있다는 이유로 주변적인 위치에 머물러 있었다. 그럼에도 그는 파시즘과 세계대전의 암울한 시기에 미래에의 새로운 희망을 예감하면서 자신의 '학문적 실천'에 매진했던 것이다.

나는 오랫동안 도브의 문제제기와 시각을 의식하며 공부했다. 영국 자본주의 발전과정에서 상업-유통과 같은 외적 요인보다는 내적 요인을 강조하고, 소농민과 수공업자들의 양극화, 부농의 등장과 매뉴팩처 성립 등 생산중심적 시각에 초점을 맞추며, 근대사회의 담지자로서 노동계급을 중시하는 그의 기본 입장

76

을 존중해왔다.[2] 그러나 오랜 시일이 지난 후 그의 학문이야말로 유럽중심주의의 전형이라는 점을 깨닫기에 이른다. 요즘 나는 유럽의 등장, 영국 자본주의 발전과 산업화에서 상업-유통요인, 석탄과 같은 우연한 요소, 다른 세계와의 직간접적인 관련성과 네트워크에 더 주목한다. 이런 탈유럽중심적 견해는 최근 펴낸 『영국사 깊이 읽기』 7, 8, 9장에 표명되어 있다. 결국 근대성의 표지인 확실성에 대한 기대가 그만큼 사라졌다고나 할까.

## 에드워드 톰슨

도브의 『연구』 못지않게 오랫동안 내게 영향을 준 책은 에드워드 톰슨의 『영국 노동계급의 형성』이다. 내가 스스로 도브의 책에 관심을 가져 오랫동안 읽어오고 성찰했던 것과 달리, 톰슨의 경우는 1983년에 갑자기 접하게 되었다. 물론 그 당시에도 톰슨의 이름을 들었지만, 그의 책을 본격적으로 읽을 엄두를 내지 못했다. 너무나 어렵다는 이야기를 간간히 들었기 때문이다.

1983년 서울대 나종일 교수의 대학원 강의를 들었는데, 그 교재가 톰슨의 책이었다. 한 학기 내내 돌아가며 윤독했지만 아마 200쪽도 읽지 못했던 것으로 기억한다. 그만큼 무수한 고유명사에 막혔고, 톰슨의 독특한 문체와 수사에 모두가 고전했다. 나종일 선생은 그 후 제자들과 함께 오랫동안 이 책의 번역작업에 몰두했다. 그것이 2000년경에 창작과비평에서 출판된 『영국 노동계급의 형성』이다.[3] 아마 일본에서도 그때까지 번역서가 나오지 않았던 것으로 알고 있다. 솔직한 고백이지만, 당시 계급에 관한 톰슨의 해석이나 노동사를 바라보는 시각은 다이제스트식으로 널리 알려져 있었다. 문제는 그의 책을 집중적으로 읽어가기 어려웠다는 점이었다. 나는 그의 실천적 역사학에 매료되었지만, 여러 번 책 읽기를 시도하다가 좌절하곤 했다. 영어본으로 완독한 기억은 없지만 반복해서 시도한 나머지 1부의 여러 내용은 매우 익숙했다. 그러나 2부와 3부로 넘어가면 항상 낯설었다. 책을 완독한 것은 번역본을 통해서였으니, 이 책이야말로 내게 능력의 한계를 알려준 셈이다.

사실, 톰슨의 저술은 출판 직후부터 젊은 역사가들에게는 이미 살아 있는 고전으로 인식되었다. 언젠가 《미국사학보*Journal of American History*》에 실린 한 논문 내용이 기억에 남아 있다. 그 논문은 미국 대학에 재직 중인 미국사 전공자들에게 설문을 돌려 미국사 연구의 실제를 조사했다. 설문 가운데 그들에게 큰 영향을 끼친 저술 또는 역사가를 묻는 내용이 있다. 톰슨은 미국의 미국사 연구자들 사이에서도 성서, 리처드 호프스태터Richard Hofstadter, 마르크스에 이어 4위에 올랐다. 이 분야에서도 톰슨의 영향은 절대적이었다.[4] 1980년대 한국의 서양사학도들에게도 이 책은 끊임없는 영감을 불어넣어준 지적 원천이었다고 말할 수 있다. 아이러니한 것은 그의 책을 깊이 읽지 않았음에도 우리는 톰슨의 이름으로 새로운 사회사 연구를 언급했으며, 톰슨의 시각으로 사회사를 바라보아야 한다고 역설했던 것이다. 지금 생각하면 일종의 지적 허영일 수도 있다. 그렇지만 학문세계에서 하나의 추세로 자리 잡은 학자나 이론이 그에 찬동하는 사람들에게 정확하게 이해되어서 그렇게 나타나는 것은 아니다. 그냥 '톰슨'의 이름이 당시 젊은 역사가들의 학문적 열망과 소망을 반영하는 상징물이었을 뿐이다. 아마 '마르크스'라는 이름도 마찬가지였을 것이다.

당시에도 계급에 대한 톰슨의 기본 시각은 하나의 상식이었다. 톰슨은 『노동계급의 형성』 머리말에서 기존의 견해와 다르게 계급을 규정한다. 우선 계급을 생산관계의 맥락에서 '구조'나 '범주'로 바라보려는 경향을 비판한다. 생산관계는 새로운 계급 경험을 낳지만, 그것이 곧바로 계급의식으로 연결되는 것이 아니다. 계급의식은 그 경험들이 문화적 맥락에서 조정되는 방식, 즉 전통·가치체계·관념, 여러 제도적 형태 등으로 구체화되는 방식이다. 따라서 톰슨이 말하는 계급은 계급 경험에 대한 주체적인 대응을 통해서 스스로를 만들어 가는 '현상'이자 '흐름'인 것이다.

이러한 전제 아래 톰슨은 산업화 초기의 노동자들이 미성숙하고 수동적이었다는 종래의 통념을 비판하면서 노동자들의 공동체, 문화, 작업장에서 이들의 집단적 자의식의 형성과정을

79

추적했다. 톰슨이 보기에, 산업화 및 그에 따른 자본주의 생산 관계의 확대가 노동자들에게 새로운 경험을 낳았을 때 그 경험을 조정하는 데 작용하는 그들 고유의 전통과 문화가 정작 중요했다. 그는 18세기 후반 영국의 서민사회가 가지고 있었던 고유의 전통들, 예컨대 비국교신앙과 민중 폭동, 그리고 영국인으로서의 생득권과 자유를 추구하던 전통에 주목한 후에 산업혁명기에 그들이 구체적으로 어떻게 착취를 당했는가를 치밀하게 추적한다. 마지막으로 여러 노동자 집단들이 계급경험에 대응하면서 지속적인 집단 항의와 저항을 거쳐 마침내 계급의식을 지닌 '노동자계급'으로 형성되는 과정을 기술한다.

19세기 초에 노동자들이 독자적인 계급을 형성했다는 톰슨의 주장은 한국과 같이 뒤늦게 산업화 과정에 진입한 나라의 연구자들에게 커다란 관심을 불러 일으켰다. 그것은 한편으로는 산업화 시기에 사람들의 의식적인 노력을 통해 자본주의 극복의 담지자로서 새로운 사회세력이 형성될 수 있다는 믿음을 던져주었던 것이다. 실제로 톰슨 자신이 재판의 서문에서 아직 발전도상 중인 제3세계의 사람들에게 이 책이 유용할 것이라는 믿음을 표명한 바 있다.

톰슨이 서술했던 대로 19세기 유럽의 노동자들은 산업화에 따른 여러 가지 변화를 그들의 삶과 노동 속에서 겪었다. 빈곤, 실업, 저임금, 장시간 노동, 단순작업과 반복, 착취 등은 노동자들에게 공통의 경험으로 다가왔고, 그들은 그 경험을 통해 집단적 자의식과 정체성을 형성했으며 궁극적으로는 조직노동운동을 전개할 수 있었다. 19세기 서구 여러 나라의 노동사 연구는 이와 같이 경험, 집단적 자의식, 조직노동운동으로 이어지는 노동계급의 발전과정을 분명하게 제시한다. 더욱이 자본주의의 대안으로서 사회주의는 노동운동의 동력으로 작용했을 뿐만 아니라 대안적 사회에 대한 환상을 심어주었다. 적어도 1980년대에 나는 이런 환상을 가지고 역사를 공부했다. 그것이 환상에 지나지 않는다는 것을 깨닫는 데에는 오랜 시간이 걸리지 않았다. 현실사회주의가 붕괴되는 것을 목도했기 때문이다.

톰슨에 몰입했던 시절로부터 한 세대가 지난 2013년 나는 《서양사론》에 톰슨의 『노동계급의 형성』을 되돌아보는 긴 글을 썼다. 물론 자청해서 썼다기보다는 청탁원고라고 해야 겠다. 글 말미에서 톰슨을 바라보는 나의 소회를 다음과 같이 썼다.

역사학에 대한 신뢰가 그 어느 때보다 약화된 지금, 톰슨의 『형성』은 이전과 같은 열광의 눈길로 읽어나갈 수 없다. 현대사회의 탈계급화 현상은 노동사의 연구대상이 앞으로도 남아 있을지 심각한 회의를 불러일으킨다. 육체노동의 감소, 자동화 및 정보통신혁명에 따른 전통적 노동개념의 변화는 분명 오늘날의 탈계급화 추세를 보여준다. 이제 노동사는 계급이 아니라 노동자들의 역사를 기술할 수밖

4. 역사연구의 길잡이

에 없는 상황에 직면한 것이다. 톰슨의 책은 그 서술 내용 면에서 그대로 받아들일 수 없는 부분이 있다는 것을 인정해야 한다. 그렇더라도 그의 실천적인 삶은 물론, 그의 장대한 서사 형식, 인간의 능동적 행위agency를 중시하는 시각, 그리고 사료를 대하는 겸손한 태도는 후대의 역사가들에게 여전히 귀감이 된다. 역사가들은 그의 서술에서 문학적 상상력과 표현의 중요성을 다시 깨달을 수 있다. 노동계급의 전진에 대한 전망을 거두고 노동의 위축을 시대 추세로 받아들인다고 하더라도, 자신의 시대를 걱정하는 사람이라면 톰슨이 "후대 사람들의 멸시"에서 구하려고 한 그 대상들을 외면할 수 없다. 계급 중심의 역사를 벗어나더라도 우리는 여전히 어느 시대에나 '사회적 약자'의 문제를 외면할 수 없기 때문이다.[5]

## 에릭 홉스봄과 19세기사 3부작

도브와 톰슨 외에도 내가 자주 탐닉했던 책은 홉스봄의 19세기사 3부작이었다. 『혁명의 시대』와 『자본의 시대』는 영문판 복사본으로 끙끙대며 읽었다. 앞의 것은 1978년경에 자취방에서 주로 읽었고, 뒤의 책은 1980년대 초 대학원 시절에 탐독했다. 두 책 모두 나중에 영국 사회사를 공부하는 데 중요한 자산이 되었다. 3부작의 마지막 책이라고 할 수 있는 『제국의 시대』는 2000년대 들어와서 국내 번역본으로 읽었다. 이 책을 읽을 당시는 이전의 책들과 달리 열광할 수 없었다. 그의 역사서술이 낡은 것처럼 여겨졌거나 아니면 내가 젊은 날의 치열한 의식을 상실했던 탓이리라.

잘 알려져 있듯이, 홉스봄은 2차대전 이후 노동사 연구의 새로운 방향을 제시한 역사가다. 그는 노동조합이나 노동운동 중심의 연대기적 역사서술에서 노동계급 자체로 연구대상을 바꾸고자 했다. 그의 초기 논문들은 독자적인 생활방식과 사고를 지닌 산업노동자계급의 등장을 조명하고 이 과정에서 나타난 노동자 항의와 집단행동에 초점을 맞춘다. 이와 함께, 19세기 중엽 이후 노동계급운동의 개량화 추세를 노동귀족의 등장을 통해 해명하려고 했다.[6] 그러나 그가 역사가로서 높은 명성을 얻게 된 것은 1960-70년대에 잇달아 펴낸 19세기 유럽사 3부작을 통해서였다.[7]

홉스봄의 유럽사 3부작은 프랑스혁명부터 1차 세계대전 직전까지 이른바 '긴 19세기'를 다룬다.[8] 분야별로 전문화된 서술을 지양하고 글자 그대로 전체 사회의 구조와 변동을 탐색하려고 한다. 이는 정치, 경제, 사회, 문화 등 인간 활동의 여러 영역을 병렬적으로 살피는 것이 아니라 이들 영역이 서로 교차하고 규정하며 영향을 주고받는다는 전제 아래 한 시대를 서술한다는 것을 뜻한다. 홉스봄 또한 토대와 상부구조의 조응이라고 하는 마르크스주의 역사인식을 견지한다. 경제구조와 변화를 먼저 분석한 후에 그에 상응하는 정치 및 문화 일반을 서술하는 것이다.

4. 역사연구의 길잡이

그러나 이전 좌파 역사가들의 토대-상부구조 이론에서 벗어나 둘이 상호작용하고 서로 영향을 주는 관계라는 점을 분명히 한다. 물론 자본주의의 중요성을 강조하면서도 정치와 문화의 독자성을 어느 정도 인정하는 것이다.

3부작 가운데서도 1부 『혁명의 시대』가 19세기 유럽사를 관통하는 핵심적인 주제를 다룬다. 19세기 유럽 사회를 결정지은 것은 '이중혁명'의 전개와 그 영향이다. 홉스봄에게 산업혁명과 프랑스혁명은 공간적으로 서로 다른 나라에서 나타났지만, 거의 동시적으로 진행되면서 서로 영향을 준 '이중혁명'이다. 궁극적으로 그것은 산업자본주의의 승리이자 자본주의 경제의 추진 주체인 자본가계급의 승리를 뜻했다.

위대한 혁명은 공업 자체의 승리가 아니라 '자본주의적 공업'의 승리였으며, 자유와 평등 일반의 승리가 아니라 중류계급 또는 부르주아적 자유사회의 승리였다. 또한 '근대경제' 또는 '근대국가'의 승리가 아니라 상호 인접하여 경쟁하고 있는 영국과 프랑스를 중심으로 하는 특정지역에 속한 여러 경제와 국가들의 승리였던 것이다. 1789-1848년의 혁명은 본질적으로 이 두 나라에서 일어나 전 세계로 파급된 한 쌍의 대변동이었다.[9]

사회적으로 이중혁명은 전통 지배세력에 충격을 가했으며 형식적 평등에 기초를 둔 새로운 사회질서를 구축했다. 이 사회를 주도하는 계급은 물론 부르주아지였다. 홉스봄은 이 승리를 강조하면서도 마르크스주의 역사인식의 일단을 단호하게 표명한다. "그러나 이중혁명의 역사가 단지 새로운 부르주아 사회의 승리의 역사만은 아니다. 그것은 또한 19세기가 다하기 전에 팽창을 수축으로 바꿀 새로운 세력이 출현하는 역사이기도 하다."[10]

2부 『자본의 시대』는 제목이 보여주듯이, 영국에서 개화한 산업자본주의가 나머지 세계로 확산되고 영국이 세계경제를 지배하는 19세기 중엽의 시기를 다룬다. 자본주의의 성숙과 함께 함께 부르주아의 정치적 지배가 본격적으로 전개된다. 진보라는 언어가 시대의 화두로 떠올랐다. 주도세력으로 상승한 부르주아지는 그 과정에서 일반 민중의 정치에 관심을 기울인다. 그들은 새로운 지배질서의 유지를 위해 하층민의 열망과 요구를 어떻게 제어하고 조절할 것인가라는 문제에 직면한다. 그 결과 새로운 국민국가 건설이 급속하게 전개되는 한편, 민중의 정치적 열망을 반영하는 밑으로부터의 압력이 급진주의, 사회주의 등 여러 이념의 외피를 쓰고 분출했다.

홉스봄은 먼저 정치 및 경제의 변화를 설명한 다음, 19세기 문화의 중요한 특징들, 종교, 이민, 노동계급의 일상사, 부르주아 가족, 새로운 문학과 예술 등을 일관된 시각에서 체계화한다. 그는 19세기 중엽에 유럽 전역에서 혁명운동과 그 운동의 이념들이 대부분 실패로 끝났다는 것을 주목한다. 중심부에서 일어난 경제적 변혁이 정치적 선택이 아닌 다른 가능성을 열어주었기 때문이다. 그의 표현을 빌리면, 산업혁명이 정치혁명을 흡수한 것이다. 그렇다고 해서 정치혁명의 전망이 사라진 것은 아니었다. 그것은 새로운 터전, 즉 노동계급의 기반 위에서 다시 싹을 길렀던 것이다.

이 시대의 역사는 한쪽으로 기운 일방적인 시대의 역사다. 그것은 첫째로 그리고 주로 산업자본주의적 세계경제의 거대한 진전의 역사이며, 산업자본주의 진전에 나타나는 사회질서의 역사, 그리고 그것들을 정당화하고 승인한다고 생각되는 이념과 신념들, 즉 이성과 과학, 진보와 자유주의를 믿는 이념과 신념의 역사였다. 유럽의 부르주아지는 그 제도, 공적인 정치적 지배에 나서는 것을 망설이고 있기는 했지만, 그래도 그 시대 부르주아지의 승리의 시대였다. 그러나 이 정도까지는 혁명의 시대가 아주 숨을 거둔 것은 아니었다. 유럽의 중산계급들은 민중에게 겁을 먹었고 계속 그 겁먹은 상태에서 벗어나지 못했다. 즉 '민주주의'란 여전히 그들에게는 '사회주의'에 이르는 확실하고도 신속한 서곡이라고밖에 믿어지지 않았던 것이다.[11]

홉스본의 3부 『제국의 시대』는 1870년 이후 유럽 사회의 변화를 다룬다. 이전 책과 마찬가지로 토대에 해당하는 경제변화를 상세하게 검토하면서 그에 따른 사회 및 문화적 차원의 여러 변화를 살핀다. 제국주의 정치는 자본주의 발전과정에서 필연적으로 나타난 대불황과 그에 뒤이은 국제경쟁이 초래한 현상이었다. 유럽 중심국가 내부에서는 이러한 경제변화를 반영해 대중의 민주화 요구가 분출하였고, 이에 따라 대의민주주의는 이 시대의 유행어가 되었다. 국민국가 형성과정에서 떠오른 민족주의가 제국주의의 이념의 기반이 되기도 했다. 1870년대 이래 가속된 제국들의 영토분할은 세계경제라는 측면에서 보면, 단수가 아닌 복수의 국민경제들이 서로 경쟁하는 상황의 산물이었다. 그러나 당대에 제국주의 국가의 정치가와 지배세력은 제국의 영광과 식민지 획득이 자기 나라의 경제와 사회에 미치는 잠재적인 이점을 분명히 인식하고 있었다. 제국주의는 주변부세계와 식민지에 미친 영향 못지않게 국내정치의 필요성으로도 설명할 수 있었다.

일반적으로 제국주의는 대중, 특히 잠재적으로 불만을 가진 사람들이 스스로를 제국 국가 그리고 민족과 동일시하도록 고무했으며, 그럼으로써 그들이 무의식적으로 자신이 속한 사회가 정당성과 정통성을 가진 국가로 대표되는 사회적, 정치적 체제라는 사실을 깨닫도록 했던 것이다. 대중정치의 영역에서는 기존의 낡은 체제도 새로운 정당성을 요구받았다.[12]

19세기 유럽사 서술에서 홉스봄의 유산은 무엇인가. 우선 '긴 19세기'가 이전 세기와 전혀 다른 급속한 사회변동을 겪었다고 보는 격변론이 먼저 연상된다.[13] 또 인간 활동의 여러 영역이 서로 유기적으로 연결되어 영향을 미친다는 전제에서 출발한 전체사 서술이나 토대-상부구조 역사인식, 달리 말하면 거대담론을 떠올릴 수 있다. 돌이켜보면, 홉스봄이 19세기 유럽사를 서술한 1960-80년대는 사회사의 전성시대였다. 그는 사회사적 시각에서 혁명, 자본주의, 산업화, 계급지배, 제국주의 등의 주제를 전체사적 시각에서 재구성할 수 있었다.

그러나 한 세대가 지나면서 서구 역사학은 커다란 변화를 겪었다. 우선 포스트모더니즘의 영향 이후 전체사와 거대담론에 대한 관심이 줄어들었다. 오늘날의 역사가는 격변론적 관점을 대체로 인정하지 않는다. 프랑스혁명에 대한 자유주의적 해석이나 산업혁명에 관한 점진론은 이미 한 세대 전부터 학계의 주류 해석이 되었다. 토대-상부구조론과 사회주의적 이상 또한 좌파 역사가들 사이에서도 논의의 대상에서 멀어졌다. 나도 알게 모르게 사회주의에 대한 관심을 잃었다. 열정도 식고, 도대체 사회를 새롭게 개조할 수 있다는 젊은 시절의 신념 또한 낯설게 여겨질 뿐이다.

서구 진보적 역사가들도 비슷한 태도를 보여준다. 마르크스주의 역사인식에 대한 신뢰가 떨어진 이상, 그에 바탕을 둔 전체사

서술의 효용성 또한 역사가들의 관심사항이 아니다. 거대한 이론틀을 구체적인 역사연구의 장에 투사해, 한 시대의 전체상을 재현하는 자기완결적인 시대사 서술을 더 이상 시도하지 않는다. 더 나아가, 지구사적 맥락과 시각이 역사서술에서 중요한 비중을 차지한다. 유럽사회 내부의 여러 요인들 못지않게 다른 세계와의 관계 및 교류, 다른 세계의 영향을 통해 유럽사회의 변화를 이해하려는 경향이 나타났다. 이와 함께 근대 및 현대 세계를 탈유럽중심주의 시각에서 이해해야 한다는 요구가 갈수록 거세지고 있다.

### 사회주의 붕괴에 대한 소회

마르크스의 문제의식에 대한 공감은 있었지만 나는 1980년대 진보적 책 읽기에서 주로 톰슨과 같은 유럽의 신좌파에 더 매력을 느꼈고 동유럽 사회주의 체제를 비판적 시각으로 바라보았다. 그렇다고 해서 평등과 정의 같은 사회주의적 가치를 버렸던 것은 아니다. 오히려 자본주의의 모순을 극복하기 위해서라도 이들 가치가 실현되어야만 한다고 굳게 믿었다. 그러나 동유럽 사회주의권의 붕괴 이후 이러한 문제의식은 점차 희미해졌다.

'역사연구의 길잡이'라는 주제와 조금 거리가 있는 것처럼 보이지만, 동유럽 사회주의 붕괴에 관한 소회를 덧붙이려고 한다. 1990년대 이후 내 역사연구의 방향전환과 관련이 있기 때문이다.

1980년대 후반에 나는 소련 사회에 여러 모순과 심각한 문제들이 내재해 있다는 것을 인정했다. 유럽 신좌파의 담론에 익숙했던 나는 소련 사회주의와 그 이후 스탈린주의에 대해 비판적인 시각을 가졌기 때문에 사회주의 국가들에 대한 환상이 없었다. 그러나 미하일 고르바초프의 개혁은 긍정적으로 바라보았다. 사회주의체제 자체가 자기정화와 조정능력을 가지고 있다고 생각했고 고르바초프가 표방한 '인간의 얼굴을 한 사회주의'가 그런 자기정화노력의 산물이라고 보았다.

물론 사회주의를 사실상의 국가자본주의로 규정했던 트로츠키주의자들은 소련의 개혁을 사회주의의 당연한 실패를 보여주는 것으로 간주했고, 또 소련 내의 수구세력들은 고르바초프의 모든 정책을 사회주의 이념의 포기 또는 기본원칙의 이탈로 바라보았지만 나는 그 옹호자들의 견해를 받아들였다. 고르바초프의 시도는 소련사회에 오랫동안 깃들어 있던 스탈린주의의 청산과 새롭고 차원 높은 사회주의의 발전을 지향하는 것이었고 또 그것을 지향해야 마땅한 것이었다. 그 시도마저 성공하지 못한다면, 인류 미래의 희망을 어디에서 찾을 수 있겠는가. 그 당시 나는 현실사회주의에 경도되었다기보다는 자본주의 경제와 그 체제 자체에 대한 증오감이 거셌다.

그러나 페레스트로이카의 결말이 사회주의의 포기로 나타났을 때, 당혹감은 말할 수 없었다. 그 후 오랫동안 나는 이 문제를 외면해왔다. 홉스봄이『극단의 시대』에서 그 좌절감을 이렇게 표현했던 것으로 기억한다. 당시 아무도 현실사회주의 붕괴를 예견하지 않았다. 어떤 역사가도 그 붕괴의 현장을 보며 역사의 전개과정을 속시원하게 해설할 수 없었다. 이제 해체된 소련 공화국들과 동유럽 사회주의 국가들 가운데 사회주의라는 이념을 내걸고 있는 나라는 없다. 그와 함께 마르크스, 엥겔스, 레닌 등 사회주의 운동사에서 기념비적 인물들의 이름도 사라졌다.

사회주의 붕괴에 대해서는 사회주의 계획경제 자체에 근본적인 모순이 노정되어 왔다는 지적이 있다. 사회주의체제를 공산주의사회로 이행하는 과도기적인 단계로 규정할 경우에 경제적인 차원에서 이 체제의 가장 기본적인 특징은 사회적 소유에 입각한 계획경제라 할 수 있다. 사회주의적 생산은 자본-임노동 관계에 기초를 둔 자본주의적 생산과는 전혀 다르기 때문에 그 구체적인 노동과정 또한 순경제적 차원이 아니라 단위작업장의 위계적 분업에 입각하여 이루어질 수밖에 없다. 이러한 위계적 분업이 관료적 경직화를 초래함으로써 노동에 대한 동기부여가 약화되고, 생산과정 전체가 비능률적인 속성을 지니게 되었으며 생산결과에 대한 책임소재도 불분명해졌다는 주장이다.

한편 생산과 분배에 대한 중앙집중적인 계획도 여러 가지 난점에 봉착했다. 그동안 사회주의권의 정통 이론가들은 자본주의생산의 무정부성에 비하여 계획경제가 갖는 우월성을 강조해왔다. 자본주의생산의 무정부성은 시장기능과 파국적인 공황을 통하여 어느 정도 조절할 수밖에 없으며, 그에 따른 혼란과 부담이 엄청난 것 또한 사실이다. 그러나 사회주의 계획경제도 그 나름의 어려움에 직면하였다. 즉 사회성원 개개인의 욕구수준의 편차와 그 욕구의 변화가능성을 모두 고려한 완벽한 계량화가 불가능하기 때문에 재화의 수요와 공급의 불균형이 심화되었다. 이와 같이 생산과정의 비능률성과 중앙집중적 계획의 난점이 중첩되면서, 생필품의 경우 비용가격이 유통가격을 상회하고 일반소비재의 경우에는 거래의 대부분이 암시장에서 이루어지는 기현상이 빚어졌던 것이다.

사회주의생산의 비능률성과 계획경제의 난점을 극소화하기 위해서는 무엇보다도 생산에 관련된 전체구성원들의 자발성과 주체적 참여, 그리고 이기적인 욕구보다는 사회주의적 가치를 우선시하는 이타적인 자기극기가 필요하다. 중요한 것은 제도가 아니라 그 제도를 작동하는 인간인 것이다. 이른바 '사회주의적 인간화'를 고려하지 않고서는 사회적 소유와 중앙집중적 계획에 기초를 둔 사회주의경제는 자기지속적인 발전을 이룰 수 없을 것이다.

한편 민주집중제를 중심으로 하는 프롤레타리아 독재 자체가 사회주의 사회의 위기를 심화시켰다는 비판이 일찍부터 있어 왔다. 프롤레타리아 독재론은 마르크스가 『프랑스내전』(1872)에서 파리코뮌의 직접민주제 방식을 분석하면서 그 원초적인 개념을 제시한 바 있고, 그 후 레닌이 이를 정교하게 다듬었다. 사실 볼셰비키혁명과 혁명 후의 사회주의 건설과정에서 프롤레타리아 권력(소비에트권력)은 당의 주도적인 역할에 의해 대체되는 것이 일반적인 경향이었다. 레닌은 이 과정에서 정치적 집행의 폭력적 요소가 강화될 수도 있음을 경계하면서 민주집중제의 원칙을 강조하였다. 민주집중제의 실현은 의사결정 과정, 결정사항에 대한 집행, 집행결과의 대중적 통제라고 하는 세 가지 차원으로 이루어진다. 이것을 조직 면에서 보면, 아래로부터 자유로운 선거를 통해 상급기구를 선출하고 상급기구는 집행권과 함께 아래로부터의 소환에 복종할 의무를 동시에 부여받는다. 민주집중제의 내용은 '토론의 자유와 행동의 통일'로 요약된다. 레닌에 의하면, 이것은 정치과정에서 지도성과 자발성의 변증법적 통일을 구현하기 위한 방법이며, 중앙집권적인 관료제나 혹은 통제를 거부하는 무정부주의와는 구별되는 것이었다. 이같은 레닌의 이상은 그의 사후 현실에서 구현될 수 없었다. 그 후의 소련 현대사에서 드러나듯이 민주집중제는 스탈린주의와, 그리고 당 및 관료독재를 합리화하는 이데올로기로 변모하였다.

고르바초프와 그 지지자들은 민주집중제와 계획경제의 모순을 해결하기 위한 방안으로 의사소통의 개방과 시장경제 도입을 통한 경제개혁을 주장했다. 그러나 의사소통의 개방은 결과적으로 아래로부터의 비판적 여론의 형성과 권위주의적 관료집단의 이데올로기의 대립을 격화시켜 체제위기의 심화를 가져왔다. 또 시장경제의 도입은 부분적으로만 실시됨으로써 생산의 활력을 조성하기보다는 오히려 상품화폐경제의 일반적 경향, 즉 경쟁을 통한 생산자 분해, 소유의 집중, 경제적 불평등, 새로운 착취관계 등을 야기했을 뿐이다.

이러한 부작용을 막기 위해서는 적어도 이론상으로는 다음과 같은 두 가지 방법을 설정할 수 있다. 첫째, 사회성원 개개인의 이기적 일탈행위를 감시할 수 있는 전사회적 통제장치-19세기 제레미 벤섬J. Bentham이 행정의 효율성을 높이기 위해 상상한, 수백 명의 죄수를 효율적으로 감시할 수 있는 원형감옥panopticon과 같은-의 구축. 둘째, 시장의 교환관계에 참여하는 사람들의 사회주의적 인간화. 첫째 방법은 이미 역사적 유물이 된 스탈린주의로의 복귀를 뜻하므로 그 당시의 소련상황 아래서는 엄청난 민중적 저항을 초래했을 것이다. 둘째 방법 또한 사회주의 국가건설의 오랜 실험을 통하여 실현 불가능한 몽상임이 밝혀졌다.

볼셰비키 혁명 이래 소련의 마르크스주의자들은 인간의 물질적·경제적 조건의 변혁을 통하여 사회주의적 가치를 실현하고자 노력해왔다. 그들 스스로는 경제결정론이나, 경제주의의 오류를 지적하고 그 폐해를 경계하였지만, 그럼에도 그들은 사회주의적 변혁 자체가 경제적 조건과 인간의 주체적 의지 사이의 상호작용을 통하여 상승한다고 하는 자명한 진실을 몰각했던 것 같다. 현실사회주의는 해방·평등·정의와 같은 사회주의 본래의 가치체계를 달성하는 데 실패하였을 뿐만 아니라, 그러한 가치를 구현하는 지향성조차 상실한 것처럼 보인다. 사회주의의 이상은 완전한 사회주의적 인간(이타적 인간)을 전제로 하지 않고서는 불가능하다. 현실사회주의의 본래적 모순은 인간을 사회주의적 인간으로 변혁할 수 있다는 단순한 맹신에 있었던 것인지도 모른다. 사회주의 이론가들은 이러한 문제에 창조적인 탐구를 계속하지 않았다. 그 결과는 역사가 보여주는 그대로다. 현실사회주의는 역사고고학의 유물로 전락했으며, 궁극적으로는 마르크스주의 자체도 실천적 함의를 상실한 채 화석으로 변한 것이다.

# 5

## 정치사와 사회사, 그리고 산업혁명

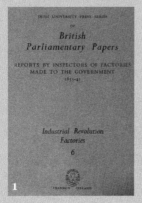

**1** 『공장감독관 보고서』_ 필자는 1830-40년대 의회문서에 산재한
공장감독관 보고서들을 중심으로
1833년 공장법과 시간단축운동에 관한 논문을 완성했다.
**2** 맥신 버그_ 내 나이 또래의 영국 역사가인 맥신 버그의 책을 통해
필자는 산업혁명기 기계와 공장에 관한 다양한 견해들을 접했다.

## 사회사에 빠져들다

19세기 후반과 다음 세기 초만 하더라도 역사연구란 엘리트, 지배계급에 관한 서사였다. 평범한 사람들의 삶과 그들에 관한 이야기는 역사서술에서 등장할 수 없었다. 그들은 기록을 남기지 않았기 때문이다. 근대역사학 자체가 사료를 기반으로 한다. 사료란 당연히 지배 엘리트만이 남길 수 있었다. 역사연구의 모든 것은 지배층의 역사이고, 따라서 그들의 지배의 역사였다. 더욱이 19세기 유럽에서 국민국가가 각개 약진하던 시기에 이 지배 엘리트의 역사, 즉 정치사는 '국가사'라는 이념적 합의를 얻어낼 수 있었고 이른바 '국사'로 치장되었던 것이다. 조지 트리벨리언 G. M. Trevelyan이 '사회사'를 가리켜 정치를 뺀 나머지의 역사라고 했을 때에는 다분히 소극적이거나 아니면 조롱이 담긴 말이었다.[1] 역사서술의 대부분은 정치고 그밖에 약간 정치 바깥의 소재들이 등장할 뿐이었다.

이미 밝혔지만, 나는 처음 역사연구를 시작할 때부터 일반인들이 흔히 생각하는 역사서술, 정치사에 관심이 없었다. 1970년대 서구 역사학계는 사회사의 황금시대였다. 거의 모든 연구는 '사회'라는 키워드로 수렴되었다. 계급, 신분, 사회세력, 사회이동, 사회갈등, 계급관계, 사회구조, 사회문제, 노동, 노동과정, 노동운동, 일상사에 이르기까지 거의 모든 역사연구가 사회사라는 이름을 내걸고 이루어졌다. 급진좌파에서 우파에 이르기까지 연구자의 정치적 스펙트럼은 다양했지만, 그 다양성을 넘어 일종의 학문적 합의가 있었다. 중요한 것은 '사회'였다.

사실, '사회사'라는 이름이 학문적 시민권을 얻은 것은 상당히 뒤늦었다. 20세기 초에 경제사 연구자들이 대학에 자리를 잡으면서 경제사의 보조학문으로 사회사적 연구들이 시작된다. 즉 생활수준, 노동조합 및 산업화 이후 노동 등의 문제를 연구 분야로 삼는 소수의 학문분과에 역사가들이 참여한 것이다. 물론, 영국학계에서 케임브리지의 조지 트리벨리언이나 존 플럼J. H. Plumb 같은 20세기 중엽의 역사가들은 농촌적 세계의 노스탤지어에 관심을 기울이기도 했지만 말이다.

어쨌든, 20세기 중엽 이후 역사학의 새로운 조류로 등장한 사회사는 결국 '사회문제'라고 불리는 현상에 뿌리를 둔 것이었다. '사회문제'는 19세기에 만들어진 용어로서 궁핍한 산업노동자들이 하나의 계급으로 출현하는 것을 설명한다. 이 말은 자연스럽게 노동자들이 스스로를 해방하기 위하여 형성하는 '사회운동'과 그들이 아마도 이룩하려고 했던 '사회혁명', 그리고 이들 조건과 열망을 기술하는 '사회사'로 나아갔다. 그러므로 '사회사'는 여러 해 동안 사실상 노동운동의 조직 및 이념의 역사, 특히 마르크스주의 노동운동의 역사를 뜻했다.

그러나 사회사에 대한 이 같은 좁은 개념은 이미 그 당시에 프랑스와 독일, 그리고 영국의 역사가들에 의해 무너졌고, 학문연구의 외연이 급속하게 확대되었다. 왜 1970년대를 사회사의 황금시대라 부르는가. 바로 이 무렵에 낡은 의미의 이전의 사회사가 그 껍질을 깨뜨리고, 홉스봄이 말한 것과 같은 '사회의 역사'=전체사회사를 표방했기 때문이다. 1970년대와 1980년대는 이 낡은 의미의 사회사social history에서 홉스봄의 문구에 따르면 전체사회사history of society로 대대적인 이동을 보여주었다. 프롤레타리아트만이 아니라, 토지귀족, 부르주아, 전문직 종사자, 농민, 하층계급 출신 범죄자들에 이르기까지 다른 사회계급들도 그 예고편에 들어왔다. 가족, 클럽, 단체, 레저조직 등과 같은 사회제도들도 사회사연구의 틀에 포함되었다. 개별 도시며 마을의 사회구조, 인구 및 인구변동, 다양한 세대의 남녀, 유년과 노년, 사회적 제식과 그 이상의 것 그리고 신념 등에 관한 연구들도 있다. 오래지 않아 사회사가들은 자신들이 '전통적인' 역사학과는

101

완전히 별개로 새로운 학문 분야를 만들었다는 자신감을 표명했다.

꽃이 피면 지고, 달이 차면 기운다. 자연의 이치다. 인생도 그렇고 사회 현상도 그렇다. 1970년대 서구 역사가들이 사회사의 황금시대를 언급하고 삶의 모든 것을 사회사의 범주 안에 포함시키기 시작한 것 자체가 사회사의 조락을 예견해주는 것이었다. 사회사가 역사연구의 다양한 곁가지들을 포식하면 할수록 그것은 파편화와 단편화라는 운명에서 벗어날 수 없었다. 한마디로 모든 것의 역사는 진짜 하찮은 것의 역사와 동일한 의미가 되었다. 더욱이 사회과학 방법론을 차용하고 분석적인 연구에 치중하면서 그 하찮은 것들의 역사는 전통적인 내러티브 형식마저 상실하고 무미건조하고 고통스럽게 읽어내야 하는 서술이 되었다.

비극적인 것은, 서구에서 사회사가 점차 위력을 잃어가기 시작했을 때, '서양사'라는 허구적인 학문에 매달린, 한국의 젊고 낭만적인(?) 역사학도들이 사회사에서 인류 구원의 메시지를 찾으려고 했다는 사실이다. 그들이 희망한 메시지는 참으로 대단하고 신성한 것이어야 했다. 유럽 근대화의 경험에서 무엇을 성취했는가를 찾고, 더 나아가 그들의 좌절, 그들이 잃어버린 것을 살펴봄으로써 우리의 현실 인식에 기여해야 한다는 것. 그렇게 생각만 해도 전율이 일어날 만했다. 처음 시작할 때에는 마르크스

삶으로의 역사

와 레닌의 이름을 되뇌고, 다음에 유럽의 신좌파를 들먹이며 기세가 좋았지만, 결국 세월이 지나고 이 주제에서 다음 주제로 연구대상을 옮기거나 확대하면서, 사회사의 파편화의 함정에 빠지고 만 것이다. 그 함정에서 벗어날 수도 없었다. 이것은 내 자신의 경험뿐 아니라 비슷한 또래가 공유하는 경험이자 기억이다.

파편화의 한계를 인식할 무렵 '문화적 전환'이 알려지고 또 다음 세대의 역사학자들이 포스트모더니즘의 이름에 덧붙여 신문화사, 문화적 전환을 소개했지만, 담론만 무성했을 뿐 '신문화사란 이것이다'라고 내놓을 만한 연구까지 이어지지는 못했다. 내자신도 그 영향을 받아 단순한 계급적 시각을 벗어나 일상사, 평범한 사람들의 생활사에 관심을 기울였지만 몇몇 단편적인 연구를 제외하고는 본격적인 탐색을 하지 못했다. 능력도 능력이거니와 학문적 열정이 뒤따르지 못했기 때문이다.

### 정치사의 공백을 어떻게 메우나?

2016년 봄의 이야기다. 한국서양사학회에서 '서양 역사 속의 재난'이라는 주제로 학술대회를 준비했다. 그 전해에 한국사회에 충격을 주었던 메르스 사태의 영향을 받았을 것이다. 청탁을 받아 정한 주제가 '1666년 런던대화재'였다. 19세기사를 주로 공부해온 내게 이 주제는 조금 생뚱맞은 것이기도 하고 또 일종의 모험이기도 했다. 그러나 내가 영국사에서 재난이라는 키워드

5. 정치사와 사회사, 그리고 산업혁명

와 연결해 선택할 수 있는 여지가 별로 없었다. 그나마 '2차대전기 런던대공습'이 매력 있는 주제였다. 이 공습에 맞서 영국정부는 런던시민의 대규모 지방 피난계획을 수립하고 실제로 수백만 명의 사람들이 지방으로 떠났다. 나는 처음에 이 문제를 파고들려다가 일찍 포기했다. 사료 접근이 쉽지 않을 뿐만 아니라 기존 연구도 충분하지 않았다. 단기간에 주제의 얼개를 파악하는 일도 쉽지 않을 것 같았다.

그 대신에 선택한 주제가 1666년 런던대화재다. 4일이라는 짧은 기간에 일어났고 비교적 잘 알려진 사건이므로 접근하기가 쉽지 않을까. 나는 단순하게 생각했다. 놀랍게도 국내에는 이 사건에 관련된 연구가 하나도 없었다(처음에는 믿기지 않았던 것이 사실이다). 2월 중에 일리노이대학 어배너-샴페인 캠퍼스에 3주쯤 머무를 기회가 있어서, 며칠 대학 도서관에서 자료를 찾았다. 도서관 시설이 훌륭해서 편집된 동시대 문헌은 대부분 찾아냈고 또 2차 문헌도 PDF파일로 확보했다. 그곳에 머무는 기간을 포함해서 단기간에 확보한 자료들을 읽고 정리하는 일에 몰두했다. 새뮤얼 핍스Samuel Pepys와 존 이블린John Evelyn의 일기를 중심으로 4일 간의 대화재 전개과정을 정리하고,[2] 정부의 대응과 사회심리, 재개발 등 여러 문제들을 집중적으로 탐색했다.

문제는 그 다음에 발생했다. 정부의 대응을 살펴야 하는데, 일단 나는 17세기 영국 정치사에 너무나 무지했다. 찰스 2세는 이름만 알고 있었고, 그의 통치시기에 정치적으로 어떤 일들이, 어떤 갈등이, 어떤 긴장상태가 있었는지 완전히 백지상태였다. 당시 정치사와 관련된 사항에 접근하기 위한 사료들에 대해서도 아는 바 없었다. 그것이 30년 이상 영국사를 공부해온 내 자신의 실체였던 것이다. 결국 시간이 없었기 때문에 나는 정부의 대처에 관련된 여러 문제를 2차 문헌에 주로 의지해 두루뭉술하게 언급하고서 지나칠 수밖에 없었다.[3] 참으로 부끄러운 일이다.

나는 젊은 시절부터 오늘날까지 역사공부해온 자신의 태도를 돌이켜보려고 한다. 왜 나는 처음부터 그렇게 정치적인 것, 정치사 자체를 외면했을까? 그 전에 우선 정치란 무엇인가. 동아시아, 아니 우리나라에서 '정치政治'라는 개념어의 용례와 기원을 찾아봐야겠는데, 쉬운 일이 아니다. 서양에서 폴리틱스politics의 어원은 분명 그리스 폴리스polis에서 비롯했을 것이다. 아리스토텔레스의 『정치학Politika』에서 이 표제어는 분명 '폴리스들의 일들affairs'의 뜻을 갖는다. 15세기 중엽 이 책은 당시 영어로 'Polettiques'로 변역되었고, 근대 영어에서 politics로 정착된다. 사실 여기에서 폴리스라는 외형적인 도시가 아니라 그 도시에서 사는 사람들, 즉 도시민들citizens 사이의 일들 또는 도시민에 관련된 일들을 뜻한다고 봐야 한다. 도시민=전사라는 전사공동체 전통에서 형성된 폴리스에서 시민들 사이의 일들은 관계 또는 수평적 네트워크의 의미를 표현한다. 그러나 동아시아에

105

서는 달랐을 것이다. 전통시대에 정政과 치治가 각기 쓰였다가 두 한자가 함께 정치政治라고 쓰이지 않았을까 생각했지만, 고문헌에 밝은 한 연구자로부터 그런 용례를 거의 찾기 어렵다는 말을 들었다. 물론 확정된 근거가 있지는 않다. 나는 여전히 '정치'라는 말이 근대 번역어로 도입되기 이전에 우리 사회에서 사용되었을 가능성을 생각한다. 우리말 '주권主權'이라는 말도 일본 지식인의 번역어라기보다는 19세기 후반 선교사들의 조어로 출발했다는 설이 있다. 유길준은 민주주의를 군민공치君民共治로 표현한다. 군주정의 전통 아래서 합당한 역어가 아니었을까?

용어의 기원을 찾는 문제는 끝이 없다. 왜 나는 정치사에 관심이 없었을까, 아니 왜 싫어했을까. 돌이켜보면 나의 정치혐오증, 나아가 몰정치사적沒政治史的 연구 태도는 시대상황의 산물이다. 성격 탓도 있겠지만 유신시대 당시, 나에게 정치란 독재라는 말과 동의어였다. 정치는 단순히 압제, 그것도 공동선을 위한 것이 아니라 1인 또는 소수 집단의 사적 이익을 위한 압제였다. 그것이 1970년대의 정치였다. 물론 압제에 분연히 맞서 싸운 친구들도 있었고, 나도 그 주위에서 서성거렸다. 문제는 압제도, 그에 대한 저항도 모두 정치적인 것이고 정치적 행위라는 자명한 사실을 깨닫지 못했다는 사실이다. 나의 소극성은 그대로 정치혐오증으로 연결되고, 나중에 정치사를 도외시하고 일부러 외면하는 성향으로 굳어진 것이다.

독재獨裁라는 말은 영어 'dictatorship'의 번역어임이 분명하다. 아마도 19세기 중엽 일본 지식인들이 만들었을 것이다. 독재라는 말의 기원을 좀 더 살펴보자. 옛날 공화정 로마에서 행정 수반인 콘술consul은 흔히 집정관執政官으로 번역된다. 당시 집정관제도를 중심으로 독특한 정치 관행이 있었다. 집정관을 항상 두 명 선출했던 것이다. 테오도르 몸젠Theodor Mommsen에 따르면, 로마공화정의 중요한 원칙 가운데 하나가 동료제였다. 정책을 결정하고 집행할 때 두 집정관이 상의해서 결정하는 것이다. 이들은 또한 임기제 관행의 지배를 받았다. 임기는 1년이고 연임할 수 없었다. 물론 공화정 초기에는 귀족출신만 뽑혔지만 나중에 평민도 이론상으로는 집정관으로 선출될 수 있었다. 키케로가 로마 공화정을 가리켜 '계급의 화합concordia ordnum'이라 불렀던 것은 이런 의미였다. 집정관이 가진 권한이 '임페리움 imperium', 즉 명령권이었다. 이것은 원로원senatus에서 통과된 법률에 입각해 시행하는 집정관의 권한이다. 미국 정체에서 대통령이 로마공화정 집정관제도의 복원이라는 점을 고려하면, 대통령령이 바로 '임페리움'에 해당할 것이다. 이 명령은 모든 로마 시민이 준수해야 했다.

그러나 전쟁과 같은 비상사태가 발생했을 때 동료제의 원칙을 지키기란 어려웠다. 시급한 명령을 내려야 할 때 두 집정관의 논의와 합의를 거치는 관행이 오히려 걸맞지 않았던 것이다.

이런 경우 두 집정관 중 한 사람이 임페리움 전권을 행사하며, 이 임시직을 딕타토르dictator라 불렀다. 자, 혼자 결정하고 주관하는 직책이란 뜻이 아니겠는가. 독재관이란 정말 dictator의 정확한 번역어인 것이다. 여기서 나는 놀라움을 금치 못한다. 만일 이 독재관이라는 번역어가 일본의 니시 학파 사람들에게서 나왔다면, 그 시절에 그들은 2천 년 전 로마공화정의 관행을 정확하게 이해하고 있었던 셈이다. 영단어의 역사적 용례를 풍부하게 담고 있는 『옥스퍼드대사전』이 완간된 것이 1920년대의 일이니 이를 참조했을 리도 없다. 그렇지 않으면 혹시 18세기 중엽 새뮤얼 존슨Samuel Johnson이 펴낸 『영어사전』에 그런 용례가 있었을까? 그 사전이 풍부한 역사적 용례를 수록했을 것 같지 않다. 어쨌든 놀라운 일이다. 그러니까, 독재관이라는 원래의 역어는 우리가 알고 있는 '독재'의 의미가 아닌 것이다. 그동안 어의변화가 있었던 셈인데, 아마 영단어 'dictator' 자체가 비슷한 어의변화를 겪었을 것이다.

논지에서 다소 벗어난 것 같다. 내가 말하려는 것은 지금까지 수십 년간 영국사를 공부해왔는데, 내가 알고 있는 서푼어치 역사 지식들이 그나마 반쪽짜리라는 말이다. 정치가 얼마나 중요한가. 나는 오직 정치를 '지배'의 역사로만 인식해왔다. 아래서 위로, 그리고 옆에서 옆으로 이루어지는 우리들의 헌신과 노력과 쟁투를 '정치'로 생각하지 않았던 것이다. 정치는 우리의 삶의 모든 것을 포함한다. 2016년 광화문 촛불시위에서 새삼 확인하지 않았는가. 유신시대의 그 부정적인 유산이 나의 정신세계에 수십 년간 영향을 미쳐온 것이다. 얼마나 역사연구를 할 수 있을지 모르지만, 앞으로는 역사연구뿐만 아니라 삶에서도 '정치적인 것'에 각별한 관심을 기울여야 할 것 같다.

### 산업혁명에 다가서기-공장법

남민전 사건으로 여러 친구들이 투옥되는 것을 지켜보면서, 한편으로는 두렵기도 하고 다른 한편으로는 도피처가 절실했다. 당시 내 형편으로 무작정 대학원에 진학하기가 쉽지 않았다. 다행히 혜화동에 있는 동성중학교 교사로 재직하면서 학업을 병행할 수 있었다. 전두환의 쿠데타 이후 짧은 서울의 봄, 광주학살, 국보위와 5공화국 수립으로 이어지는 살벌한 시기였다. 모든 것이 움츠러들었다.

교사로서 학생들을 2년여 가르쳤지만 별다른 기억이 남아 있지 않다. 지금 생각하면 아무래도 학업 때문에 학생들에 대한 관심과 열정이 적었던 것 같다. 나의 선임교사는 후일 서강대에서 동양사를 가르친 조병한 선생이었는데, 1980년 3월 갑자기 부산의 한 대학 전임으로 자리를 옮기면서 그 후임으로 내가 학생들을 가르치게 된 것이다. 가톨릭 학교였던 그 중학교 교장 선생님은 상당히 강단이 있는 분이었다. 조병한 선생 또한 교사와 학업을 병행한 분이었고, 수업시간에 정부를 비판했다는 혐의로 수사를 받다가 미결수로 투옥되기도 했다. 서슬이 시퍼런 시절에 학교 측은 조 선생의 사표를 수리하지 않고 무혐의로 풀려나자 다시 복직을 허용했다고 들었다. 수십 년 세월이 지난 후, 서강대에서 열린 역사학대회에서 조병한 선생을 뵈었을 때 그 말씀을 드렸다. 그분도 당시의 기억이 새롭다며 반갑게 담소를 나눈 적이 있다.

당시만 하더라도 서양의 선례에서 바람직한 근대화의 방향을 모색해야 한다는 유럽중심적 시각에서 벗어나지 못했기 때문에 나는 자연스럽게 영국 산업혁명이라는 주제에 다가섰다. 이 분야가 영국경제사의 본류이자 가장 지루할 만큼 논쟁적이며 그 만큼 다량의 연구가 축적되어왔다는 사실을 당시에는 잘 알지 못했다. 영국경제사의 학문 전통에 친숙하지 않았던 탓이다. 나는 그저 선례로서 영국의 산업화와 진행 중인 한국의 산업화를 대비하겠다는 조야한 문제의식만 가지고 있었다. 아놀드 토인비A. Toynbee, 폴 망뚜P. Mantoux, 해먼드 부부J. L. and Barbara Hammond, 존 클래팜J. Clapham, 토머스 애시턴T. Ashton 등 이 분야의 고전적 연구들을 닥치는 대로 읽어보았지만, 정작 석사논문 주제를 잡기는 어려웠다. 그러다가 다시 『자본론』 1권 '기계제 대공업' 부분을 정독하면서 본문과 각주에 자주 등장하는 '공장감독관 보고서'에 호기심을 갖게 되었고 결국 1833년 공장법과 그 당시의 시간단축운동을 논문주제로 정했다. 그러니까, 애초에 산업혁명에 관한 나의 출발점은 전문 연구서보다는 마르크스의 저술을 통해 정해진 것이다.

나는 오로지 '책의 시대'에만 익숙한 사람이다. 학부시절은 물론 대학원 시절 모두 책만 읽고 '손으로' 글을 썼다. 1970년대에도 대학 도서관에 제록스복사기가 설치되어 있어서 복사의 이점을 알고 있었다. 도서관에서 책이나 사전류, 또는 논문집의 일부를 제록스기를 통해 복사한 후에 가지고 다녔다. 1970년대 중엽부터 대학가 곳곳에 사설 복사집이 성업했던 것으로 기억한다. 언젠가, 복사기에 경탄한 노명식 선생이 대학원 강의시간에 제록스혁명이 지식의 확산에 미친 영향을 중시해야 한다고 말씀했던 기억이 난다. 그분의 요지는 근대문명이 책의 시대를 기반으로 한 것인데, 그 책의 시대가 중요한 변화를 겪고 있다는 것이었다. 지금 생각하면 그분은 곧바로 전개될 디지털혁명의 충격적인 영향을 예감하지는 못했겠지만 지식의 간편한 복사가 지식인사회에 가져올 변화는 실감했던 것이다.

1980년대 한국에서 서양사를 공부한다는 것은 일종의 고난이었지만, 다른 한편으로는 거의 눈치를 보거나 강박증에 사로잡히지 않고 자유롭게 내키는 대로 다닐 수 있는 모험의 여로이기도 했다. 체계적인 학문 연구의 전통이 쌓이지 않았기 때문에 나타난 기현상이라 할 수 있다. 서울 시내 주요 대학 도서관에서

111

서양사 관련 원서를 제대로 갖추고 있는 곳은 거의 없었다. 특히 영국사, 그리고 내가 관심을 가진 경제사 분야의 고전적 문헌이나 당대의 주목할 만한 저술들을 대체로 갖추고 있는 곳은 그나마 서울대와 서강대 도서관이었다. 특히 서강대 도서관은 역사분야에 이름 있는 해외학술지 여러 종을 정기구독하고 있었고, 참고자료로 역사학 논문색인집인 『역사색인초록집*Historical Abstract*』과 『영국인명사전*Dictionary of National Biography*』을 구비하고 있어서 자주 들렀다.

성균관대 도서관에서도 몇몇 긴요한 문헌을 입수할 수 있었는데, 특히 『영국사 사료집성』을 찾았을 때는 환호성을 지르기도 했다.⁴ 『집성』 11, 12권이 바로 내가 관심 갖는 시대와 주제에 관련된 중요 사료들을 발췌해 수록한 것이었다. 나는 1833년 공장법, 1831년 의회조사보고서 및 1833년 공장조사위원회보고서 발췌자료를 복사해 책으로 묶은 다음에 항상 가지고 다녔다. 뿐만 아니라 그 자료들의 해설을 통해 1830년대 시간단축운동과 공장입법을 다룬 주요 2차 문헌 목록을 작성할 수 있었다.

공장법factory acts이란 무엇인가. 공장법은 영국 산업혁명 초기 섬유류 공장, 특히 면공장의 어린이 및 연소자의 노동 시간을 규제하고 노동 조건을 개선하기 위해 제정된 일련의 입법을 가리킨다. 그 입법은 공장 생산의 부작용에서 노동자들을 보호함으로써 산업화에 따른 사회적 비용을 줄이려는 의도에서 비롯되었다. 산업 혁명을 주도한 면업분야의 방적공장들은 처음에는 수력을 이용할 수 있는 산간 지방에 세워졌고, 부족한 노동력을 지방 교구의 어린 도제들로 충원했다. 그 후 산업도시에 증기력 공장이 집중된 후에도 오랫동안 공장 노동력은 몰락한 소생산자와 이농민의 가족과 어린 자녀들이 주류를 이루었다. 이들은 초기 공장의 장시간 노동과 열악한 노동 조건의 직접적인 희생자였다.

19세기 초 공업 지대의 실태가 일반인에게 알려지면서 1802년, 1819년, 1831년에 면직 공장 아동의 장시간 노동을 금지하고 신체를 보호하는 내용의 공장법이 제정되었다. 그러나 이들 입법은 구체적인 시행 및 감독 규정을 갖추지 않았기 때문에 별다른 효과가 없었다. 1830년대에 토리 개혁가와 국교회 복음주의자들을 중심으로 '10시간 노동 운동'이 전개되면서 공장법은 새로운 전기를 맞는다. 1833년 공장법은 어린이 고용 연령 제한, 공장 아동에 대한 교육, 노동 시간 단축 등 여러 보호 규정을 마련하였고 나아가 중앙 감사의 기능을 갖는 감독관제를 도입했다. 1844년 공장법은 18세 미만 연소자와 여성 노동자에까지 보호 대상을 넓히고 공장 사고를 줄이기 위해 산업 안전에 관련된 여러 규정을 보완하였다. 1847년 공장법은 연소자 및 부녀자의 10.5시간 노동을 일반화함으로써 실질적인 노동 시간 단축을 이끌어냈다.[5] 이들 일련의 입법은 근대적 의미의 노동법체계라는 점에서 마르크스 이래 많은 연구자들의 관심을 끌어왔다.

당시 도서관 체제에서 산업혁명 연구에 필요한 도서의 해외 구입은 거의 불가능했다. 국내의 다른 대학도서관을 뒤져서 찾아낸 책은 복사를 했지만, 그렇게 하고서도 찾지 못한 중요한 문헌들이 문제였다. 1980년대 국내에서 외국학을 공부한 사람들이라면 누구나 공유하는 경험이겠지만, 그런 문헌을 손에 넣기 위해서는 여러 노력이 필요했다. 먼저 주요 도서관들을 훑은 다음에는 개인의 힘으로 해외에서 구입해야 했다.

여기서 나는 이미 오래 전에 고인이 된 김진경 선생에 대한 기억을 적어야겠다. 그분은 고대 그리스사를 전공했고, 정치적인 문제나 또는 삶에 있어서도 보수적이었다. 출신지역에서부터 세계관에 이르기까지 여러모로 나와 대척점에 있는 분이었다. 그러나 요즘 '보수'라고 불리는 사람들과 달리 별로 명예를 탐하지 않았고, 지식인의 한계와 분수를 누구보다도 잘 아셨다. 학과장 이외에는 보직도 맡지 않았을 뿐더러 항상 연구실에서 책을 보셨다. 한편으로 공부는 부유한 사람이나 할 수 있다는 핀잔을 주셨지만, 다른 한편으로는 내가 어려운 처지에 기를 쓰고 공부하는 모습을 기특하게 여기셨던 것 같다. 김진경 선생은 당시 옥스퍼드의 블랙웰출판사에 개인 구좌를 개설하고 있었는데, 도서를 주문한 다음에 그쪽에서 받은 인보이스를 제출해야 외화 결제를 할 수 있었다. 처음에는 김진경 선생의 계좌를 통해 책들을 구입했다가 나중에 내 개인 구좌를 개설해 해외도서 구입문제를 해결했다.

1980년대 중엽에는 영국문화원의 도서대출제도에 크게 힘입었다. 다행히 몇 년간 문화원은 영국대학들과 협력관계를 유지하고 있었다. 문화원에서 사료집을 포함한 문헌을 신청하면 몇 달 후 영국 대학도서관 소장 자료를 본국에서 우송해 직접 대출해주었다. 몇 년 후 그 제도는 폐지되었지만, 나는 문화원을 통해 공장법뿐 아니라 산업혁명 전반에 관련된 중요한 편찬사료와 2차 문헌을 입수할 수 있었다. 대출료도 상당히 싼 편이었다. 가난한 동아시아 출신 학생에게는 참으로 엄청난 혜택이었다고 생각한다. 문화원을 통해 나는 특히 여러 권의 『의회문서 *Parliamentary Papers*』를 입수했는데, 그 중에는 1832년 의회조사위원회보고서, 1833년 공장조사위원회보고서, 19세기 전반 공장감독관 보고서들이 포함되어 있었다. 의회문서는 일반도서보다 더 크고 무거웠다. 영국인들이 실태를 알았다면 깜짝 놀랐겠지만, 그 모든 자료를 나는 복사집에서 복사할 수 있었다. 지금도 내 연구실 서가 한 귀퉁이에 자리 잡고 있는 그 문서들은 후일 19세기 전반 공장개혁운동을 다룬 박사논문에 가장 긴요한 자료가 되었다.

교편을 잡으면서 공부를 했기 때문에 나는 그저 평범하기 짝이 없는 석사논문을 썼다. 그 논문은 1983년《역사학보》에 실렸지만, 지금 생각하면 본격적인 학술논문이라고 부를 수 없는 수준이다. 1830년대 10시간노동운동을 주도한 몇몇 사람들의 생애사를 기반으로 그들의 일부 견해를 소개하고 이 운동의 자극을 받아 면공장에 국한된 정부주도의 공장법 개정을 평면적으로 다뤘다. 그러나 영국 산업혁명이라는 좀 더 넓은 사회변동의 맥락에서 이 주제를 더 깊이 탐구해 박사논문을 작성하겠다는 계획을 세운 것이 그나마 소득이라고 할 수 있었다.

## 맥신 버그에 대한 기억

산업혁명을 거시적으로 바라본다는 것은 몇몇 중요한 2차 문헌을 섭렵하는 것만으로 불가능했다. 뒤에 안 사실이지만, 산업혁명이야말로 영국사에서 가장 논쟁적이고 축적된 연구가 많은 분야였다. 개설서에서 전문 연구서까지, 그리고 1950-60년대 학술논문들까지 대부분의 스타일 자체가 논쟁적이었다. 그만큼 이 주제를 바라보는 시각이 다양하다는 것을 의미했다. 말하자면 산업혁명이 이렇게 깊은 수렁인줄 모르고 접근했다가 그 수렁 속에 빠져든 것과 마찬가지였다. 1999년에 펴낸 『다시 돌아본 자본의 시대』 후기에서 나는 그것을 '산업혁명이라는 덫'으로 비유했다. 그것은 그 분야에 대한 충분한 검토도 없이 동아시아 출신 젊은 사학도의 젊은 객기로, 그리고 마르크스의 『자본론』에 나오는 몇몇 구절을 근거로 성급하게 연구주제를 선택한 데 따른 업보이기도 했다.

1980년대에 나는 영국 산업혁명기의 사회사에 깊이 빠져 있었다. 당시 자료 카드의 분류 목록을 보면 기계, 공장제, 공장법, 노동조합, 급진파, 정치경제학 같은 단어들이 주류를 이룬다. 모두가 산업혁명 또는 그 시대의 경제와 사회에 관련된 말이다. 지금으로부터 한 세대 전의 이야기다. 국내에서는 사료는 고사하고 변변한 2차 문헌도 구입하기 힘들던 그런 시절이었다.

그 무렵 나는 맥신 버그Maxine Berg라는 내 또래의 영국 역사가에게 큰 도움을 받았다. 그녀가 편집한 『19세기 영국에서 기술과 노역』(1979)과 『기계 문제와 정치경제학의 형성』(1980) 두 책이었다.[6] 앞의 것은 산업혁명기 기계와 공장에 관한 동시대 지식인들의 다양한 견해들을 발췌한 사료집이고 뒤의 것은 특히 산업혁명기의 생산 변화와 정치경제학의 담론을 분석한 연구서였다. 무엇보다도 사료집을 들춰보면서 감동을 느꼈던 기억이 새롭다. 내가 앤드류 유어A. Ure, 찰스 배비지C. Babbage, 에드워드 베인스E. Baines 등 당대에 기계에 관한 담론을 주도한 문필가들을 만난 것도 그 책을 통해서였다. 그 후 몇 년간 나는 버그의 두 책을 항상 가지고 다니면서 책들 표지가 닳도록 자주 읽었다. 버그의 책을 통해 산업혁명기 기계와 공장에 관한 다양한 견해들을 접했을 뿐만 아니라, 자신의 연구주제인 공장개혁과 연결 지을 수 있었던 것이다.

117

2012년 9월 나는 옥스퍼드대 지구사연구소 창립 학술대회에 참가했다가 버그를 만났다. 그녀는 이전에 몇몇 대학을 거쳐 워릭대학 사학과에 정착했다. 학술대회 등록장에서 내 또래의 여성이 워릭대학 사학과 대학원생을 모집하는 홍보책자를 여러 군데 배부하는 것을 지켜보면서 나는 그녀가 아마 버그일 것이라고 짐작했다. 나중에 1980년대 처음 산업혁명을 연구할 때 그녀의 책 도움을 많이 받았다는 감사의 말을 전했다. 그녀는 내 이야기를 듣더니 깜짝 놀라는 표정을 지었다. 자신마저 그 책들을 한동안 잊고 있었다는 것이다. 그리고 영국 역사가들 가운데 그 책들을 기억하는 이도 많지 않다고 씁쓸하게 웃었다. 이미 산업혁명 연구는 영국 사학계에서 한물 간 주제였다. 나도 그 분위기를 이전부터 느끼고 있었다. 사실, 영국경제의 쇠퇴와 동아시아의 대두를 비롯한 자본주의의 급속한 변동에 직면하면서 영국 산업혁명이 차지하는 중요성은 급속하게 사라졌다.

버그는 1990년대 이후 산업혁명 연구를 넘어서 사회사에서 문화사로, 글자 그대로 '문화적 전환'을 시도해왔다. 몇 년 전에 18세기 사치재와 이를 둘러싼 문화적 변화를 다룬 책도 펴냈는데 나는 아직 읽지 못했다. 옥스퍼드대 학술회의는 근래 역사가들의 화두가 된 지구사의 방향을 모색하는 자리였다. 버그가 발표한 글 또한 지구사에 해당하는 것이었다. 그녀는 인도의 구자라트 지방에서 직조한 고급 면직물의 무역 네트워크와, 영국-

인도 간의 인적·문화적 교류에 초점을 맞추고 있었다.

　다음해 2월 나는 케임브리지대학의 18세기사 세미나에서 그녀를 다시 만났다. 발표자는 '근면혁명' 개념을 처음 제시한 얀 드브리스Jan de Vries였는데, 버그는 그의 발표를 직접 듣기 위해 코벤트리에서 케임브리지까지 왔던 것이다. 근면혁명은 아직 실증인 연구들이 축적되지는 않았지만, 일본이나 독일에서 지방사 차원의 관련 연구들이 이루어지고 있었다. 드브리스는 최근의 연구경향을 소개했다. 발표가 끝난 후에 그녀가 먼저 나를 알아보고 반갑게 손을 내밀었다. 그날 저녁에는 그녀와 좀 더 오래 이야기를 나눌 기회가 있었다. 1950년생인 버그는 우선 내가 자기 세대에 속한다는 것을 알고 놀라워했다. 서양인들은 동양인을 실제 나이보다 어리게 보는 경향이 있다. 그녀의 이전 책들에 도움을 받았다는 말을 듣고, 나이가 훨씬 어린 사람으로 생각했을 것이다. 사실 내가 학위논문 주제로 고심하던 무렵에, 그녀는 이미 촉망받는 학자로 널리 이름을 날리고 있었다.

　나는 버그의 학문 이력에서 예의 그 '문화적 전환'이 궁금했다. 그녀는 내 질문에 분명한 답변을 하지 않았다. 그저 지나가는 말로 『율리시즈』의 주인공 스티븐의 독백, "역사는 깨어나고 싶은 악몽이다"라는 말을 빌려, 언젠가 산업혁명이 악몽으로 다가왔는지도 모른다고 말했을 뿐이다. 1980년대 중엽에 남중국해에서 네덜란드 동인도회사의 무역선이 인양되어 학계에 큰 반향을

119

불러 일으켰다고 한다. 나로서는 처음 듣는 이야기다. 인양된 도자기와 그 이후의 보고서들이 그녀에게 적지 않은 학문적 자극을 주었던 모양이다. 내국사 위주의 전통을 이어받아 사회경제사 분야에서 중요한 연구를 거듭해온 한 역사가의 자기 변신이 무엇보다도 놀라웠다. 버그는 그해 연말 출간을 목표로 지구사 서술에 관한 논쟁적인 책을 편집하고 있었다. 그녀는 역사가란 모름지기 자신이 다루는 주제에 항상 '유쾌하게pleasantly' 접근해야 한다고 충고했다.

### '산업혁명'이라는 덫

산업혁명을 좀 더 폭넓고 깊이 있게 공부해야 하겠다고 생각은 했지만 당시만 하더라도 지구사적 시각이나 다른 세계와 관계 속에서 영국 산업화를 탐색하려는 발상을 알지 못했다. 나는 그저 내국사적 관점, 달리 말해 영국사회와 경제의 구조적 측면에서 영국 산업화와 그에 따른 사회변동에 접근하는 것을 당연하게 생각했다. 전통 경제사에서 산업혁명의 출발점은 면공업이었다. 나는 면업분야의 고전적인 연구서들을 구입해 틈틈이 읽었다.[7] 이들 연구 또한 인도양 무역을 영국 면공업 발전의 부수적인 배경으로만 기술할 뿐이었다. 전통적으로 이 분야에서 해외요인은 단지 원면 공급지가 인도에서 이집트를 거쳐 북미로 옮겨졌으며, 인도산 면직물과 경쟁하는 과정에서 방적분야의 기술혁신이 이루어졌다는 정도로만 인정할 뿐이었다.

돌이켜보면 정도의 차이는 있겠지만, 내가 읽은 산업혁명사 연구 대부분이 특정한 경제적 조건 아래서 영국인과 영국 사회의 능동적인 대응 및 노력을 강조하는, 말하자면 애국주의적 국가사 서술이었던 것이다. 거의 2차 문헌에 의존할 수밖에 없는 나로서는 이들 연구의 기본적인 논조를 거의 무비판적으로 받아들였고, 그 시각의 연장선에서 공장법 문제에 좀 더 깊이 있게 접근했을 뿐이다.

18세기 영국경제에 관해 나는 전통적인 해석을 그대로 수용했다. 그 세기에 영국경제와 사회 내부에서 산업화 또는 근대화로 나아가는 충분한 조건들이 형성되고 있었다. 전통적인 해석은 18세기 정치적 안정, 금융혁명, 국제무역, 중간계급의 성장, 농업혁명, 인클로저 등 여러 경제 및 사회 변화의 특징들을 그 조건으로 이해하고 있다. 아울러 운하망과 항구와 도로 같은 사회간접자본의 확충, 자유방임주의, 제도적 차원에서 사유재산권을 보장하는 법과 제도의 정착, 거래를 활성화할 수 있는 편리한 계약관행도 중시했다.

그러나 이런 요인들과 영국 산업화를 잇는 연결고리가 필요했다. 그 연결고리를 18세기 국제무역과 인도산 면직물의 영향에서 찾는 것이 일반적이었다. 영국이 해외무역을 주도했다는 사실 자체가 산업화에 직접 연결되었다는 증거는 면공업의 기술혁신과 발전과정에서 좀 더 구체적으로 확인할 수 있다. 사실 18세기 후반까지 영국의 전통적인 산업은 모직물공업이었다. 면공업은 새롭게 나타난 산업분야로서 모직물업에 비하면 생산규모도 보잘 것 없었다. 그러다가 상황이 바뀌어 면공업이 영국의 산업화를 이끄는 기관차 역할을 맡게 되었다. 왜 이런 변화가 일어났을까?

17세기 후반에 이전의 신대륙무역이나 동방무역과 달리 영국의 런던과 리버풀을 중심으로 아프리카와 아메리카 대륙을 연결하는 새로운 무역이 발전했다. 이 삼각무역에서는 주로 아메리카 대륙의 농산물인 설탕, 면화, 담배, 아프리카의 흑인노예와 상아, 인도의 면직물이 거래됐다. 흑인노예는 아메리카 대륙의 백인 농장에서 일하는 노동력으로 팔렸고, 인도의 면직물은 처음에는 이들의 의류로 사용하려고 거래된 상품이었다. 그러다가 면제품이 값싸고 질기며 부드럽다는 사실이 널리 알려지면서, 유럽 사람들도 면직물을 좋아하게 되었다. 이에 따라 인도 면직물은 지금까지 해외무역에서 영국의 가장 중요한 수출품이었던 모직물의 지위를 위협하기에 이르렀다.

위기는 또한 기회를 낳기도 한다. 면제품에 대한 국내의 수요가 높아지자, 질 좋은 면직물을 만들어 공급하려는 노력 또한 지속적으로 이루어졌기 때문이다. 모직물에서 면직물 생산으로 방향을 전환하는 데 문제점은 인도산 면제품과의 경쟁이었다.

면방적업 분야에서 기술 개량이 먼저 시작된 것은, 해외 면제품 시장에서 영국산 면직물이 인도산에 비해 경쟁이 되지 않는 현실을 타개하기 위한 필요성에서 비롯되었다고 할 수 있다. 당시 영국의 수공업제품은 인도산에 비해 품질이 뒤떨어졌고 이를 극복할 수 있는 방안은 기술혁신이었다.

18세기 후반 영국은 면제품 생산에서 기술혁신에 유리한 몇 가지 조건을 갖추고 있었다. 우선 북아메리카에서 면화를 재배하면서 원료를 쉽게 구할 수 있었고, 또 솜에서 실을 잣거나 실을 가지고 천을 짜는 공정이 기계화에 적합했다. 면공업은 모직물공업과 달리 생산방식 면에서 오랜 전통이 없었기 때문에 오히려 새로운 혁신이 가능했다. 나는 산업화로의 직접적인 경로는 이와 같은 단선적인 서사로 단순화하고 랭커셔 면공업의 실태를 조사했다.

그러나 오늘날의 관점에서 보면 이러한 단선적인 설명은 허구에 가깝다. 근래의 연구는 면업 기계화에 대한 이와 같은 단선적인 서사가 설득력이 없음을 보여준다. 기계화 이전에도 반세기 이상 영국 랭커셔지역에서는 면직물을 생산하는 농촌공업이 번창했는데 이는 국내시장보다도 특히 아프리카 시장을 겨냥한 것이었다. 아프리카 면직물시장에서 고급품은 인도산, 저급품의 일부는 영국산이 수입되었다. 영국의 면직물업자들은 오랫동안 인도산 면직물과 거래하면서 그 기법, 품질, 디자인을 나름대로

5. 정치사와 사회사, 그리고 산업혁명

학습했다. 그 결과가 방적기와 같은 기계화로 나타난 것이다.[8]

면공업은 최초로 기계가 도입된 분야이자, 공장법을 처음 적용한 산업분야이기 때문에 중요한 것이다. 기존 연구를 바탕으로 하는 영국 면공업 서술만으로는 한계가 있었다. 그 부족함을 나는 1833년 왕립위원회Royal Commission 보고서에 대한 분석으로 메우려는 계획을 세웠다. 3권으로 구성된 이 보고서는 모두 8,000쪽에 이르는 방대한 분량이었고 나는 영국문화원을 통해 대출받아 전 분량을 복사한 터였다. 당시 공장개혁과 노동시간 단축을 요구하는 사회운동과 청원운동이 활발해지자 의회에서 국왕의 재가를 받아 임명한 왕립위원회는 3개월 동안 전국 면공장을 답사해 이 산업분야의 전반적인 실태에 관한 조사보고서를 작성했다. 이 자료는 면공장주, 노동자, 지역사회인사, 상업회의소 관계자 등 다양한 사람들의 증언과, 890여 공장에 대한 설문조사 자료를 수록하고 있다. 설문자료는 당시 면공장의 실태-분포, 노동자수, 노동구성, 노동과정 등-에 관해 상세한 정보를 알려준다. 나는 이 보고서 분석을 토대로 면공업의 실태와 면공장의 노동과정에 관한 논문을 발표했다.[9]

이들 논문에서 내가 특히 관심을 가졌던 것은 면공장의 노동관계였다. 당시 면방적공장은 성인 노동자가 여러 아동을 지휘감독하는 형태로 운영되었다. 방적기가 불완전했기 때문에 성인 감독이 방적기 실을 잇고 청소하는 여러 보조 아동을 거느리는 관행이 일반적이었다. 나는 공장주와 방적공, 방적공과 실잇기 아동이라는 이중적 고용관계가 당시 면공장의 특징이었고 공장아동에 대한 억압이 주로 성인노동자에 의해 이루어질 수밖에 없는 여러 조건들을 규명하고자 했다.

19세기 초 면업분야에 대한 분석을 바탕으로 나는 1930년대 10시간운동을 비롯해 공장개혁과 공장입법 문제에 초점을 맞춰 학위논문을 썼다.[10] 1830-40년대 공장개혁운동은 겉으로 보면 복음주의 또는 인도주의적 입장에서 아동의 노동시간 규제를 주장한 10시간노동운동, 의회의 조사활동 및 정부 관료들의 아동규제입법, 랭커셔 면업지대 면방적공의 시간단축운동 등 세 가지 방식으로 전개되었다. 사회사적 서술을 염두에 둔 나는 이들 운동의 기저에 세 사회세력의 이해관계가 서로 협조 대립 충돌하면서 그 시대 공장입법과 시간단축운동의 동력을 제공한 것으로 파악했다. 보수적이면서도 복음주의적인 토리 개혁가Tory Radicals, 대공장주, 그리고 방적공노조가 이에 해당한다.

우선, 보수파 일부의 공장개혁운동을 생각해보자. 이들의 운동을 당파적인 관점에서 이해하려는 경향이 있다. 1832년 의회개혁으로 수세에 몰려 있던 토리파는 그 후의 선거에서 정치적 열세를 만회하기 위한 방안의 하나로서, 말하자면 휘그파와 미들 클래스를 공격할 수 있는 유리한 무기로서 10시간 법안을 내세웠다는 것이다. 더 나아가 토지와 산업자본 간의 경제적 이해

대립이 이 운동에 영향을 미쳤다는 주장이다. 그러나 토리 래디컬들의 운동을 이러한 관점에서만 파악할 수 없다. 당파적 의도 못지않게 중요한 것은 당대에 '개혁가'로 불렸던 사람들의 공통된 사회관이 운동에 어떤 동인으로 작용했다는 점이다.

토리 개혁가들이 '토리주의'를 강조했을 때 그 말이 어떤 의미를 함축하고 있는지를 알아내기란 어려운 일이 아니다. 원래 토리주의는 촌락, 가족, 계서제, 농촌적 정서 등을 강조하는 전통적 사회관이자 지배세력의 이념이었다. 그리고 사회성원 간의 계서제적 연대와 조화를 가능케 하는 것은 지배층의 온정주의였다. 산업혁명기에 토리 개혁가들은 전통적 가치와 그 가치의 물적 기반인 농촌과 공동체와 가족이 산업화에 의해 급속도로 해체되는 현실에 직면하였다. 그들은 구질서를 해체하는 산업주의와 그 상징인 공장에 대하여 노동시간 단축과 국가간섭을, 그리고 몰락중인 수직포공을 위해서는 기계에 대한 과세와 규제를 요구하였다. 그러나 정작 문제가 되는 것은, 산업화 과정에서 새롭게 형성된 질서는 온정주의나 복음운동과 같은 이념만으로 모두 포용할 수 없었다는 사실이다. 이것이 토리 래디컬의 개혁운동에 내재해 있던 본래적인 한계였다.

다음으로, 1833년 공장법을 휘그정부의 타협책이라 할 경우 그 입법에 암묵적으로 동의하거나 적극 지지한 대공장주들이 있었다. 아동 고용 제한과 시간단축, 감독관제의 도입을 주된 내용으로 하는 1833년 공장법은 일반적으로 알려진 것과는 달리 대공장주의 이해에 크게 상충되지 않았다. 다시 말하면 이러한 입법은 대공장주에게는 인도적인 차원을 넘어서서 그들의 특정한 경제적 조건과 관련될 것이었다. 그들이 아동 고용 제한과 노동시간 단축에 동의한 배후에는 적어도 대공장에서는 기계개량에 따라 아동이 한계노동력으로 전화하고 있다는 경제적 조건이 내재해 있었다. 그러한 입법은 공장노동에 대한 비판적인 사회여론을 무마하는 것과 동시에, 아동노동에 대한 의존도가 상대적으로 높은 중소공장에 대해 우위를 확보해줄 수 있을 것이었다.

마지막으로, 랭커셔 면방적공의 시간단축운동은 토리 개혁가들의 10시간운동과 또 다른 독자적인 전통을 갖고 있었으며 이러한 전통은 노동운동 초기단계의 일반 특징인 반反기계주의나 공임인상투쟁과 같은 맥락에서 비롯한 것이었다. 1830년대 초 방적공들이 토리 개혁가들과 연대하여 조직적인 시간단축운동에 뛰어든 것은 면공장의 노동과정에서 나타난 전진적인 변화, 즉 실질적 종속의 내재적 경향에 적극 대응하려는 시도였다. 그들의 운동은 반기계 감정을 넘어서서 반자본적인 성격을 보여주고 있다. 동력기 가동시간 규제라고 하는 그들의 구호는 단순히 기계에 대한 증오감의 표출이 아니라, 노동과정에 대한 그들의 독자적인 통제를 확보하려는 의도가 깃들어 있다. '8시간노동'과 '12시간분 임금'이라는 그들의 구호는 자본-노동관계의 착취적 성격에 대한 인식을 보여준다. 겉으로 보면 방적공의 시간단축 운동은 커다란 성과를 거두지 못한 것처럼 보이지만, 그 경험과 운동역량의 축적은 1830년대 방적공의 정치를 활성화하는 데 기여했다.

6

새로운 모색

---

**1** 5.18 광주민중항쟁 당시 금남로에 모여든 시민과 차량 시위대
**2** 1833년 아동노동의 조건을 개선하기 위한 공장법이 통과되었다.
**3** 『산업혁명과 노동정책』(한울, 1994)은 생애 처음으로
내 이름을 밝힌 연구서이다.

## 좌절과 방황

1990년 봄에 광주에 정착했다. 1986년경 다른 친구들과 함께 광주에 들러 망월동 묘지를 참배한 적은 있지만, 호남 출신이면서도 광주는 내게 타향이었다. 그러나 1980년대 민주화운동의 진원지에 내려간다는 기대감이 있었던 것도 사실이다. 1980년대 특히 서양사 분야의 경우 국내에서 학위를 받고 대학에 취직하는 것은 쉽지 않았다. 내가 가까스로 얻은 교수직은 사학과가 아닌 교양학부에서 문화사를 가르치는 자리였다.

광주에서 몇 년간 나는 자신의 학문연구에 대해 방황하며 지냈다. 서양사를 전공하는 사람에게는 해외자료와 문헌에 쉽게 접근하고 외국 학계 동향을 잘 알 수 있는 여건이 필요했다. 당시만 하더라도 지방의 신설 사립대학에서 그 같은 여건을 기대하기란 불가능한 일이었다. 이밖에 내가 방황할 수밖에 없던 이유들이 있었다.

우선 학위논문 제출과 심사과정에서 느꼈던 좌절감이 문제였다. 원래 학위논문의 구성은 면공업(2장), 세 사회세력(인도주의적인 토리개혁가, 대공장주, 면방적공)이 각기 주도한 1830년대 시간단축 및 공장개혁 운동의 개괄적 서술(3-5장), 그리고 1833년 공장법 시행의 효력(6장) 등으로 구성되어 있었다. 심사위원 가운데 경제사 연구자인 양동휴 선생이 있었는데, 비슷한 또래였고 우리는 이전부터 학회에서 알고 있었다. 내 발표문을 양 선생이 토론하거나 양 선생의 발표문을 내가 토론한 경우도 있었다. 다른 심사위원들은 양 선생의 평가에만 주로 의존했다. 그가 지적한 것은 두 가지였지만 모두 치명적인 것이었다. 하나는 1970-80년대 계량경제사에서 이루어진 산업혁명 연구를 거의 반영하지 않았다는 것, 다른 하나는 공장법의 효력을 다룬 장이 실증적 전거를 갖추지 못한 채 발표자의 일방적인 주장에 의거하고 있다는 것이었다.

나중에 양동휴 선생에게 들은 말이지만, 다른 심사위원들이 양 선생의 지적을 듣고 심사를 한 학기 연기하자는 쪽으로 결론을 내리자 오히려 그가 당황했다고 한다. 양 선생 스스로 자신이 후보자와 논문 수정작업을 함께하겠다고 간청해 한 달의 말미를 얻었다는 것이다. 나는 한 달 동안 거의 잠을 자지 않고 논문을 수정하는 일에 매달렸다. 양 선생의 지적을 받아들여 논문의 각 절을 해체한 후에 재구성하는 한편, 공장법의 효력을 다룬 장은 아예 뺐다. 더 심각한 것은 각 절마다 다루는 내용과 관련된 최근 연구들을 어떻게 반영하고 지적할 것인가라는 문제였다. 양 선생은 내가 시간이 촉박하다는 점을 우려해 약 100여 편의 논문 목록을 작성하고 그 중 상당수는 자신이 복사해 건네주었다. 지금도 그 고마움을 잊을 수 없다.

학위논문이 기대 수준에 미치지 못했다는 실망감도 컸지만, 그보다 더 커다란 좌절감을 안겨준 것은 1980년대 말에 활동했던 한 서양사 연구모임에서 겪은 일이었다. 광주학살 이후 한국 사회에서 반독재 민주화운동이 본격적으로 전개되었다는 것은 모두가 기억한다. 그것은 소수 지식인운동 차원이 아니라 사회 각 부문운동으로 전개되었다. 학생운동, 노동운동, 지식인운동, 문학인 및 예술인운동이 거의 동시적으로 전개되었는데, 이들 운동의 전개과정에서 가장 커다란 동력을 제공한 것은 학생집단이었다. 대학원에 다니던 젊은 연구자들이 이러한 운동 대열에 적극 참여하게 된 것은 앞에서 밝혔듯이 민주화운동에 참여하면서 희생을 치른 수많은 친구와 동료들에 대한 부채의식 때문이었다. 후에 나는 비슷한 또래의 연구자들에게서 비슷한 경험을 공유하고 있다는 것을 확인한 바 있다.

1980년대 인문사회과학 분야에서 주로 전개된 진보적 학술운동은 이러한 부채의식을 기반으로 하면서도, 동시에 어느 정도

자기합리화의 이론적 기반을 내세울 수 있었다. 그것은 한국사회가 변혁기에 처해 있으며, 일찍이 레닌을 비롯한 혁명가들이 그랬듯이 변혁기에 한국사회에 대한 현상분석과 새로운 사회의 전망을 제시해야 한다는 당위론이었다. 물론 이 현상분석과 새로운 전망, 그리고 그 전망에 이르기까지의 적절한 전략과 전술을 도출하는 학문 연구는 오로지 마르크스, 레닌을 비롯한 좌파 사상가의 사회이론과 철학에 근거해야 했다.

서양사 분야는 진보적 학술운동의 바람이 가장 늦게 불기 시작했다. 그 이유가 무엇이었을까. 지금 생각해보면, 서양사학계의 1세대 학자들은 다른 학문 분야에 비해서 비교적 리버럴리스트에 가까운 분들이 많았다. 아마 서유럽 역사를 주로 공부했고 또 서유럽의 경험을 근대화의 선례로 받아들였기 때문일 것이다.[1] 근대 유럽하면 떠오르는 핵심어가 민주주의, 자유주의, 자본주의, 시장경제였다. 따라서 이들 대부분은 박정희 체제에 부정적이거나 적어도 부화뇌동하지는 않았다. 1980년대 대학원에서 서양사를 공부했던 젊은 연구자들은 이러한 분위기의 영향을 크게 받았기 때문에 파시스트정권이나 군사정권에 대해서는 태생적으로 거부감을 가졌다. 그렇다고 해서 당시 한국사회의 질곡을 빠져나갈 수 있는 대안을 마르크스-레닌주의에서 찾으려는 경향도 별로 보이지 않았다. 서양 정치사상과 사회이론의 지적 전통에서 마르크스와 레닌의 철학은 시대의 산물이며 결함이 많은 폐쇄된 지적 체계였다. 좌파이론에 대한 자유주의적 비판에 익숙했다고도 할 수 있다. 그 시대 진보적 학술운동의 이념적 기본은 마르크스-레닌이었으므로 이런 운동에 대한 관심이 다른 학문 분야의 젊은 세대에 비해 자연스럽게 적었다.

1988년경으로 기억한다. 당시 서울 소재 대학에서 대학원 석·박사과정에 다니던 젊은 연구자들이 서로 만나는 기회를 자주 가졌다. 각 대학마다 소수의 대학원생을 위해 다양한 강의를 개설할 수 없었기 때문에 대학 간 협력을 하는 경우가 많았다. 특히, 박사과정에 진학했을 때 석사논문 지도를 맡았던 노명식 선생이 한림대학으로 옮겼기 때문에 나는 다른 대학의 강의를 주로 들었다. 고대사 전임교수였던 김진경 선생이 특히 그것을 강권하셨다. 지금 꼽아보면 아마 일곱 대학을 편력하며 강의를 들었던 것 같다. 비슷한 또래나 또는 나보다 몇 살 젊은 대학원생들이 서로 만나 술을 들이키며 숨 막히는 사회 분위기에 비분강개하기도 하고 학문적 담론을 나누기도 했던 기억이 새롭기만 하다.

그 당시 자주 만났던 사람들이 이종훈, 임지현, 손세호, 김현일, 박용민, 강성호 등이다. 우리들 사이에 자연스럽게 진보적 학술운동에 대한 이야기가 오갔고, 그 해에 비공식적인 단체를 만들었다. 분과별로 정례적인 공부모임을 갖는 것이 주된 활동이었다. 당시 나는 경제사 분과에 속해 있었는데 김현일, 김경근, 김칠성 등이 자주 참석했다. 분과모임에서 가장 활발했던 곳은 노동운동사 분과였다. 아무래도 시대 분위기의 영향 탓이었을 것이다. 1990년 봄 우리는 임시단체 형식을 벗고 '서양사연구자협의회(서연협)'라는 공식단체를 발족시키고 내가 회장, 김현일 선생이 정책위원장, 임지현 선생이 사무국장직을 맡기로 했다.

그러나 서양사 연구자들이 진보적 학술운동의 막차를 탔다는 것이 비극이라면 비극이었다. 독일이 통일되고 동유럽 국가에 자유주의운동이 전개된 후에 마침내 소련이 붕괴되던 시기였다. 현실사회주의가 몰락하고 마르크스주의에 대한 회의적 분위기가 고조되는 시기에 서양사 연구자들은 진보의 깃발 아래 학문적 실천을 위한 장을 마련한 것이다. 지금 생각하면, 당시 나는 마르크스주의를 절대적으로 신봉하지 않았다. 그것은 어디까지나 19세기 시대상황의 산물이며, 그렇기 때문에 새로운 지적 수혈을 통해 스스로 갱신해야 할 지적 전통이라고만 생각했다. 그러나 국사학을 비롯해 다른 학문 분야에서는 근본주의적인 마르크스주의 분위기가 있었다. 학문적 실천이라는 슬로건도 이들 분야에서 먼저 나타났다. 나도 학문적 실천이라는 구호에 공감하고 그 말을 내세우는 편이었지만 거기에 일종의 허위의식이 깃들어 있었다는 점을 감히 고백한다. 지금 생각하면 당시 내가 학문적 실천, 그러니까 서양사의 경우 한국적 서양사 연구를 강조했던 이면에는 군사독재에 희생당한 친구와 동료에 대한 부채의식을 내세워 자신의 학문연구를 합리화한 것에 지나지 않았던 것이다. 다른 사람들의 경우에는 어떠했는지 모르겠다.

어느 조직이나 노선을 둘러싸고 갈등이 있다. 특히 진보적인 이념을 표방한 조직에서 더 심하게 나타나는 것이 일반적이다. 진보진영에 분파주의가 심한 것도 그 때문이다. 비록 늦게 진보적 학술운동에 참여했지만, 뒤늦었다는 바로 그 이유 때문에 좀 더 근본주의적인 이념을 내세운 사람들이 있었던 것 같다. 서양사연구자협의회가 발족될 당시 대학에 자리 잡은 사람은 나와 임지현 선생뿐이었기 때문에 아마도 내가 회장, 임지현 선생이 사무국장으로 추대된 것 같다. 그러나 우리는 마르크스주의가 열린 지적 체계라는 데 의견을 같이했으며 오히려 서유럽의 신좌파에 흥미를 가졌을 뿐, 레닌이나 스탈린에 대한 반감이 강했다. 물론 참여한 학생들 가운데 전설적인 혁명가들, 특히 레닌과 트로츠키와 스탈린에 더 경도된 사람들도 있었다.

나는 매주 서울에 올라와 분과모임이나 조직모임에 참가하는 등 한 학기 동안 분주하게 보냈다. 오히려 그 무렵에는 내 개인 일보다 조직 모임에 더 시간을 빼앗겼다. 나는 참여자들 사이에 노선을 둘러싼 갈등이 심화되었다는 것을 전혀 알지 못했다. 1990년 10월 어느 날 학술세미나가 예정되어 있었다. 그 일주일 전, 고대 대학원을 다녔던 한 연구자가 목포대 강의를 마치고 광주의 내 연구실로 찾아왔다. 그는 서연협 내부 갈등에 관해 아는

지 물었고 나는 전혀 모른다고 대답했다. 그에 따르면, 다음 주 세미나에서 지도부에 대한 대대적인 성토가 있을 예정이라며 내게 지도부를 성토하는 비판문건을 보여주었다. 문건에 따르면, 나를 포함한 지도부는 매우 기회주의적이고 혁명적 실천에 대한 적극적인 열의가 없으며 소시민적 경향성을 보여준다는 것이었다. 나는 문건을 보고 아연실색했지만, 내색은 하지 않았다.

다음 주 세미나가 끝난 후 한 학생이 성토문을 낭독했다. 낭독이 끝난 후에 나는 사퇴 의사를 밝혔고 그 회의에 참석한 김현일 선생과 함께 회의장을 나섰다. 오직 같은 분과의 김칠성 선생만 나를 따라 나오며 울먹였던 것으로 기억한다. 나는 그 갈등이 어떤 계기로 깊어졌는지 알지 못했다. 당시의 경험은 오랫동안 나의 내면에 일종의 트라우마로 남아 있었다. 임지현 선생은 세미나에 참석하지 않았지만 후일 회고담에 따르면, 그날의 성토 움직임을 알고 있었다고 했다. 갈등은 노동사 분과에서 비롯되었다. 소련에서 출간된 『국제노동운동사』를 텍스트로 선정하는 문제를 둘러싸고 충돌이 있었다. 임지현을 비롯한 소수는 『국제노동운동사』의 시각에 비판적인 태도를 가졌기 때문에 소시민적 편향이라는 비판을 받았다. 그 논쟁 직후 임지현은 사실상 연구회의 노동사 분과모임에 참석하지 않았다는 것이다. 나는 그런 사실을 오랜 뒤에 알았을 뿐이다. 어쨌든 나로서는 몇 년간 진보적 학술운동의 불씨를 살리기 위해 노력했던 터라 좌절감도 있었고 또 함께 공부했던 사람들에 대한 실망감도 컸다. 한동안 광주에서 그런 감정에 사로잡혀 방황하기도 했다.

## 신경제사 분야의 논문 읽기

1990년 가을부터 겨울까지 나의 학문이력으로 보면 가장 긴 몇 달간의 공백기가 있었다. 학위논문에 대한 실망에 더해 협의회장 사퇴에 따른 상실감이 겹쳐 한동안 몸져누웠고 심지어 무기력증에 빠져 책을 손에 잡지 않았다. 특히 서연협은 거의 3년간 애정을 가지고 노력을 경주했던 조직이었기 때문에 다수 회원들의 성토는 내게 자괴감과 아울러 깊은 상흔을 남겨주었다. 내가 이런 방황에서 빠져 나오기까지는 몇 개월의 시간이 필요했다.

그 당시 서양사학회와 경제사학회가 내가 얼굴을 내밀 수 있는 학회들이었다. 서울대를 정년퇴직한 나종일 선생을 중심으로 영국사 연구자들이 처음으로 정기 모임을 결성하기도 했다. 당시만 하더라도 기존 학회들은 거의 월례발표회를 개최하던 시절이었다. 나는 역사학회, 한국서양사학회, 경제사학회, 영국사연구회(현 영국사학회) 발표회에 자주 나갔다. 매주 광주에서 서울에 올라와 토요일이면 집에 머무는 경우가 드물었다. 이렇게 발표회에 자주 나간 것 또한 내 나름의 위기감 때문이었다. 그 무렵 어느 학회 세미나에서든지 새 학위논문을 발표하는 젊은 연구자들이 많았다. 서양사뿐 아니라 인접 인문학 분야의 새로운 발표를 들으면서 지적 호기심을 충족할 수 있었고 적지 않은 자극을 받기도 했다.

다른 한편, 나는 양동휴 선생이 복사해줬던 계량경제사 분야의 수많은 논문들을 닥치는 대로 읽어가는 작업에 매달렸다. 그들의 언어, 용어, 방법론이 다 낯설었지만 무시하고 열심히 읽었다. 이런 논문 읽기를 통해 1980년대 산업혁명 분야의 정통론으로 등장한 점진론적 연구들을 탐색했다. 특히 니콜러스 크래프츠 N. F. R. Crafts, 제프리 윌리엄슨J. G. Williamson, 찰스 할리C. K. Harley 등이 주도한 점진론, 즉 거시경제지표를 재구성해 산업혁명기 경제변화의 점진적 성격을 강조한 일련의 연구를 이해할 수 있었다.[2] 이러한 점진론적 연구는 18세기 농업사, 인클로저, 노동공급, 노동사 등 사회경제사의 여러 주제들에서 폭넓게 진행되었으며, 영국 산업혁명을 바라보는 새로운 주류해석으로 등장한 지 오래였다.

전통적인 산업혁명사 연구는 산업혁명을 공업화 및 그에 따른 사회적 변화로 이해하기 때문에 무엇보다도 기계의 사용과 공장제라고 하는 새로운 생산조직의 출현을 중시한다. 토인비, 망투, 해먼드 부부로 이어지는 정통 해석의 요지는 데이비드 랜즈 D. Landes의 글에서 잘 이해된다. 랜즈는 이렇게 말한다. "인간의 숙련과 노역을 신속하고 규칙적이고 정확하며 지속적인 기계로 바꾸는 것, 생물적 동력을 무생물적 동력으로 바꿈으로써 새롭고도 거의 무제한적인 에너지를 얻을 수 있게 된 것, 그리고 새롭고 좀 더 풍부한 원료의 이용, 특히 식물 또는 동물성 원료를 광물로 바꾸는 것."[3]

그러나 수정론자들은 기술혁신과 공장제를 중시하는 전통적인 견해에 도전한다. 이들은 우선 기술변화 자체가 획기적인 것이 아니라 우월하지도 않았다고 본다. 기술 혁신은 점진적으로 이루어졌고 혁신 기술 하나하나가 결함이 많은 개량 수준이었다. 그나마 그 개량마저도 대부분 생산현장의 경험으로 개량을 추구했던 사람들의 미시적 발명이 쌓여 산업화로 연결되었다.

다음으로, 새로운 기술혁신이 있었다고 하더라도 전파속도는 매우 느렸다. 숙련에 기초를 둔 수공기술이 오히려 지배적인 패턴이었다. 작업장에서 대다수 성인남녀와 어린이들은 기계의 도움이 없이 옛날 방식으로 작업했다. 기술진보는 그들의 숙련을 능가하지도, 그들의 손작업을 줄이지도 못했다. 19세기 중엽에도 산업은 대부분 수공의 기반 위에서 성장하고 있었다. 증기력도 소수의 산업분야를 제외하면 널리 보급되지 않았다. 이런 상태에서 공장제도는 수공기술과 병존할 수밖에 없었다. 수정론자들은 공장제도와 수공기술의 '공생관계'를 강조한다.

마지막으로, 그 당연한 결과로서 산업혁명기의 산업생산 증가율이나 경제성장률은 이전에 생각했던 것보다 훨씬 더 낮은 수준이었다. 거시경제지표를 추계해 산업혁명기의 경제 전반을 살피려는 시도는 특히 1970-80년대에 집중적으로 이루어졌다. 그 시기에 경제사가들은 산업생산 증가율, GNP 성장률, 생산성 변화, 국민소득 등 산업혁명기의 거시경제지표들을 새롭게 추계하는 작업에 경쟁적으로 뛰어들었다. 사실, 정확한 거시경제지표를 작성하는 기법은 1950년대에 비로소 시작되었다. 그 무렵에 경제현상을 분석하는 수단으로써 이들 지표를 도출하는 방법론과 기법을 경제사가들이 받아들여 산업혁명기의 경제변화를 추정하기 시작한 것이다.[4]

원래 거시경제지표를 산출하려는 노력은 1960년대 이래 월터 호프만W. G. Hoffman, 필리스 딘P. Deane, 윌리엄 콜W. A. Cole 등에 의해 이루어졌다.[5] 그러면서도 이들은 산업혁명기의 영국경제가 급속하게 변했으리라는 정통론의 입장을 그대로 받아들였다. 지표 작성과정에서도 이러한 기본전제가 반영되었다. 이 시기 경제를 계량적으로 파악할 수 있는 자료는 단편적이다. 따라서 자료의 사용은 결국 선택적일 수밖에 없다. 과학적이고 정교한 절차와 방법을 강조하더라도, 원자료의 한계 때문에 불가피한 것이다.

이들의 뒤를 이어 1980년대에 새롭게 산업혁명기의 경제변화를 해석하기 시작한 연구자들은 선대의 연구자들의 지표와 다른 결과를 끄집어냈다. 새로운 연구는 이 시기의 경제성장이 생각했던 것보다 훨씬 더 완만했음을 보여준다. 그에 따라 산업혁명의 단절적 성격에 강력한 의문이 제기된 것이다. 1980년대의 거시경제적 연구는 산업혁명 이전의 인구동태 및 직업구조에 대해서 정밀한 연구가 진척된 데에 크게 힘입었다. 역사가들은 16세기 이래 교구문서로부터 출생 및 혼인 관련 항목들을 정밀하게 분석해 인구변화에 대한 정교한 연구를 진행하였고, 16-18세기의 직업구성 및 직업군의 변화를 새롭게 해석했다.[6] 이들 새로운 통계를 토대로 할리는 산업혁명기의 거시경제지표를 새롭게 산출했다. 이들의 새로운 통계는 이전에 생각했던 것보다 산업혁명기의 경제성장률이 매우 낮았다는 것을 알려주었다.[7]

크래프츠 또한 산업부문별 생산증가에 관한 자신의 통계를 이용하여 1960년대 경제성장사가들이 산출한 산업혁명기의 거시경제지표를 수정하는 데에 크게 기여했다.[8] 그에 의하면, 1830년대까지 각종 거시경제지표들이 이전에 추정했던 것보다 상당히 낮은데, 이는 제조업의 '총요소생산성total factors productivity' 증가율이 매우 낮았던 데에 원인이 있다. 여기에서 총요소생산성이란 총투입요소의 단위당 산출을 뜻한다. 총요소생산성 증가는 기계설비 개선, 숙련 및 경험을 통한 노동의 질 향상, 좀 더 안정된 노사관계의 정립, 시설 이용방법의 개선 등에 의해 이루어진다. 결국 총요소생산성이 낮았다는 것은 이러한 혁신이 이뤄지지 않았거나 전통적 생산부문의 비중이 그만큼 높았음을 뜻

6. 새로운 모색

한다. 산업혁명기에도 여전히 전통적 부문이 경제를 주도하였기 때문에 면공업과 같은 근대적 부문에서 생산성 변화율이 높게 나타나더라도 그 영향은 미미한 것이었다. 그것은 "전통의 바다에 떠다니는 한 작은 근대적 부문"일 뿐이었다. 발명의 승리는 너무 느리게 결실을 맺었고 기술혁신이 짧은 기간에 널리 퍼지는 경우도 매우 드물었다.[9]

나는 인구사, 농업사, 직업연구, 기술혁신, 면공업 등 산업혁명의 여러 분야에서 이루어진 계량경제사 논문들도 수집해 읽었다. 주로 서울대와 서강대 도서관을 출입하면서 주요 저널에 실린 논문들을 복사해 열심히 읽었다. 지금 생각하면 1991-2년간 경제사 관련 논문을 읽으면서 산업혁명뿐 아니라 경제사 일반에 관한 이해를 심화시켰다고 자부한다. 이 시기를 거치면서 역사 연구에 대한 새로운 열망을 북돋우고 지방의 열악한 연구여건에서부터 서양사연구자협의회의 좌절감까지 내가 괴로워했던 많은 열등감을 이겨낼 수 있었다. 다량의 2차 문헌을 숙독하면서 나는 자연스럽게 학위논문을 대폭 수정해 연구서로 출간하겠다는 계획을 세웠다.

### 『산업혁명과 노동정책』의 출간에 이르기까지

이전에 불완전한 형태로 제출한 논문을 수정하는 데에는 난점이 있었다. 원래 그 논문은 면공업의 실태, 공장에 관한 지식인들의 견해, 1830년대 공장개혁운동, 공장법 시행의 효과 등의 체제를 이루고 있었다. 그 가운데 마지막 부분은 생략했고, 지식인의 견해를 다룬 장도 매우 엉성한 수준을 넘지 못했다. 1992년 겨울부터 나는 본격적으로 기존 논문을 재구성하고 보완하는 작업에 착수했다. 사실 그것은 보완이라기보다는 새롭게 썼다고 해야 한다. 경제사 분야의 논문 읽기에 주력한 탓인지 면공업의 실태와 지식인의 담론에 관한 부분은 손쉽게 보완하고 전면 수정할 수 있었다. 특히 1833년 공장조사위원회 보고서의 방대한 자료에 새롭게 접근할 수 있는 방법을 찾았다.

나는 같은 해부터 광주대학에 근무하던 김순흥 선생의 도움을 잊을 수 없다. 김순흥 선생은 연세대 사회학과를 졸업한 후 미국의 노스캐롤라이나대학과 아이오와대학에서 사회통계학을 전공했다. 1990년대 초만 하더라도 한국에서는 아직 컴퓨터 프로그램을 이용한 통계분석이 널리 알려지지 않았다. 컴퓨터의 용량도 문제였지만, 그보다는 새로운 통계패키지 프로그램이 낯선 때였다. 미국에서 사회통계에 이용할 목적으로 개발된 통계 패키지로 가장 널리 알려진 것은 SPSS와 SAS였다. 김순흥 선생은 이들 패키지를 개발한 대학들과 상당한 인연이 있었다. 노스캐롤라이나대학 사회학과는 SAS를 개발한 주역이었고, 아이오와대학에서 그를 지도했던 한국계 김재온 교수는 SPSS 매뉴얼을 작성한 6인 가운데 한 사람이었다.

나는 우연히 김순흥 선생에게 내 학문적 관심사를 설명하면서, 1833년 왕립위원회 보고서에 실려 있는 방대한 설문응답자료를 보여주었다.[10] 1833년 왕립위원회는 잉글랜드 전역을 북부, 서부, 남부, 북동부 등 4개 지역으로 나누어 각기 조사위원을 파견했다. 앞의 3개 지역에서 활동한 위원들은 각 지역의 공장주를 대상으로 79문항이 수록된 설문지를 배부했다. 북동부 위원은 27개 문항의 설문지를 돌렸다. 보고서에는 총 890명의 공장주가 작성한 설문응답지가 수록되어 있었다. 물론 근대적 통계기법이 개발되기 전에 작성된 것이기 때문에 일정한 형식이 없이 문장형식으로 씌어졌다. 대부분은 설문 번호를 밝히고 그에 대한 답변을 기술했지만, 경우에 따라서는 설문 번호도 없이 공장주가 대답하고자 하는 내용만을 장황하게 기술한 경우도 있었다. 김순흥 선생은 일반적으로 사용되던 자료분석 방법, 즉 코볼 폼cobol form 용지를 이용해 답변 자료를 코드화하는 방법을 알려주었다.

그 후 나는 이 방대한 보고서 자료를 코드화하는 작업에 매달렸다. 아마 2개월쯤 걸렸던 것으로 기억한다. 코드화한 자료는 컴퓨터에 그대로 입력되었다. 지루한 작업을 끝낸 후에, 나는 김순흥 선생과 함께 여러 조건과 변수를 적용해 아동 고용, 노동시간, 동력형태, 1831년 공장법 준수 여부, 공장의 작업환경, 공장 내 시설 등에 관해 지역별, 대소공장별, 섬유산업별, 동력

형태별로 유의미한 교차표를 뽑을 수 있었다. 통계적으로 유의미한 12개의 교차표는 면공업의 실태와 1833년 공장법에 관련된 여러 상황의 실태를 알려주는 귀중한 자료가 되었다.[11] 사료를 정교화해 전혀 새로운 성격의 자료를 만드는 과정은 이 분야에 문외한이었던 내게도 신선한 충격이었다. 유의미한 교차표들을 해석하는 일 또한 중요하면서도 흥미를 끌었다. 이 통계분석 자료를 적절하게 이용함으로써 면공업 실태나 1830년대 공장개혁운동을 다룬 부분에서 설득력 있는 서술을 할 수 있었다.

특히 나는 면공업과 다른 섬유공업 사이에 증기력 사용에서 큰 편차가 있다는 것, 면공업에서도 대소 면공장 사이에 아동 고용, 공장규제 등에 관해 상당한 차이가 있다는 것을 밝혀냈다. 대소 면공장 분류는 주로 가동 마력 크기를 기준으로 했으며, 대공장의 경우 중소공장에 비해 12세 미만 아동 고용 비율이 적었고, 공장 규제에 대한 공장주의 태도 또한 전향적이었다. 이러한 교차표를 근거로, 노동력의 사회적 재생산이라는 측면에서 대자본과 중소자본 사이에 이해관계가 충돌하고 있음을 실증적으로 밝혀낼 수 있었던 것이다.[12] 김순흥 선생의 도움이 없었다면 기존 사료를 새로운 방법으로 재해석하는 일은 불가능했을 것이다.

1993년 여름 나는 런던에서 영국도서관British Library, 공문서보관소Public Record Office(Kew), 런던정경대LSE 도서관 등을 전전하면서 한 달쯤 머물렀다. 영국사를 공부한 이래 처음으로 영국에서 오래 머물렀던 셈이다. 영국도서관에서 1930-40년대 의회 문서에 산재한 공장감독관 보고서들을 살폈고, 공문서보관소에서는 이들 감독관들의 회의록을 찾았다. 감독관 보고서들은 나름대로 살펴본 보람이 있었지만, 회의록의 경우는 기대만큼의 도움을 받지 못했다. 이 수기자료를 읽는 데 무척 힘들었고 실제로 회의 내용을 구체적으로 파악하기도 어려웠다. 단지 4명의 감독관 출석 등 기본적인 확인사항만 참조할 수밖에 없었다. 그렇지만 영국에 체류하면서 수집하고 참조한 자료를 토대로 공장법의 효력에 관한 장을 새로 작성할 수 있으리라 생각했다.[13] 귀국한 후에 그해 겨울까지 나는 학위논문 전체를 보완하고 수정하는 작업에 줄곧 매달렸다. 특히 겨울방학 동안에는 거의 매일 자정이 훨씬 넘을 때까지 연구실에 머물렀다. 지금 생각해도 열병 앓듯이 작업에 집중했던 것 같다.

다음해 봄에 전체 원고를 완성하고 또 여러 번 재검토했지만 또 다른 중요한 문제가 남아 있었다. 책을 펴낼 출판사를 찾아야 했다. 지금도 그렇지만, 당시에는 인문사회과학 도서를 간행하는 출판사는 대부분 서울에 몰려 있었다. 지방에 있는 사람이 자신의 책 원고를 직접 출판사 편집자들에게 설명할 수 있는 기회도 없었다. 한 친구의 소개로 한울출판사에 원고를 보냈지만 한동안 소식이 없었다. 그러다가 여름 무렵에 책을 펴내겠다는 편집자의 연락을 받았다. 우여곡절 끝에 10월에 책이 출간되었다.

생애 처음으로 내 이름을 밝힌 연구서를 낸 것이다.

책은 면공장의 노동관계, 산업혁명기 공장에 관한 담론, 1830-40년대 공장입법과 공장개혁운동, 공장개혁운동의 사회적 성격, 공장법의 효력 등을 차례로 다뤘다. 첫째 부분에서 주목한 것은 면공장의 단계적 발전에 따른 미숙련 노동층의 증가와 그들의 노동과정이다. 미숙련노동자들은 기계와 경쟁에서 밀려난 면업분야의 수공노동자 가족과 산업화에 따라 몰락 중인 직종에서 떨려 나온 도시 하층민 가족과 그리고 아일랜드 이민 가족으로부터 충원되었다. 나는 아동과 부녀자가 대부분인 미숙련노동자들이 면공장 안에서 공장주-성인남성노동자-미숙련노동자로 이어지는 이중적 고용관계의 실태 및 노동과정을 당대 보고서에 대한 정교한 분석을 통해 재현하는 데 초점을 맞췄다. 이들의 노동과정에서 나타나는 장시간 노동, 단조로운 반복작업, 업악적인 규율 등은 공장 아동에게는 참기 어려운 고통이었다. 그들이 처한 현실이야말로 공장개혁운동의 직접적인 배경이 되었던 것이다.

나는 또한 1830년대 기계와 공장, 그리고 공장노동자의 실태를 다룬 다양한 문헌을 수집하고 그 문헌에 나타난 담론을 정리했다. 이 부분은 학위논문에서 다루지 않았던 내용이다. 수년간 산업혁명 당대 문필가들의 저술들을 광범하게 검토한 결과다. 이런 작업에 중요한 방향을 제공해 준 것은 물론 앞에서 언급했듯이 맥신 버그의 책이었다. 나는 당대 공장에 관한 문헌을 그 기본 성향에 따라 세 부류, 즉 공장의 구조와 메커니즘 및 긍정적 측면을 다룬 문헌, 공장노동의 부정적 측면을 강조한 문헌, 그리고 공장의 명암을 인정하면서도 그 개선의 방법에 초점을 맞춘 문헌 등으로 나눴다. 이들을 각기 공장의 철학, 반공장의 철학, 공장문제 개선을 위한 실용적 담론 등으로 명명했다. 결국 이들 담론을 살펴보면, 이 시기의 지식인들 사이에 긍정적 공장관과 부정적 공장관이라는 두 세계관의 충돌이 있었으며, 그 갈등을 완화하기 위한 실용적인 절충론이 등장했다. 이들 세 가지 담론이 제각기 1830년대 공장개혁운동의 이념적 기반으로 작용한 것이다.[14]

나는 공장개혁운동과 공장입법의 전개과정에서 세 사회세력이 교차하며 이들 운동에 영향을 미치거나 주도해 나갔다는 점을 강조했다. 토리개혁가와 대공장주 그리고 면방적공의 이념적 기반과 분위기는 이미 학위논문에서 결론 지은 바 있다. 나는 대체로 그 결론을 인정하는 선에서 공장개혁운동의 전개과정과 세 사회세력의 입장을 다뤘다.

그렇다면, 1833-47년간에 이루어진 일련의 공장법체계는 과연 효력이 있었는가. 나의 결론은 다음과 같다. "감독관보고서들은 전반적으로 감독관들이 그들에게 주어진 임무를 성실하게 수행한 관료였음을 보여준다. 그들의 몇몇 조사 자료를 발췌해 계량적으로 분석한 결과들은 어렴풋이나마 공장법이 실효성이 있었음을 알려준다. 공장법은 장기적으로 자본간 경쟁에서 대자본에게 유리한 방향으로 작용했다. 방적공 집단에게도 자유로운 생활시간의 연장을 가능케 하고 유리한 노동시장을 제공함으로써 그들이 이전에 방적공정에서 누렸던 지위를 계속 유지하는 데 도움을 주었다. 뿐만 아니라 공장법 시행 이후 아동에 대한 제도교육의 새로운 전통이 자리 잡게 되었다. 이것은 한편으로는 아동보호라는 인도적인 조치에 해당하나, 다른 한편으로는 사회적 차원의 노동력 재생산을 제도화하는 일련의 과정 가운데 하나였다."[15]

　이 글을 쓰면서 『산업혁명과 노동정책』을 다시 들춰본다. 1990년대 초 사료와 2차 문헌을 끊임없이 수집하고 정리하던 당시의 내 모습을 떠올린다. 아마 그 때처럼 공부하는 즐거움에 푹 빠졌던 적도 드물었던 것 같다. 1993-4년 겨울철에 학교 연구실에 혼자 남아 밤을 지새우며 자료를 분석하고 정리하던 기억이 새삼스럽게 떠오른다. 나름대로는 노력을 기울였지만, 지금 읽어보면 부끄럽기 짝이 없다. 특히 문장 하나하나가 너무나 난해하다. 어렵게 쓰는 것이 미덕이라고 생각했던 걸까? 당시에는 쉽게 읽히는 글을 써야 한다는 강박증도 없었고 그런 노력을 전혀 기울이지 않았다. 역사서술의 대중화에 대한 관심 자체가 없었다. 여러 가지로 한계가 많은 저술이지만, 어쨌든 3년간의

노력 끝에 나는 학위논문을 둘러싼 좌절감에서 비로소 벗어날
수 있었다.

# 7

## 영국경제의 쇠퇴,
## 그 이후

**1** 1980대 영국 학계뿐만 아니라 정치인들 사이에서도 관심을 끌었던
마틴 위너M. J. Wiener(사진 오른쪽)와
그의 출세작 『영국 문화와 산업정신의 쇠퇴』(1981).

**2** 『공장의 역사』(푸른역사, 2012)를 쓰면서 필자는 18세기부터 20세기에
이르기까지 근대적 생산방식의 전개과정을 상징하는 핵심어로
분산과 집중을 제시했다.

**3** 두 번째 연구서인 『다시 돌아본 자본의 시대』(소나무, 1999)에서 필자는
자본주의에 대한 사회과학 분석틀의 문제점을 넘어서기 위해
자본주의의 운동과 발전을 추적하는 작업이 필요하다고 주장했다.

## 외부에서 보는 시선

산업혁명과 노동정책 원고를 마무리할 무렵, 나는 1980대 영국 학계뿐만 아니라 정치인들 사이에서도 크게 관심을 끌었던 마틴 위너M. J. Wiener의 『영국 문화와 산업정신의 쇠퇴』(1981)를 런던 도심의 한 헌책방에서 샀다. 때마침, 이런 주제를 문화적 시각에서 다룬 윌리엄 루빈스타인W. D. Rubinstein의 『자본주의, 문화, 영국의 쇠퇴』(1993)도 구입할 수 있었다.[1] 이 책들이 논란이 된 것은 당시 영국의 사회적 상황 때문이었다.

1970-80년대 영국 사회는 경제 불황으로 심각한 혼란과 국론 분열을 겪었고, 대처 정부와 보수당은 사회 전 분야에 걸친 구조조정과 개혁을 슬로건으로 내걸고 경제위기에 대처했다. 그 결과를 둘러싸고 평가가 다양하지만, 어쨌든 1990년대 영국은 정치와 경제면에서 어느 정도 안정을 되찾았다. 이들의 책을 읽고

155

관련된 다른 문헌을 참조하면서, 나는 십여 년간 영국 역사학계에서 경제 쇠퇴의 장기 요인을 둘러싸고 열띤 논쟁이 벌어졌다는 것을 알게 되었다. 초점은 빅토리아 시대 후기의 영국경제를 어떻게 평가할 것인가에 모아졌다. 상당수 연구자들이 이 시기에 후일 경제 쇠퇴를 가져올 여러 요인들이 응축되었다고 주장했기 때문이다.

영국경제 쇠퇴논쟁은 현실의 문제가 역사인식에 어떤 영향을 미치는지 알려주는 전형적인 사례다. 영국경제가 침체와 혼란을 거듭할수록 그에 따라 빅토리아 시대 후기의 경제를 비판적으로 성찰하려는 분위기가 고조되었다. 여기에서 흥미로운 것은 두 사람이 모두 영국이 아니라 미국의 학문 전통에서 훈련받은 역사가라는 점이다.[2] 위너는 하버드에서 영국사 전공으로 학위를 받은 소장학자였고, 방문학자로 영국에 체류하는 동안에 이 책을 썼다. 루빈스타인 또한 1880년대 후반에 영국에 머물면서 19세기 영국 백만장자들의 직업적 속성을 분석해 지주-금융자본의 힘이 영국 근대사에서 지속적으로 우월한 경제적 지배력을 가지고 있었다는 점을 강조했다. 이들의 연구가 논쟁을 불러일으킨 것은 이들의 주장이 당시까지 부르주아와 산업자본의 승리라고 하는 영국 사학계의 정통론에 도전했기 때문이다.

자국사에 대한 영국 역사가들의 긍지는 대단하다. 역사연구의 수준과 방법에 대한 자부심도 강하다. 미국 출신 역사가들이 가장 논쟁적인 문제들에 대해 새로운 해석을 제시하는 것을 그대로 받아들이기 어려웠는지 모른다. 그러나 국외자가 오히려 실상을 더 정확하게 바라볼 수 있다. 씨름판의 경우에도 판 밖에서 경기를 관전해야 더 정확하게 결과를 예측할 수 있다. 위너의 책과 루빈스타인의 두 편의 논문은 19세기 후반 영국경제에 대한 새로운 접근과 시각을 낳는 계기가 되었다. 치열한 논쟁과 연구를 통해 영국경제사를 바라보는 다양한 해석이 기존의 정통론을 대신하기에 이르렀다. 외부에서 보는 시선이 영국사의 새로운 지평을 열었던 것이다.

위너와 루빈스타인의 책에 자극을 받은 나는 1995년 여름 한 달여 영국 워릭대학에 머물면서 여러 자료를 모았다. 당시 그 대학의 근대자료센터Modern Records Centre에서 특히 19세기 후반 제철 및 제강공업의 노동조합과 회사기록을 수집하는 한편, 영국경제 쇠퇴논쟁에 관련된 다양한 2차 문헌을 광범위하게 조사하고 복사하는 데 시간을 보냈다. 나는 이 논쟁의 경과를 추적하는 일이 산업혁명기에서 제국주의시대까지 영국경제사와 사회사 전반을 살피는 데 큰 도움을 주리라고 생각했다.

### 산업정신의 쇠퇴?

16세기 이래 유럽을 중심으로 전개된 자본주의 경제의 역사적 전개과정을 검토하면, 경제적 번영과 함께 세계경제에서 주도적인 역할을 담당한 국민국가는 각 시기마다 서로 달랐다는 것을 알 수 있다. 16세기의 에스파냐, 17세기의 네덜란드, 18세기의 영국이 그 대표적인 사례이다. 특히 영국은 18세기 말과 19세기 초에 최초의 산업화를 이룩함으로써 그 이후에도 오랫동안 세계경제에 대한 강력한 지배권을 행사했다. 이른바 '세계의 공장' 또는 '팍스 브리타니카'라는 말은 이 같은 영국의 번영을 상징하는 표현이라 해도 무방할 것이다. 그러나 영국의 경제력은 20세기에 이르러 상대적으로 위축되었다. 이러한 쇠퇴의 징후는 빅토리아시대 후기에 이미 나타나기 시작했으며, 미국이나 독일과 같은 후발 산업국가의 추격을 받으면서 더욱 가속화했다. 이와 같이 영국은 세계자본주의의 역사에서 한 국민국가의 경제적 번영과 쇠퇴의 전 과정을 가장 전형적으로 보여주는 사례에 해당한다.

세계체제론이나 제국주의론의 관점에서 보면, 영국의 쇠퇴는 세계경제 중심부국가들 사이에 벌어진 헤게모니 경쟁에서 영국의 패배를 반영한다. 그러나 중심부국가의 경쟁이라는 외적 요인은 영국경제의 쇠퇴와 자연스럽게 연결되기는 하지만, 영국이 왜 경쟁에서 뒤떨어졌는가, 또는 영국의 쇠퇴를 초래한 원인이 무엇인가를 설명하지는 못한다. 이러한 문제를 설명하기 위해서는 역시 영국경제 내부의 여러 요인들에 대한 검토가 필요할 것이다. 그동안 경제사가들은 영국경제의 쇠퇴를 초래한 내적 요인들에 관해 논의를 계속해 왔다. 기술혁신이 가속화되던 19세기 후반에 영국의 기업가들은 적절하게 대응하지 못했고, 과잉자본은 생산적 투자보다는 해외부문으로 유출되었으며, 담합구조 또한 뿌리를 내리지 못했다. 경제사가들은 가족중심의 기업경영과 구산업(면업, 조선, 모직업 등)에 대한 과도한 집착, 기술교육의 결여, 노동자계급의 호전성, 낡은 계급구조, 비생산적인 관료제도, 금융부문과 공업부문의 괴리 등에 주로 관심을 기울였다.

1981년 위너의 『영국문화와 산업정신의 쇠퇴』가 출간된 이래 영국 학계에서는 19세기 후반 영국경제의 쇠퇴와 자본주의 성격에 관해 백화제방과 같은 논쟁이 일었다. 지주 전통과 문화, 사회문화적인 측면에서 산업자본의 약화, 상업/금융 자본가들의 우세 및 그들의 '지주화gentrification'를 중시하는 경향이 두드러졌다. 위너테제로 알려진 '문화적 비판'은 이런 논의를 촉발하는 계기가 되었다. 위너에 따르면, 최초의 산업화를 이룩한 영국이 쇠퇴한 이유를 설명하기 위해서는 영국문화가 기업정신에 미친 부정적인 영향을 검토해야 한다. 영국의 지배계급, 특히 신사층(젠트리)의 문화는 반산업적 특징을 지녔는데, 이러한 문화가 사립학교public school, 옥스-브리지 같은 제도교육을 통해 기업가 2세들에게 영향을 주었고, 그 결과 이들이 신사층에 동화하거나 그들의 활동영역이라 할 수 있는 지대소득 및 금융활동 분야에 진출함으로써 제조업 활동의 전반적인 쇠퇴를 가져왔다는 것이다.

위너가 보기에, 경제사가들은 경제쇠퇴를 생산요소(자본, 노동, 토지)의 공급문제로 설명하려고 한다. 그러나 순 경제적 요인만으로 쇠퇴를 설명하는 것은 불충분하다. 그는 19세기 중간계급의 시대정신을 추적한다. 영국의 근대화는 근본적으로 불완전한 것이었다. 1832-46년의 정치적 승리에도 불구하고 중간계급은 권력을 장악하지 못했다. 1851년 런던 세계박람회는 부르주아 지배의 서곡이 아니라 "산업자본주의에 대한 식자층의 열광의 절정"을 나타낼 뿐이었다.[3] 위너는 일반적인 통념과는 달리 19세기에 부르주아적 가치의 제도화가 이루어지지 않았음을 강조한다. 토지귀족은 강력했고 그러면서도 부를 축적한 기업가라면 젠트리의 대열에 쉽게 합류할 수 있는 길이 뚫려 있었다. 빅토리아기의 이 적응과 흡수는 부르주아문화가 젠트리층 문화에 수렴되는 과정으로 곧바로 이어지게 마련이었다. 이제 전통적 지배세력은 역사적 사형선고를 모면하고 그들의 정치적·문화적 헤게모니를 다시 확보하였으며, 나아가 중간계급을 자신의 모습대로 주조할 수 있었다.

19세기 중반 이후 중간계급 이데올로기에 '가치의 반혁명 counterrevolution of values'이 광범하게 전개되었다. 지금까지는 토머스 칼라일Thomas Carlyle, 찰스 디킨스Charles Dickens, 존 러스킨 John Ruskin 등 비교적 소수의 지식인들이 공유했던 반산업주의 정서가 중간계급에 속하는 많은 사람들(기업가, 전문직업인, 관료 등)

사이에 설득력 있는 문화적 외관으로 자리 잡기에 이르렀다.[4] 자수성가한 부르주아 기업가의 후손은 사립학교나 대학과 같은 제도들을 통하여 이와 같은 반산업주의적 가치를 받아들여 혁신·이윤추구·수완 등이 필요한 기업 경영에 적당하지 않은 기질과 태도를 갖게 되었다. 상류층 교육의 중추였던 사립학교는 산업자본주의에 걸맞은 내용을 가르치지 않았다.

사립학교 분위기는 그들의 환경을 유지하면서 영예와 공적 지도력이라고 하는 귀족적 이상으로 채색된 경력-군대, 정치인, 관료, 지위 높은 전문직-을 고취하였다. 사립학교 학생들은 광활한 제국의 탁월한 행정가가 되었지만, 참으로 그러한 임무에 적합한 훈육은 경제적 지도력에는 걸맞지 않았다. 사립학교는 미래 엘리트의 경제적 능력이 아닌 정치적 능력을 길렀으며, 안정과 질서를 유지하려는 욕구가 개인이나 국가의 부를 최대한 모으려는 욕구보다 더 강했다.[5]

위너는 교육받은 중간계급 상층의 준 귀족적 태도 및 가치를 강조하면서 빅토리아 시대 중기 이래로 이와 같은 반산업적 정신이 일상생활에 깊이 침투했다고 본다. 도시생활, 자본주의, 산업주의 자체에 대한 혐오감이 전원생활을 동경하는 분위기로 이어졌다. '잉글랜드 정원'으로 표현되는 전원적인 이미지가 떠오르는 반면, 산업사회는 '어둡고 악마소굴 같은 공장'이라는 이미지로 낙인찍혔다. 요컨대, 전산업적 가치와 생활양식이 새로운 것들 속에서 되살아나 정통성을 갖기에 이르렀다는 주장이다.

'가치의 반혁명'과 젠트리화가 기업정신, 나아가 영국경제에 어떤 영향을 미쳤을 것인가는 분명하다. 기업가들은 교외생활을 동경했으며 변화를 불신하고 매일 매일의 사업활동에서 빠져나 오려고 애썼다. 그들 사이에 아마추어적 소양을 숭상하고 여가 를 즐기려는 젠트리적 문화가 널리 퍼졌다. 이러한 풍조가 영국 의 경제성장에 장애요소로 작용했다. 위너가 보기에, 19세기 이 래 산업자본가는 "영국 사회의 필수적인 부류"였지만, 그럼에도 그들은 "자신의 역할에 합당한 자리"를 확보하지 못했다.[6] 영국 산업의 쇠퇴는 기업가 자신의 탓이 아니라 그것을 경시하도록 만든 사회 문화적 분위기가 빚어낸 작품인 셈이었다.

사업에서도 역시 산업적 가치와 반산업적 가치들이 합쳐졌다. 영국은 세계에서 가장 오래된 산업자본가계급을 가졌는데, 이 계급 은 여지껏 더 낮은 사회적 평가를 받았으며, 외국의 비슷한 사람들 에 비해서 자신감과 계급적 긍지를 덜 나타내었다. 사업 그 자체는 정 치와 마찬가지로 일반 중간계급 및 상류계급문화의 영향을 받았다. 사업가는 점차로 좀 더 사회적 보상이 있는 신사(가능하다면 지주)의 역할을 위하여 제조업자의 역할을 회피하였다. 그것은 산업 에너지의 약화, 영국 중간계급의 젠트리화라는 가장 뚜렷한 결과를 가져왔다.[7]

당시 나는 위너의 책을 정독하면서 적지 않은 충격을 받았다. 지금 생각해도 위너테제가 나의 학문세계에 미친 영향은 매우 컸다고 생각할 수밖에 없다. 그것은 내가 자명한 진리로 받아들였던 역사적 공준에 대한 전면적인 부정을 뜻했다. 양극분해를 통한 소생산자의 자기발전과정에서 부르주아 대두의 기원을 찾고 자본주의와 부르주아의 승리를 동일시하며 이를 근대사 전개과정의 주된 흐름으로 보는 역사인식, 그것은 곧 유럽 근대사회의 발전과정을 명증하게 설명하는 해석이었다. 바로 그 해석에 대한 회의감에 빠진 것이다.

## 영국 지배세력과 지주-금융자본

루빈스타인의 『자본주의, 문화, 영국의 쇠퇴』는 위너테제에서 비롯된 문화적 비판론을 전면적으로 재검토한 책이다. 그는 이전에 19세기 후반의 백만장자, 특히 런던 금융가의 상업 및 금융자본가에 대한 계량적인 분석을 통해 '시티'를 중심으로 하는 금융자본의 실체를 조명하고 19세기 산업자본의 승리와 헤게모니를 강조하는 기존의 해석을 비판하면서 런던 '시티'를 중심으로 하는 상업-금융 부문의 역동성을 상조했다. 그럼에도 19세기 말 영국경제의 실태에 관해 그가 내린 결론이 문화적 비판론자들과 비슷하다는 것은 역설적이다.

위너의 책을 정독한 이후 나는 곧바로 루빈스타인의 연구를 접하면서 한동안 19세기 후반 영국경제의 성격을 탐색하는 데 몰두했다. 루빈스타인은 문화적 비판론의 기본적인 가정, 즉 "영국경제는 기본적으로 산업경제였고, 그 산업 및 공업상의 주도권은 1870년 이후 양적인 쇠퇴를 겪으면서 사라졌다"는 가정 자체가 잘못되었다고 주장한다. 그는 16세기 이래 영국경제가 오히려 주로 상업, 금융 및 서비스에 기초를 둔 경제였으며 심지어 산업혁명의 절정기에도 그 성격은 변하지 않았다고 주장한다. 공업의 쇠퇴는 단지 이 과정에서 1890년 이후 좀 더 뚜렷해졌을 뿐이었다. 이런 점에서 보면 문화적 비판론은 근본적으로 잘못되었다. 공업에서 상업-금융으로의 자본이동은 영국 기업가들이 새로운 기회에 현명하게 대응한 것을 나타낸다. 오히려 영국문화, 엘리트 교육제도, 기본적인 가치체계 등은 긍정적이고 합리적이며 온건하고 친자본주의적인 성격을 보여준다는 것이다.[8]

근대 영국경제사에 관하여 루빈스타인은 영국경제가 '분명한 공업시대'를 거치지 않고 농업경제에서 상업경제로 이행했다는 가정(즉 '페티의 법칙'의 예외적인 사례)을 입론의 근거로 삼는다.[9] 18세기 중엽에 영국은 이미 3분제에 기초를 둔 효율적인 농업부문을 겸비한, 번영하는 상업경제로 진입하였다. 18세기 후반 이래의 인구증가기에 공업의 비중이 상대적으로 높아졌지만, 그럼에도 경제의 무게중심은 여전히 상업-금융 부문에 집중되어 있었다. 공장제와 산업자본주의는 '산업혁명', '세계의 공장'이라는 언어적 외피를 통하여 과대포장된 것에 지나지 않는다. 이것은 런던(상업-금융 지역)과 북부 소득세가 각기 전체 소득세 총액에서 차지하는 비율이나, 또는 두 지역의 소득세 납세자 수를 비교하면 분명하게 확인할 수 있다.

루빈스타인은 1815-70년간 영국경제의 상업-금융 지향적인 성격을 입증하는 근거로서 같은 시기 상업-금융 중심지 런던과 공업 중심지 요크셔 및 랭커셔, 두 지역의 소득세가 전체 소득세 총액에서 차지하는 비율을 비교한다. 1812, 1848, 1900년의 사례를 비교할 경우 런던은 각기 49퍼센트, 34퍼센트, 45퍼센트로 나타난다. 이와 달리, 같은 해 북부지역은 19퍼센트, 17퍼센트, 18퍼센트다. 산업혁명이 진척된 19세기에도 북부 공업지역은 상업-금융 중심지에 미치지 못했다. 이는 산업혁명 이후에도 오랫동안 상업-금융 자본의 지배력이 유지되었음을 뜻한다. 어느 시기에나 영국경제는 "공업부문에 대한 상업-금융 부문의 지배"라는 동일한 패턴을 보여준다.[10]

물론 루빈스타인도 영국 공업의 쇠퇴를 인정한다. 19세기 중엽만 하더라도 전 세계 제조업생산에서 영국의 비중은 40퍼센트를 차지했지만, 1980년대에는 5퍼센트 이하로 떨어졌다. 어떻게 보면 영국경제에서 제조업 쇠퇴는 장기지속적인 현상이다. 그러나 이 제조업 쇠퇴를 두고 루빈스타인은 위너와 전혀 다른 시각에서 해석한다. 제조업의 운명과 달리 금융 중심지로서 영국경

7. 영국경제의 쇠퇴, 그 이후

제의 위상은 변하지 않았다. 이는 제조업의 희생을 통한 상업-금융의 번영이 아니라, 좀 더 이윤율이 높고 유리한 부문으로 자본이 이동하는 것을 의미할 뿐이다. 문화적 비판론은 영국 제조업의 쇠퇴 이유를 밝히는 데 초점을 맞춘다. 루빈스타인이 보기에, 이는 "제조업에 대한 강박관념 내지 우상숭배"에 지나지 않는다. 제조업의 쇠퇴가 곧 영국경제의 쇠퇴를 반영하며 이는 반기업적 영국 문화와 관련된다는 문화적 비판론의 두 명제는 다같이 그릇되었다는 주장이다.[11]

루빈스타인은 계속해서 과연 사립학교 교육이 기업가 2세의 젠트리화에 기여했는가라는 문제를 검토한다. 사립학교는 주로 영국의 동남부에 집중되어 있었으므로 북부 제주의 기업가 2세들이 입학하는 것은 쉬운 일이 아니었다. 또 전체 학령인구 가운데 사립학교 입학생의 비율은 아주 낮은 편이었다. 루빈스타인은 8개 사립학교를 대상으로 계량적 분석을 시도한다.[12] 그는 학적부에서 1840년, 1870년 1895년과 1900년도 등록생을 학교당 60-100명을 뽑아, 총 1,802명을 분석했다. 분석대상 학생 가운데 오직 소수만이 젠트리층 이상이었다. 8개 학교에 대해 1840년, 1870년, 1895/1900년 등 세 시점에서 학생 아버지의 직업을 세 범주(지주, 전문직업인, 기업가)로 나누고, 학생이 졸업 후에 가진 직업 또한 같은 범주로 나누어 추적한 결과, 북부 기업가들 가운데 소수만이 그들의 아들을 사립학교에 보냈고, 사립

삶으로의 역사

학교 출신자들의 후일 직업이 아버지의 직업과 동일한 경우가 매우 많다는 것이 밝혀졌다. 이것은 기업가 2세에서 전문직이나 젠트리의 활동영역으로 진출하는 세대간 직업변화의 비율이 높지 않았음을 의미한다.[13]

루빈스타인의 연구는 19세기 산업자본 및 중간계급의 승리라는 도식적 견해에 익숙해 있던 내게 큰 자극을 주었다. 실제로 19세기 영국 정치에서도 지주세력의 입지는 약화되지 않았다. 1832년 의회개혁으로 공업도시를 중심으로 새로운 선거구가 등장했지만 그 수는 적었고, 토지엘리트의 의회 지배는 강력했다. 예를 들어 1861년 당시 하원의원 가운데 76%가 젠트리 이상의 토지엘리트였고, 1830-68년간 각료를 지낸 103명 중 56명이, 그리고 1868-96년간에는 각료 150명 중에서 76명이 귀족출신이거나 그 방계혈통에 속했다.[14]

루빈스타인은 산업혁명의 '혁명성'을 부정하는 점진론적 연구에 의거해 19세기 영국 산업화의 중요성을 부정하는 데서 더 나아가, 오늘날 영국의 금융경제를 긍정적인 것으로 파악함으로써 영국경제 쇠퇴론에 대해서도 비판을 가한다. 그에 따르면, 거시적 관점에서 영국경제사는 '페티의 법칙'(실제로는 페티-클라크 법칙)이 적용되지 않는 예외적인 사례다. 즉, 영국경제사는 국민경제의 비중이 1차산업에서 2차산업으로, 그리고 다시 3차산업으로 점차 이동하는 일반적 경험을 적용할 수 없다는 것이다.

물론 근래의 경제사 연구는 기술혁신과 공장제를 중심으로 산업혁명을 분석하던 종래의 역사서술을 비판하고 산업화 과정의 점진적 성격을 강조하는 경향을 보여준다. 이것은 종래의 산업혁명사 서술의 전통에 대한 수정을 의미하는 것이지만, 산업화가 영국경제사에서 차지하는 중요성을 부정할 수 있는지는 의문이다. 이런 의문에도 불구하고 루빈스타인의 여러 논문과 저술은 경제사에 관한 나의 고정관념에 동요를 불러일으켰다.

나는 위너와 루빈스타인의 저술을 탐독한 후에 곧바로 19세기 후반 영국경제의 쇠퇴에 관련된 경제사 연구를 뒤적이기 시작했다. 1960년대 이래 쇠퇴의 양상과 그 원인을 둘러싸고 다양한 견해와 해석이 잇달았다. 경제쇠퇴라는 대해를 헤엄치는 것이 끝없는 작업처럼 여겨졌지만, 다른 한편으로는 새로운 세계를 탐사하는 흥분을 느끼기도 했다.

1995년 여름 워릭대학의 비좁은 학생기숙사에서 지내면서 거의 하루 종일 관련 자료를 탐독했던 기억이 지금도 새롭다. 이후 10여 차례 이상 연구년이나 또는 여름방학 기간에 영국을 방문해 체류하곤 했다. 그 시절에는 아직 전자자료가 보급되기 전이기 때문에 자료를 찾아내면 복사하느라 정신이 없었다. 내 경험으로는 관련 자료를 복사해 귀국할 때 가지고 오더라도, 자료를 독파하는 데 시간이 오래 걸렸다. 집중도가 떨어지고 국내에서 분주한 일 때문에 전념하기 어려웠다. 나는 가능한 한 오래 머물며 사료와 2차 문헌을 현지에서 읽고 정리하는 데 익숙해졌다. 다행히 방문할 필요가 있을 때마다 몇몇 연구재단의 지원을 받아 어려움을 겪지 않았다. 어쨌든 워릭대 도서관에서 나는 영국경제 쇠퇴를 다룬 긴 비평논문을 탈고했다.[15] 이 경험은 오랫동안 내게 학문적 자산이 되었다고 감히 고백한다. 우선 이전에 산업혁명에 관한 기존 연구들을 독파한 그 기반 위에 경제 쇠퇴를 다룬 연구들을 정리하면서, 18세기에서 20세기까지 영국 사회와 경제를 바라보는 내 나름의 시각을 세울 수 있었다.

### 대불황 보고서와 씨름하기

영국경제 쇠퇴론을 둘러싼 다양한 연구들을 탐색한 다음에 나는 곧바로 대불황기 영국경제의 실태를 검토하는 작업에 들어갔다. 1873년 이래 20여 년간 지속된 '대불황'의 특징은 저물가 현상이다. 대불황은 2차 산업혁명 전개시기와 일치한다. 대불황과 관련해 영국경제에서 흥미를 끄는 것은 2차 산업혁명의 충격이 독일과 미국에 비해 상대적으로 크지 않았던 영국에서 저물가 현상이 다른 나라에 비해 더 심각하게 지속되었다는 점이다.

대불황기에 새로운 기술혁신은 중공업, 특히 기계·제강·화학·전기·자동차 분야에서 이루어졌다. 이들 분야는 과학 기술의 축적을 토대로 했기 때문에 이러한 축적 기반이 마련된 독일, 미국 등지에서 두드러졌다. 그러나 영국에서는 이들 나라에 비해 신산업 발전이 느리게 진행되었고, 발전이 있다고 하더라도 기업의 수직적, 수평적 통합에 의해 거대기업이 성장하기보다는 중소규모의 기업들이 신산업분야에서 고도의 경쟁적 시장을 구축하고 있었다. 미국의 경우 이들 산업분야에서 테일러주의와 포디즘 생산방식이 나타나 곧바로 유럽 각국에 영향을 끼쳤지만, 영국의 기업과 공장에서는 이 새로운 생산시스템 또한 도입이 순조롭지 않았다. 이와 같이 새로운 시스템 도입이 두드러지지 않았던 것은 노동조합과 기존 노동관행의 제약을 넘어서기 어려웠기 때문이다.

19세기 세계경제사에서 철도혁명은 매우 중요하다. 그것은 여러 나라로 확산된 산업화 물결의 핵심적인 혁신이었다. 영국은 물론, 프랑스, 독일, 오스트리아, 미국, 러시아 등 여러 나라들이 철도를 부설하는 데 필요한 자본을 확보하려는 노력을 기울였고, 그 건설은 토목, 제철 및 제강, 석탄 등 새로운 산업기술을 함께 필요로 했다. 세계적인 철도 붐이 영국경제성장의 토대였다.

유럽에서 철도 열기가 한풀 꺾인 1870년대 이후 산업화 과정에 이전과 다른 균열이 나타났다. 20여 년간에 걸쳐 대불황이 지속된 것이다. 이 불황은 역설적이게도 세계경제의 통합, 교통혁명, 제조업 성장 및 투자 가속화에 따른 것이었다. 특히 교통혁명으로 유럽의 선진적인 나라들이 유럽 이외의 다른 지역에서 낮은 비용으로 식량과 원료를 들여오게 되면서 전반적으로 저물가현상이 나타났다. 이러한 저물가 현상은 특히 영국이나 프랑스 같은 산업국가의 농업을 황폐화시켰다. 그 당시 내가 이 주제에 깊이 파고들었던 것은 어쩌면 당연한 일이었다. 대불황은 영국경제 쇠퇴의 배경이자 원인이며 결과이기도 했기 때문이다.

당시 내가 특히 눈길을 두었던 것은 「대불황보고서」였다. 1885년 영국 정부는 불황이 심각해지자 그 실태를 파악하고 정책 대안을 마련하기 위해 '교역 및 산업의 불황에 관한 왕립위원회'를 지명했다. 위원회는 조사결과를 정리해 네 권의 조사보고서를 제출했다.[16] 「대불황보고서」는 수록 내용의 성격에 비추어 세 부분으로 나눌 수 있다. 우선, 정부관료, 기업가, 노동조합 관계자 등 97명의 다양한 증인들로부터 청취한 증언기록이 있다. 다음으로, 상무부, 내무부, 세관, 국세청, 재무부, 영란은행, 어음교환소, 우체국, 재외공관 등에서 제출한 광범한 관련 통계자료를 들 수 있다. 이것은 철도사고, 은행파산, 관세, 수출입액, 광산 및 공장의 생산물량, 범죄, 이민, 우편 및 전신 업무, 어음교환, 저축 추이, 외국 경제의 실태에 관한 통계들이다. 셋째, 상업회의소 인사들과 노동조합 관계자를 대상으로 조사한 설문응답자료가 있다. 여기에서 내가 주목한 것은 마지막 자료다. 이들의 응답을 범주화해 통계적으로 분석할 수 있다고 여겼다. 이 설문응답자료에 대한 통계적 분석은 어떻게 이용할 수 있을까?

1885년 왕립위원회는 최종보고서 결론 부분에서 다수의견과 소수의견, 서로 상충되는 두 결론을 함께 실었다. 두 결론은 불황의 정도 및 그 성격, 노동자 생활수준, 불황의 원인 등에 관해서 서로 대립되는 견해를 밝혔다. 다수의견은 경제상황을 낙관적으로 전망한다. 따라서 불황도 경기순환의 성격이 강하고 산업 분야에 따라 편차가 있으며 지역적으로도 차이가 나타났다. 반면에 소수의견은 영국경제에 대한 비관적 전망을 전제로 한다. 불황은 단순한 경기순환이 아니라 구조적·장기적인 모습을 띠고 있으며, 전국적으로 대부분의 직종과 산업에서 심각하게 전개되었다. 불황의 원인을 설명하는 데에서도 강조점의 차이가 있다. 다수의견은 경제성장에 따른 자연스러운 생산증가를 전제로 하면서 과잉생산과 저물가현상에 초점을 맞추며, 과잉생산을 심화시키는 요인으로 경쟁국의 보호무역, 해외시장에서 경쟁 등을 강조한다. 이에 비해서 소수의견은 과잉생산보다는 그 이전에 영국 산업의 경쟁력 약화와 해외시장에서의 경쟁, 다른 나라의 보호관세 등을 우선 지적한다.[17]

나는 이 다수의견과 소수의견의 괴리에 대해 의문점을 가졌다. 총 4권에 이르는 보고서 대부분은 증인 97명의 증언내용과 여러 공적 기관이 제출한 자료로 구성되어 있다. 왕립위원들이 결론을 내리는 데 주로 참조한 것은 증언내용과 공식자료였을 것이다. 같은 자료들을 가지고 판단했음에도 아주 다른 결론에 이르렀던 것이다. 나는 노동조합 관계자와 상업회의소 인사들을 대상으로 시행한 설문응답자료에 주목했다.[18] 노조관계자에게 보낸 설문은 총 17개 문항으로 구성된 것이었고 250명이 응답했다. 상업회의소 인사에게 돌린 설문지는 앞의 것과 비슷하지만, 불황의 원인에 관한 문항이 첨가되어 있다. 그 문항은 불황의 원인으로 13개 항목을 나열한 후에 불황의 원인으로 생각되는 항목을 모두 선택하라고 주문하고 있다.[19] 상업회의소 설문자료에는 총 93명이 응답하고 있다.

먼저 노조 관계자들의 응답자료에 대한 분석 결과는 경공업과 중공업 사이에 불황의 편차가 있음을 알려준다. 중공업분야는 좀 더 심각한 구조적 불황을, 경공업은 경기순환에서 불황의 골을 빠져나가고 있다는 추측을 불러일으킨다. 불황의 성격에 관한 한, 분석 결과는 결론 부문의 다수의견과 소수의견을 다 같이 보여주는 것이다. 다음으로, 상업회의소 인사들이 불황의 원인으로 지정한 것을 빈도순으로 보면 이렇다. 외국과의 경쟁 58.1퍼센트, 외국 관세 및 장벽 52.7퍼센트, 과잉생산 40.9퍼센트, 노동시간의 변화 36.6퍼센트, 가격하락 29.0퍼센트 등이었다. 다수보고서와 소수보고서는 불황의 원인에 관하여 서로 다른 견해를 표명했다. 다수보고서가 과잉생산과 가격하락을 강조한 반면에 소수보고서는 영국 산업의 경쟁력 약화와 함께 외국의 보호무역과 해외시장에서의 경쟁을 우선적인 요인으로 꼽았다.

이런 점에서 보면 위의 분석결과는 소수보고서의 결론에 더 가깝다고 할 수 있다.

나는 이와 같은 통계적 분석이 때로는 문헌으로만 나타나는 현실의 이면을 비춰줄 수 있다는 사실을 확인했다. 몇 달간의 작업 끝에 논문을 마무리했지만,[20] 그 이후 더 이상 빅토리아시대 영국경제사에 집착하지 않았다. 능력의 한계를 절감했기 때문이다. 경제사 연구의 주류가 된 신경제사의 방법론이 난해하기도 하고 이질감을 느꼈기 때문이다. 어쨌든 문헌자료와 텍스트를 읽고 분석하면서 내 나름의 상상력까지 동원해 과거를 재현하는 작업이 역사연구의 본령인 것이다. 통계분석이 때로는 텍스트에 의거한 피상적인 역사의 이면을 들춰내기도 하지만, 그런 접근이 가능한 사례를 자주 발견하기는 어려운 일이다. 나는 19세기 영국경제의 쇠퇴라는 주제를 벗어나 그저 사회사라고 부를 수 있는 분야로 눈길을 돌렸다. 내가 산업혁명이나 경제 쇠퇴, 그리고 20세기 영국 제조업에 관한 자료를 다시 찾아 읽게 된 것은 그로부터 십여 년이 지난 후의 일이다.

### 다시 '공장의 역사'를 바라보다

세월이 지나면 다시 고향으로 돌아간다던가. 2008년경부터 오랫동안 밀쳐 두었던 공장 관련 문헌을 다시 뒤적이고 전에 정리했던 자료를 다시 읽기 시작했다. 학술진흥재단의 지원을 받아

『공장의 역사』를 저술하려는 계획을 세웠기 때문이다. 2012년에 펴낸 이 책은 겉으로 보면 전산업시대부터 오늘날까지 생산조직과 공장제도의 변화를 개괄하는 데 목적을 둔다. 그러나 그 이면에는 공장이라는 창을 통해 근대 영국경제사를 재구성하려는 의도가 깃들어 있었다. 18세기 후반부터 오늘날까지 생산조직과 기술혁신의 변화과정을 탐색하다보면, 두 세기 전의 산업혁명이나 오늘날의 디지털혁명이 연속선에 놓여 있음을 알게 된다.

두 혁명 모두 효율성의 극대화를 추구한다. 산업혁명의 중심 언어는 '시간의 산업화'다. 그것은 단위시간 당 작업량 또는 생산량의 증대를 지향한다. 디지털혁명의 경우 궁극적으로 '공간의 산업화'라 할 수 있다. 공간개념이 0으로 수렴되는 변화가 일어난다. 이 시간과 공간의 산업화가 생산성의 무한한 증대와 물질적 풍요를 가져왔지만, 그 대신에 자원고갈과 생태환경의 파괴라는 반대급부를 겪고 있다.

『공장의 역사』를 쓰면서 나는 18세기부터 20세기에 이르기까지 근대적 생산방식의 전개과정을 상징하는 핵심어로 분산과 집중을 제시했다.[21] 이 두 언어는 생산과 이를 둘러싼 사회의 본질을 여실히 나타낸다. 산업화 이전에 생산형태는 삶과 노동의 분산에 바탕을 두고 있었다. 산업화와 더불어 분산에서 집중으로 변화가 일어난다. 그 변화는 초기에는 점진적으로, 그리고 후기에는 급속하게 전개되었다. 분산에서 집중으로 변화가 완료되었을 무렵에 사회구조와 나아가 국가의 모델 또한 이에 부합하는 형태가 발전했다. 그리고 1980년대 이후 정보통신혁명과 디지털혁명의 도래와 더불어 다시 집중에서 분산으로의 변화가 감지된다. 이러한 변화가 집중에서 분산으로, 즉 한 방향의 추이만을 나타내는지 알 수 없지만, 이전의 집중이 다른 형태로 변모하고 있다는 것은 확인할 수 있다.

나는 『공장의 역사』 1부에서 산업화 이전의 생산방식과 생산조직 및 노동과정을 다루었다. 주로 2차 문헌에 의거해 개략적으로만 서술했다. 전산업시대 수공업의 본질은 장인적 전통에 깃들어 있다. 장인artisan은 산업화 이전 유럽에서 수공업 생산의 주역이었다. 그들은 특정 직종의 숙련을 지니고 독자적인 작업장에서 노동하는 수공업자였다. 16세기 이래 농촌에서도 수공업생산에 비교우위를 지닌 지역에서 반농, 반공의 수공업자들이 새롭게 등장한다. 18세기 유럽 여러 지역에서 번성한 이 농촌공업은 산업화 이전의 산업화 현상으로 주목을 받았지만, 이 수공업 발전이 산업화와 어떻게 연결되었는지 그 구체적인 과정은 밝혀지지 않았다.

2부에서는 산업혁명기 공장의 대두 및 변모를 다루었다. 젊은 시절에 읽고 정리한 자료를 새롭게 참조했을 뿐 사실 최신의 연구자료를 검토하지는 못했다. 우선 개량방적기에서 증기기관까지 기술 개량의 역사를 개관한 다음, 면공장이 시기에 따라 어떻게 발전했는가를 살폈다. 이와 함께 기계와 공장에 관한 동시대 지식인들의 담론을 분석했다. 특히 동시대인의 문헌에서 기계machine와 공장factory이라는 말의 기원과 의미변화를 통해 공장의 이미지가 어떻게 형성되어 왔는가를 추적했다. 원래 '머신machine'이라는 말은 숙련을 필요로 하지 않는 단순한 작업에 쓰이는 도구를 가리켰다. 그러던 것이 18세기 후반에 이르러 '자신의 손(도구)을 가진 장치'라는 의미로 사용되면서 손기술 또는 도구와 대립하는 의미를 가지게 된 것이다. 기계에 달려 있는 도구는 방적기의 방추처럼 단순한 작업을 하도록 고안되었고, 점차로 그 가짓수가 많아짐에 따라 새로운 동력원動力源과 연결되기에 이르렀다.

산업혁명기 저술가들의 '공장'에 대한 용례를 살펴보면, 위의 '기계'의 의미변화에서도 드러난 것처럼, 공장을 뜻하는 단어들 또한 사람들이 이전의 낡은 언어에 새로운 의미를 부여하고 또 그 의미를 통하여 사회를 인식했음을 보여준다. 예를 들어, 산업혁명 초기에 사람들은 공장을 면방앗간cotton-mill이라 불렀다. 증기동력과 연결되어 작동하는 기계 작업장에서 이전의 물방앗간을 연상했기 때문이다. 팩토리factory라는 말이 등장한 것은 19세기 초의 일이다. 원래 라틴어 팍토리움fatorium에서 비롯한 이 단어는 원래 창고 또는 지부를 뜻했다. 17세기 동인도회사에서 아시아 여러 지역에 설치한 지사를 팩토리라 불렀다. 무역업무를 하면서 동시에 거래상품을 저장할 창고를 운영했기 때문일 것이다. 그 후 이 말에 '기계에 의한 생산machinofacture'이 이루어지는 작업장이라는 새로운 의미를 갖게 된 것이다.

나는 계속해서 3부에서 이른바 과학적 관리와 포디즘 생산방식의 등장 및 발전을 개괄했다. 더 나아가 이 새로운 생산원리와 조직이 영국 산업계에 어떻게 도입되고 그 과정에서 변형되었는가를 살폈다. 사실 1890년대 이래 미국의 거대기업들은 생산과정의 재조직화를 통해 생산성을 향상시키는 데 관심을 기울였다. 일반적으로 테일러주의라고 알려진 새로운 시도는 공정별 기계화, 생산과정에 대한 경영자 통제, 생산 활동을 일관성 있게 통제하는 위계적 조직의 구축 등을 특징으로 한다. 그 후 자동차, 전화, 냉장고 같은 내구소비재 산업에서 이러한 생산원리는 개별 작업의 기계화를 통한 부품 표준화와 일관작업 생산방식으로 변용되어, 이른바 포디즘체제를 낳았다. 포디즘체제는 자본과 노동의 동거체제를 기반으로 한 것이었고, 내가 볼 때 이 동거체제가 전사회적으로 확대된 것이 복지국가 모델인 것이다.

마지막으로 나는 포스트포디즘과 디지털혁명을 다루면서 제조업 분야에서 새롭게 나타난 불안정한 노사관계를 '가벼운 근대성'이라 불렀다. 이는 포디즘의 노사동거체제를 '무거운 근대성'으로 표현한 것과 대조적이다. 그 표현은 한편으로는 무거운 내구소비재와 소품종 대량생산방식이 가벼운 내구소비재와 다

삶으로의 역사

품종 소량생산방식으로 대체되는 경향을 반영한 것이지만, 다른 한편으로 종신고용과 같은 지속적인 자본-노동관계가 비정규직과 계약으로 표현되는 일시적이고 가벼우며 변화무쌍한 노동관계로 변모하는 경향을 상징하는 언어로 사용하고자 했다. 그렇지만 디지털혁명과 그 이후의 변화를 오직 피상적으로 관찰하는 수준을 넘어서지 못했다. 근래 디지털혁명에 뒤이어 4차 산업혁명이라는 말이 유행어가 되었다. 정보통신혁명을 기반으로 하면서도 인공지능, 사물인터넷, 휴먼 로봇, 스마트공장 등의 여러 기술이 융합되어 엄청난 사회경제적 혁신을 초래하고 있다. 현재로서는 공부가 부족하기 때문에 언젠가 4부의 내용을 보충해 개정판을 내야겠다는 다짐만 하고 있다.

8

포스트모더니즘의 공습

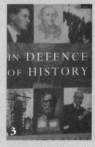

**1** 울프슨칼리지를 찾은 광주대 학생들과 리처드 에번스 교수의 환담 장면.
**2** 울프슨칼리지 전경.
**3** 포스트모던 역사학을 비판적으로 성찰한 리처드 에번스의
『역사학을 위한 변론』(소나무, 1999)의 원서 표지와 한국어판 표지.

## 문화사 텍스트 읽기

내 탐구의 여정에서 1990년대는 끊임없이 새로운 세계를 찾아 헤매는 탐험의 시기였다. 아니, 신경제사의 논문들을 읽고 산업혁명기와 19세기 후반의 영국경제사에 주로 매달렸으니 실제로는 익숙한 세계만을 계속 찾아다닌 셈이다. 당시만 하더라도, 아내가 서울에서 교편을 잡고 있었기 때문에 나는 거의 매주 주말에 서울과 광주를 오르내렸다. 토요일에는 여러 학회 세미나에 참석하고 또 발표하는 등 바쁘게 지냈다. 1993년인가 서울대 배영수 선생이 문화사 독회를 제안했고 나는 흔쾌하게 모임에 들었다. 당시 배 선생은 새로운 의도로 서양사 개설서를 기획하고 있었고 그 개설서는 후에 『서양사강의』라는 이름으로 출간되었다. 배 선생을 비롯해 열네 사람이 각기 한 장씩 집필을 맡았다. 전체적으로 사회구조와 경제의 변화라는 거시적 관점에서 서양사의 중요한 주제를 서술했는데, 당시 우리나라에서 사회사에 대한 관심이 여전히 높았다는 점을 감안하더라도 이전의 개설서에 비해 새로운 면이 있었다.

그러나 사회사는 구미학계에서는 이미 인기를 잃고 있는 분야였다. 대신에 신문화사라는 슬로건이 새로운 유행어가 되었다. 이러한 경향은 포스트모더니즘의 영향과 직간접으로 관련되었다. 배영수 선생을 비롯해『서양사강의』집필자로 참여한 몇몇 사람들이 그 모임에 참가했다. 배영수, 조용욱, 이영석, 안병직, 김경현, 이혜령 등이 자주 얼굴을 내밀었던 것으로 기억한다. 그때 읽은 문헌을 다 기억할 수는 없다.[1] 매달 만나 미리 정한 텍스트를 돌아가며 발췌하는 방식을 따랐는데, 피터 버크P. Burke, 스티븐 카플란S. Kaplan, 나탈리 데이비스N. Davis의 책을 발췌했거나 관심 있게 읽은 기억이 아직도 남아 있다. 특히 버크의 책을 통해서 나는 민중문화를 개괄적으로 이해할 수 있었고, 카플란이 편집한 책에서는 자크 르 고프Jacques Le Goff, 카를로 진즈부르그Carlo Ginzburg, 로제 샤르티에Reger Chartier 등 당대 저명한 문화사가들의 기고문들을 읽으면서 신문화사의 새로운 경향을 접할 수 있어서 매우 유익했다.

이들 문화사 관련 텍스트를 읽을 때 몰랐던 분야를 살핀다는 흥분도 있었지만 낯설게 느끼지는 않았다. 톰슨 이래 영국 노동사가 '아래로부터의 역사history from below'를 표방했고, 연구대상도 투쟁과 저항에서 민중의 삶의 저변에 깃든 다양한 경험들, 이를테면 제식, 축제, 광기, 성속, 신앙, 범죄 등 미세한 분야에까지 연구대상을 넓혀가고 있다는 것을 알았기 때문이다. 그 결과 오늘날의 역사가들은 과거 민중의 구체적인 모습을 이전보다 더 상세하게 그려낼 수 있게 되었다.

그러나 개별 분야에서 구체적이고 미세한 연구가 진행될수록 오히려 근로 민중의 생활경험이나 문화의 전체상을 포착하는 일은 한층 더 어려워졌다. 버크의 책은 근로 민중에 대한 다양한 접근을 수합해 소개하면서도, 동시에 민중의 경험과 문화를 체계적으로 재구성하고 있기 때문에 매우 유용했다.

버크는 18세기 말 19세기 초 독일이나 스코틀랜드 지식인들이 민중문화에 새롭게 관심을 두기 시작한 이래 자본주의 대두와 상업화의 물결 속에 점차 사라지고 있던 유럽 각국의 전통적인 민중문화를 재발견하게 되었음을 강조한다. 그는 민중문화에서 광대의 중요성, 춤과 서사와 발라드 등에서 공통으로 나타나는 텍스트들의 공유점을 분석한다. 버크는 민중문화의 구조적 특징을 '테마(모티브)와 변주'라고 하는 역동적 관계에서 찾는다. 이것은 장르에 따라서는 가락, 운율, 구절, 이야기 내용, 장면, 몸동작 등 다양한 차원에서 나타날 수 있다.

민중문화는 그 재연과정에서 이전과 똑같은 것이 아닌 좀 더 다른 모습으로 바뀌는 속성을 지녔다. 이러한 변화는 민중 문화의 담지자들이 기본 테마와 모티브를 재구성하고 다시 배합하는 과정에서 비롯된다. 전문적인 공연가들이 윗사람에게서 배운 것은 고정된 텍스트가 아니라 테마와 모티브라는 표현 형식들과 그것들을 결합하는 법칙이었다. 따라서 그들의 공연은 고정된 텍스트의 단순한 반복이 아니라 기존 테마와 모티브를 활용한 새로운 창조였다. 민중 예술은 개인에 의해 즉흥적으로 이루어진다는 점에서 개인적 창조물일 수 있다. 그렇다고 해서 민중 전통의 담지자들이 자의적으로 무엇이든 창조할 수 있다는 것은 아니다. 그들은 테마나 정식으로 상징되는 전통의 틀 안에서 그 자신의 변주를 만들어낸 것이다. 민중문화란 한 개인의 소리가 아니라 그 개인을 통해 울려나는 전통의 소리인 셈이다. 이 시점에서 나는 전근대 사회의 민중문화가 동서양을 떠나 같은 토대를 가지고 있다는 것을 느꼈다. 판소리 또한 그렇지 않은가.

내가 민중문화에 대한 이해의 폭을 넓힌 것은 순전히 버크의 책 덕분이다. 그가 서술한 다양한 내용들을 정확하게 기억하지 못하지만, 특히 사육제에 관한 서술부분이 아직도 뚜렷하게 떠오른다. 사육제는 지역적으로 변형이 많지만, 공통된 요소들을 구비하고 있다. 그것은 부활절 이전의 참회와 절제기간인 사순절 Lent이 시작되기 직전에 절정으로 치닫는다. 사육제는 간선도로와 광장을 무대로, 도시 전체가 극장으로 변하는 떠들썩한 축제이다. 이때는 도시 광장과 도로에서 가장행렬이며 어릿광대극이며 각종 경기가 열리곤 했다. 민중에게 사육제는 무엇을 의미하는가. 사육제는 휴일이자 경기이며 그 자체가 목적이다. 그것은 엑스터시와 해방의 시간이다. 사육제에서 상징화된 중심 주제는 먹거리와 섹스와 폭력이다. 사육제의 소란은 사순절의 참회와는 대조적이다. 버크에 따르면, 사육제는 현실을 뒤집어놓은 세계다. 현실의 질서, 순종, 기근이 일순간에 그 대립항으로 변모한 것이다.

사육제는 어떠한 사회적 의미를 갖는가. 의식의 사회적 기능을 중시하는 사람들은 축제가 생계를 꾸리기 위한 일상적인 투쟁으로부터 일탈한 휴지기이며 여흥의 시간이라는 점을 강조한다. 축제는 사회 내의 서로 다른 집단들끼리 경쟁할 기회를 제공하며, 궁극적으로는 기존 질서에 대한 항의를 포함하는 의식까지도 질서의 유지에 기여한다는 것이다. 그러니까, 사육제를 비롯한 축제는 사회적 긴장을 해소하는 안전밸브의 기능을 가졌다는 주장이다. 그러나 버크는 축제가 가진 또 다른 중요한 측면을 놓치지 않는다. 근대 초 유럽에서 항의의 의식은 정치, 사회, 종교 차원의 도전과 공존하였다. 때로는 그 의식이 실제 항의로 바뀌는 경우도 있었으며 지배세력 또한 이러한 위험성을 알고 있었다. 권력에서 소외당한 사람들의 일부에게 사육제는 그들의 견해를 알리고 변화를 시도할 수 있는 좋은 기회였다. 의식이 소요나 폭동 그 자체와 일치하는 것은 아니지만, 반란자들은 때로

187

는 의식의 상징성을 이용하여 그들의 행위를 정당화할 수 있었다는 것이다.

문화사의 몇몇 문헌을 읽던 시기에 그 분야 연구의 실제를 직접 접할 수 있는 기회도 있었다. 당시만 하더라도 서양사분야 학위논문 발표자 연령층은 적어도 30대 중반 이상이었다. 1993년경에 한국서양사학회 월례세미나에서 한 젊은 여성연구자가 17세기 영국 온천장 문화에 관한 내용을 발표했다. 후에 알고 보니 그 연구자가 설혜심 선생이었다. 지금은 탁월한 서양사학자로 인기가 높지만, 그 당시에도 발표가 독특했다. 토론을 맡았던 김민제 선생이 토론 처음에 말한 내용만 기억에 남아 있다. 말로만 듣던 신문화사가 무엇인지 잘 몰랐는데, 이제야 발표문에서 그 실제를, 그리고 발표자의 모습에서 그 연구 분위기를 알게 되었다고. 사실 설 선생의 옷차림과 모습이 당시 보수적인 학계 분위기로서는 상당히 이색적이었다고 기억한다.

## 모던과 모더니티에 대한 단상

신문화사 열풍이 실제로는 분명하고 단단하며 확실한 것에 대한 회의와 애매모호하고 부드럽고 불확실한 것에 대한 새로운 관심을 반영함과 동시에, 당대에 유행한 포스트모던 경향과 밀접하게 관련된다는 것을 나는 곧바로 깨닫게 되었다. 문화사 텍스트를 읽던 1993-4년경 나는 포스트모더니즘이라는 말을 심심치 않게 들었지만, 주로 문예이론 분야에서 언급되는 것 이상의 의미로 받아들이지 않았다. 신문화사 또는 미시사의 방법을 국내에 소개한 몇몇 학자들, 이를테면 조한욱, 곽차섭 선생도 당시에 포스트모던이라는 말을 공공연하게 언급하지는 않았다. 내 기억으로 이 말이 서양사학계에 일대 유행어가 되는 데 기여한 이는 김기봉 선생이다. 그가 독일에서 돌아와 한국서양사학회에서 처음 발표한 글이 독일의 일상생활사에 관한 것이었다. 여기에서 포스트모던 역사학에 대한 단초를 소개한 후에 〈누가 포스트모던을 두려워하랴?〉라는 논문을 통해 서구 역사학에서 포스트모더니즘의 영향을 상세하게 다뤘다.[2] 지금도 이 두 논문의 내용을 어느 정도 기억한다. 그 당시 이 분야의 연구경향에 관심을 두지 않았던 내게 상당한 충격을 주었던 글들이다. 김기봉 선생은 포스트모더니즘과 관련된 다양한 역사연구의 흐름을 소개해 서양사 연구자는 물론 다른 역사 분야 연구자에게도 상당한 영향을 주었다. 그는 어느덧 '포스트모던 역사학의 전도사'라는 닉네임을 얻었다.

포스트모더니즘이라는 말이 시대의 유행어가 되었고 특히 서구 역사학계에서도 이를 둘러싼 논란이 이어지고 있다는 것을 들어 알고 있었지만, 나는 그 논란의 구체적인 내용이 무엇인지 관심을 기울이지 않았다. 영국의 역사학계에서 그 논의는 다른 나라에 비해 대체로 뒤늦었던 것 같다. 영국 학계의 실증적이고 보수적인 분위기 탓으로 돌리기도 한다. 나의 경우는 그보다 더 근본적인 문제가 있었다. 앞에서도 언급했듯이 1980년대 대학원 시절부터 '미완의 근대'라는 강박관념의 영향에서 벗어나지 못했다. 이 강박관념은 한편으로는 자기성찰적인 의미가 강하면서도 다른 한편으로는 자기비하와 아울러 유럽중심적 세계관의 영향을 받았다고 할 수 있다. 사실 그 당시 '미완의 근대'라는 말은 한국사회의 과거와 현재에 대한 분석과 더불어 미래의 지향점을 가장 단순하면서도 명료하게 설명해줄 수 있는 용어였다. 계급과 노동해방의 문제뿐 아니라 그 슬로건 아래 민족문제의 해결까지도 포함할 수 있기 때문에 당시 한국사회가 직면한 모든 크고 작은 모순을 그 '미완'이라는 말 속에 집어넣고 뒤섞으면 될 터였다. 명료한 분석과 이론일수록 허구일 가능성이 높다. 인간과 사회의 문제를 일목요연하고 간결하게 정의할 수 없는 것이다. 나는 그 당시도 '미완의 근대'가 갖는 위험성을 어느 정도 알면서도 그 외피를 벗어던질 수 없었다. 그러기에는 아는 것과 독서량이 부족했고 또 다른 사람의 눈치를 보지 않고 과감하게 자신의 생각을 표현할 용기도 없었던 것이다.

'포스트모더니즘'이라는 표현 자체에 거리감을 둔 또 다른 이유가 있다. 그 당시 나는 문예이론에서 흔히 언급되던 '근대성'이나 '모더니즘'에 대해 피상적인 이해 수준에 머물러 있었다. 다분히 사변적이고 철학적인 개념에 대한 깊은 이해도 없이 접두어가 붙은 포스트모더니즘이라는 말을 구사하기가 두려웠다. 물론 그 무렵에 『옥스퍼드 영어대사전』을 뒤적이며 '근대적modern'이라는 말을 추적한 적도 있다. 근대성이 근대의 산물임에 분명했기 때문이다. 그 무렵 나는 근대와 근대성에 대해 나름의 도식적인 견해를 가지고 있었다. 그 도식적인 견해의 밑바탕에는 우리 사회가 아직 '미완의 근대'라는 약간 시대착오적인 환상이 자리하고 있었다.

'근대'라는 말이 처음으로 나타난 것은 1580년대였다. 라틴어 'modernus'에서 비롯된 그 말은 원래 '오늘날' 또는 '현재'라는 뜻으로 사용되었다. 셰익스피어는 가끔 '널리 퍼진'이라는 뜻으로 쓰기도 했다. 그러다가 점차 의미가 변해 '새로운'이라는 뜻을 갖게 되었다. 17세기에 '새로운 시대', '새로운 사회', '새로운 역사' 같은 용례가 등장한다. 이와 함께, 지금 이 시대가 새롭다는 당대인들의 인식은 점차 이전 시대를 부정적으로 바라보고 그리스·로마 시대를 황금시대로 간주하는, 고대·중세·근대라는 시대구분을 낳았다. 이 같은 역사인식에서 근대는 끝을 예감할 수 있는 시대가 아니라 언제까지나 계속되어야 할 시대였다. 사람들이 근대의 끝을 감지하고 언급하기 시작한 것은 19세기 말 이후의 일이다.

여기에서 '근대성'이란 근대라는 시대를 가리킨다기보다 그 시대에 형성된 삶의 양식, 문화형태 전반을 뜻하는 용어다. 근대성은 자율적, 주체적 인간(개인)과 세계에 대한 기술적 지배 욕망을 기반으로 형성된다. 이러한 조건에서 개인주의와 기술주의 또는 산업주의 가치관이 자라났다. 또한 근대성은 기적과 불가사의와 신화의 세계를 제거하고 확실하고 실증적이며 경험적인 사실을 중시한다. 한편으로는 탈신화화 또는 신비주의로부터 해방을 뜻하고, 다른 한편으로는 합리성/합리주의의 지배를 의미한다.

근대성은 시간과 공간의 관계를 통해서도 새로운 의미를 갖는다. 우선 그것은 근대인들의 '역사의 시간화'와 관련된다. 스미스는 생산과정에서 절약되는 시간이 생산성 향상의 요체임을 밝혔다. 인간의 삶과 경험 모두가 역사적 시간의 맥락에서 재구성된다. 이러한 '역사의 시간화'는 궁극적으로 인류사에 대한 진보의 시각을 낳았다. 공간적으로 자연의 해방을 추구하기도 한다. 이는 자연에 대한 인간의 지배 또는 기술지배의 추세와 관련된다. 궁극적으로 근대성이란 근대적 인간, 즉 이성적 주체이자 욕망하는 주체인 개인들을 중심으로 형성된 다층적인 문화형태를 일컫는 개념이다.

나는 그 무렵 근대성이 성찰적 개념이라는 것은 알고 있었지만, 모더니즘에 대해서는 무지한 편이었다. 그것이 19세기 말 이후 근대성에 대한 회의와 반발에서 시작된 예술 및 문화운동의 일환이라는 것, 산업화의 후유증과 전쟁에 따른 허무주의가 일조했으리라고 생각하면서도, 모더니즘 예술 일반에 대해서는 생경한 감정만이 앞섰다. 초현실주의, 다다이즘, 에즈라 파운드, 토머스 엘리어트, 제임스 조이스 등은 고등학교 시절부터 익숙한 이름이자 용어이기는 했다. 지금 생각하면 한국 인문계 고등학교 수업 수준이 정말 높았던 모양이다. 고등학교 시절, 엘리어트의 시 〈황무지〉 번역본을 가지고 씨름했던 기억이 난다. 그 난해한 번역시를 읽으면서 당시에도 역자가 제대로 시를 이해했을까 의문을 가졌다. 모더니즘에 대한 거리감은 학문의 길에 들어선 후에도 변함이 없었다. 세련되고 도회적인, 그리고 조금쯤 퇴폐적인 인상의 모더니즘은 촌사람 티를 벗지 못한 내게는 여전히 생경한 사조였고, 여기에 '미완의 근대'라는 고정관념 때문에 더 거리감을 느꼈을 것이다. 그런 내가 포스트라는 접두어를 붙인 새로운 경향에 관심을 갖는다는 것은 속물근성이 아닐까. 나는 이런 생각에 빠져 있었다.

## 논쟁의 기억과 『역사학을 위한 변론』 번역

1990년대 한동안 한국서양사학회 월례발표회는 주로 서울 혜화동 방송대 학술진흥재단 청사에서 열리곤 했다. 발표회 후인지 정확하게 기억할 수 없지만, 한림대 김기순 선생, 한국기술교육대 김덕호 선생, 당시에는 귀국한 후에 여러 대학에서 강의를 맡고 있던 김기봉 선생 그리고 나, 네 사람이 혜화동 근처 어느 맥주집에서 몇 시간이나 논전을 벌인 적이 있다. 바로 포스트모더니즘에 관해서였다. 아마 화두를 던진 이는 김기봉 선생이었을 것이다. 역사학에서 포스트모더니즘 논의에 관해 김기봉 선생이 독일 유학시절부터 관심을 기울였는지, 아니면 귀국 후에 이 분야의 논의를 살폈는지 당시 나는 알지 못했다. 다만, 김 선생은 내가 듣기에도 파격적인 견해를 밝혔다. 역사적 사실은 극단적으로는 역사가가 사실이라고 믿는 것에 지나지 않고, 그러한 믿음은 실증적 탐구과정을 거쳤다고 믿어지지만 기실 역사가가 활용하는 사료 자체가 사료 기록자의 주관적 편견을 벗어나기 어렵다는 것, 사료의 언어와 역사가의 언어 사이의 괴리는 생각보다 깊다는 것을 강조했다. 극단적으로 말하면 역사적 사실은 허구와 경계가 불분명하다. 그러니까, 실증적인 역사서술과 역사소설의 경계를 분명하게 구분할 수 없다는 것이었다.

몇 시간 동안 네 사람이 논쟁을 벌였는데, 지금 생각해도 우리 모두가 역사연구에 어떤 열정을 가지고 있었던 것 같다. 이 문제에 대해 나는 에드워드 카가 말했던 논지에 스스로 만족하던 터였다. 역사연구란 결국 현재와 과거 사이의 대화다. 역사가는 현재 자신의 주관적 편견과 자신의 시대 상황의 영향을 받으며 연구대상인 '특정한' 과거를 탐사한다. 즉 특정한 과거에 대해 이전의 역사가가 가졌던 것과 다른 시각과 문제의식을 가지고 접근한다. 따라서 동일한 과거도 다른 역사가에 의해 다르게 해석될 수 있다.

그렇다면 역사적 사실에서 객관성의 문제는 어떻게 되는가. 카에 따르면, 역사적 사실을 객관적 '실재'의 투명한 반영이라고 할 수는 없다. 오히려 객관성은 역사가가 현재의 문제의식에 의거하여 과거의 사실들로부터 그 무엇인가를 선택하는 과정에서 형성될 수 있다고 보았다. 역사가가 새로운 문제의식과 새로운 시각으로 경험적 실증적 방법에 충실해 과거의 사료에 접근하는 한, 그것은 객관성에서 멀어졌다고 할 수 없다. 객관성에 절대적으로 이를 수 없더라도 역사가는 그 방향으로 자신의 연구를 계속하기 때문이다. 이것은 극단적 상대주의에 빠지지 않으려는 주의 깊은 절충론에 가깝지만 나는 그런 정도로 역사적 사실과 객관적 '실재'의 불분명한 관계를 덮어두고자 했다. 김덕호 선생 또한 이 같은 논지에 동의했다. 반면, 김기순 선생은 오히려 제프리 엘튼Geoffrey Elton이 『역사학의 실제*The Practice of History*』 (1967)에서 주장한 견해를 따랐다. 역사적 사실은 객관적인 것이다. 아직 그렇지 않다면 그것은 사료의 한계, 연구역량의 부족 때문이다. 그러한 조건이 충족되면 언제가 객관성을 확보할 수 있다는 것이었다.

1970년대만 하더라도 서구 역사학계는 대부분 카의 견해를 받아들인 것처럼 보인다. 카의 상대주의는 역사적 객관성이 실제로는 사실, 사실의 기록, 그리고 기록에 대한 역사가의 해석을 거치면서 변화를 겪는다는 점을 인정하고 있다. '사실'과 역사적 사실은 다르며 뒤의 것에는 불가피하게 역사가의 의도와 선택이 깃들어 있다는 것이다. 그럼에도 카는 그러한 의도가 현재의 사람들에게 절실한 그 무엇인가를 반영하는 작업이라는 점에서 중요한 것이고 또한 역사가의 현재적 인식 밖에는 여전히 객관적 '실재'로서의 과거가 있다는 점을 받아들였다. 이것이 현재의 역사가와 과거 사이에 대화를 가능케 하는 전제였다. 비록 엘튼과 카는 역사적 사실의 객관성에 관해서 다른 견해를 지녔지만, 그럼에도 그들은 궁극적으로 역사학의 진보를 믿었다. 엘튼은 역사지식의 축적과정에서, 그리고 카는 역사학이 인접 사회과학을 통하여 인식의 지평을 확대하는 과정에서 그것을 확신했던 것이다.

오랫동안 계속된 논쟁에서 서로 얼굴을 붉힐 정도로 언성을 높이기도 했고, 세 가지 입장이 끝까지 평행선을 달린다는 것과 해결할 수 없다는 것을 느끼면서도 우리는 그 논쟁을 즐겼던 것 같다. 지금도 맥주집 논쟁은 선연한 기억으로 남아 있다. 서로 공격을 주고받은 구체적인 내용은 희미하지만 엘튼과 카, 그리고 실재와 역사적 사실의 괴리에 대한 포스트모던적 담론이 뚜렷하게 대립했다는 것은 분명히 기억한다. 논쟁 이후 나는 어쩌면 운명적으로 포스트모던 역사학에 직접 부딪치게 되었다. 하나는 당시 영국 노동사 분야에서 전개된 '언어적 전환' 논쟁에 관해 글을 쓰게 되었던 것과, 다른 하나는 포스트모던 역사학을 비판적

으로 성찰한 리처드 에번스의 『역사학을 위한 변론』을 번역하게
되면서이다.[3] 노동사의 언어적 전환에 관한 글쓰기는 다음 장에
서 언급하기로 하고 여기에서는 번역 문제만 다루려고 한다.

리처드 에번스의 책을 만난 것은 아주 우연하게 이루어졌다.
아마 혜화동 로터리 선술집에서 논쟁 이후였을 것이다. 한 모임
에서 김덕호 선생이 에번스의 책 복사본을 한 권 건네주었다. 영
국문화원에서 갔다가 신간으로 소개된 책을 빌렸는데, 내가 포
스트모더니즘에 관심을 두고 있는 것 같아 한 부 더 복사했다는
것이다. 앞에서 말했듯이, 나는 1990년대 영국 노동사 분야에서
전개된 '언어적 전환' 논쟁을 정리하는 비평논문을 막 탈고한 상
태였다.[4] 논쟁에 참여한 역사가들의 난해한 개념어들을 이해하
는 데 무척 어려움을 겪고 있었다. 이 모든 논란이 포스트모더니
즘 담론과 관련되어 있음을 알았지만, 나는 그 분야에 관한 지식
이 거의 없었다. 노동사 분야의 논쟁을 정리한 논문을 탈고한 후
에도 전혀 후련하다는 기분이 들지 않았고, 해체론과 포스트모
더니즘이 역사학에 미친 영향을 좀 더 깊이 살펴야겠다고 다짐
하던 무렵이었다. 지금 생각하면 김덕호 선생과 참으로 깊은 인
연을 가졌던 것 같다. 학부시절 만나 서양사 강의를 들을 때에도
절친하게 지냈다. 내가 나이가 많아서인지 늘 형이라고 부르며
나를 따랐다. 유학에서 돌아온 후에도 서로가 글 원고를 읽고 비
평해주는 처지였다. '언어적 전환'을 다룬 초고도 꼼꼼하게 읽고

문제점을 지적했던 기억이 난다. 그 논문에서 그나마 난해한 개념어에 대한 잘못된 이해를 바로잡을 수 있었던 것은 순전히 김덕호, 김기봉 두 동학의 비평 덕분이다.

에번스의 책을 언급하기 전에 번역에 관해 몇 마디 언급하려고 한다. 우석대학에 있는 박상익 선생은 뛰어난 번역가다. 언젠가 그가 〈번역은 반역인가〉라는 글을 쓴 적이 있고 이를 보완해 책을 내기도 했다.[5] 외국어를 자국어로 정확하면서도 가독성 있게 옮기는 작업은 정말 어렵고, 완벽한 번역은 불가능하다고 생각한다. 다만, 번역자가 원래 텍스트에 얼마나 매료되어 열정적으로 읽었는가, 그 정도가 좋은 번역의 지표가 된다고 본다. 내 경우에 지금까지 몇 권의 학술서를 번역했는데, 존 해리슨J. F. C. Harrison과 윌리엄 호스킨스W. G. Hoskins,[6] 그리고 리처드 에번스의 책들은 처음 읽을 때 한 번에 매료되었고, 그 다음에 번역을 생각하게 되었다는 점을 밝힌다. 에번스의 책 복사본을 들고 집에 돌아간 후에 나는 그날 밤을 새우며 첫 장과 둘째 장을 읽었던 것으로 기억한다. 책을 완독한 다음에 곧바로 번역하기로 결심하고 작업을 시작했다. 번역에 몇 달 걸렸는지 확실하게 말할 수 없다. 다만 번역과정 내내 새로운 분야를 탐사한다는 흥분감에 사로잡혀 있었다고 감히 말할 수 있다. 작업을 끝내고 김덕호 선생에게 검토를 부탁했는데, 그는 원고 여러 곳에서 문제점과 오역을 지적해주었다. 다행히 내 두 번째 연구서라 할 수 있는

『다시 돌아본 자본의 시대』를 편집 준비하던 소나무 출판사에서 번역권을 획득해 출간할 수 있었다. 나는 책을 출간한 이후 포스트모더니즘에 대한 에번스의 입장과 이를 둘러싼 영국 사학계의 논쟁을 소개하는 글을 발표한 적이 있다.[7] 글에서 에번스의 입장을 다음과 같이 요약했다.

에번스의 책은 1990년대 버크벡 칼리지에서 정치학, 철학, 역사학 협동과정을 수강한 학생들을 대상으로 강의한 역사학 개론 내용을 수정한 것이다. 야간학생들을 대상으로 했기 때문에 사변적인 내용을 피하고 가능한 한 쉽게 서술하려고 했다. 이 책에서 에번스는 처음에는 포스트모더니즘의 '극단적 상대주의hyper-relativism'와 전통 역사학의 경험주의 등, 서로 대립되는 이 두 경향의 중간 방향으로 서술하려는 의도를 가지고 있었다. 그러나 논의의 무게중심은 앞의 것을 비판하는 방향으로 기울어졌는데, 이는 실증적인 역사가들보다는 특히 역사 이론가들이 역사의 정당성에 대한 회의 분위기를 퍼뜨리는 것에 자극을 받았기 때문이다. 그는 이들 극단적 상대주의자들에 맞대응하고 그들의 견해를 적극 비판함으로써 전문 역사학을 옹호하는 데에 관심을 기울였다. 에번스에 따르면, 포스트모더니즘은 일종의 "편리한 표지"다. 그것은 조직적인 움직임이 아니며 일관된 이데올로기에 해당하지도 않는다. 이런 난점을 지적하면서도 에번스는 포스트모더니즘의 영향을 받은 역사 서술의 새로운 경향을

8. 포스트모더니즘의 공습

다음과 같이 정리한다.

우선 역사적 사실의 객관성을 문제시하는 해체론적 관점을 들 수 있다. 해체론에 따르면, 언어는 원래 불완전하므로 역사연구의 근거가 되는 사료 또한 다의적이고 유동하며 작성자와 별개로 존재한다. 본질적으로 역사가는 실재에 접근할 수 없으며, 그가 바라보는 연구대상은 항상 '담론적 현실'(텍스트)로만 다가온다. 객관성이란 역사가들이 과거가 저기에 있으며 발견할 수 있다고 상상하는 데서 비롯할 뿐이다. 그들이 이렇게 생각하는 것은 스스로를 발견과정에 종사하는 '이성적 존재'로 설정하기 때문이다. 해체론자들에 따르면, 원래 객관성이란 '지시적 착각 referential delusion'이다. 따라서 역사서술에서 사료에 근거를 둔 대부분의 묘사와 설명은 객관적 과거를 각인하고자 하는 일종의 '현실효과real effect'에 지나지 않는다는 것이다.[8]

다음으로 반反인과론은 역사서술에서 사건이나 현상의 원인을 탐구하는 오랜 관행 자체에 의문을 제기한다. 역사가들은 본능적으로 모든 사건을 원인과 결과의 패턴으로 설명하려고 하지만, 이것은 허구에 지나지 않는다는 주장이다. 인과관계란 역사가의 수사의 산물일 뿐이며, 그것은 서로 다른 탄층에 묻혀 있는 현상들을 의도적으로 연관시키는 일에 지나지 않는다. 후대의 역사가들은 후방가늠자 식의 작업을 통해 자의적으로 인과관계를 설정하고 또 그것을 합리화할 수 있다.[9]

삶으로의 역사

마지막으로 다多문화주의multi-culturalism는 지금까지의 역사지식이 지배계급이나 특정한 사회세력의 이해를 반영할 뿐이라고 비판한다. 사회 안의 다양한 집단들은 제각기 역사에 대해 그 나름의 정당한 시각과 전망을 가지며 기존의 역사 지식에 대응하여 독자적인 역사를 내세울 수 있다는 것이다. 여기에서 계급 중심의 역사 대신에 다양한 사회적 정체성을 중심으로 역사를 재구성하려는 움직임이 나타난다. 이제 역사연구의 주된 관심은 계급에서 다양한 정체성으로, 그리고 경제나 사회와 같은 '단단한 것'에서 언어·문화·관념 등 '부드러운 것'으로 바뀌고 있다. 근래에 영미 역사학계에서는 종래의 백인, 남성, 계급, 서구 중심주의의 허구성을 폭로하고 그 대안으로 다양한 사회세력의 차이를 중심으로 새로운 역사상을 제시하려는 '정체성의 정치identity politics'가 역사서술의 중요한 화두로 떠오르고 있다. 이 새로운 경향은 지금까지의 지배 이데올로기와 주류 역사서술을 공격하는 양상을 보여주는데, 일종의 '정치적 교정political correctness'에 해당한다.[10]

에번스는 반인과론과 다문화주의에 대해서는 그 부정적인 측면을 지적하면서도, 다른 한편으로 기존의 역사연구를 넘어서 역사 서술의 새로운 형식으로 떠오를 가능성을 인정한다. 극단적인 전통파괴 경향은 경계해야겠지만, 이와 같은 다양한 시도는 전통 역사학에 자기 성찰의 기회와 함께 새로운 자극을 줄 수 있다는 것이다. 이에 덧붙여 포스트모더니즘이 서사와 문학성을 강조하면서 역사서술이 일반 독자에게 더 가까이 다가설 수 있는 계기를 마련했다는 점도 주목한다.

그렇지만 해체론적 관점, 특히 그가 '총체적 상대주의total relativism'라고 부르는 경향에 대해서는 아주 비판적인 태도를 보인다. 해체론은 기본적으로 언어의 비지시성에서 출발한다. 그것은 언어를 독자적인 기호체계로 간주하고 그 기호의 의미가 언어 외부의 '실재'보다는 언어 상호간의 관계에 의해 결정된다고 본다. 여기에서 다음의 명제가 성립된다. '실재'는 저기에 있다. 그러나 그 실재는 항상 담론 외부에 존재한다. 사람은 그 실재를 그것에 대한 '담론적 구성물discoursive constructions' 안에서만 인지하고 경험할 수 있을 뿐이다.

이런 경향을 대변하는 이론가들은 모든 언어가 비지시적 성격을 가졌다는 전제 아래, 그것이 실체를 지시하는 경우는 모두가 특정한 사람의 이데올로기의 발현일 뿐이라고 주장한다. 따라서 문서는 신뢰할 만한 대상이 아니고, 문서로부터 그 무엇도 찾기 어려우며, 문서 작성자의 의도도 정확하게 인식할 수 없다는 점을 강조한다. 이러한 발상은 역사적 사실의 객관성에 대한 문제 제기나 또는 역사적 실재에 접근하는 일의 어려움을 일깨우는 선에서 더 나아가 역사학의 학문적 정체성을 부정하는 데까지 이르게 한다는 것이다.

에번스에 따르면, 아무리 언어의 불완전성을 강조한다고 하더라도 언어와 문법을 순수하고 자의적인 기표들의 집합이라고만 생각할 수 없다. 그것은 현실의 사물들을 가리키려는 시도를 통하여 현실 세계와 만난다. 역사연구나 해석 또한 역사 세계를 재구성하려는 노력에 힘입어 과거의 현실세계와 접촉한다. 역사가의 작업에서 과거의 현실세계는 그 배후에 남겨진 문서와 그 밖의 다른 단편적인 자료들을 통해서만 이해되어야 한다. 그러나 이것은 자의적으로 짜 맞춘 담론이 아니라, 스스로 현실과의 직접적인 상호작용에 따라 만들어진다. 언어가 완전히 자기반영적인 것만은 아니다.[11]

에번스는 절대적 상대주의를 비판하는 과정에서 카의 견해에도 의문을 제기한다. 그에 따르면, 카는 '사실'과 '역사적 사실'을 구분하는 오류를 범했다. 실제로 카뿐만 아니라 역사 이론가들 대다수가 '사실은 곧 사건'이라는 관점에서 벗어나지 못했다. 이 점이야말로 중대한 실수이다. 에번스는 다음과 같이 지적한다.

내 생각에는, 역사 용어에서 사실이 사건이어야 할 필요는 없다. 예컨대, 그것은 특정한 장소에서 이제는 사라진지 오래된 건물일 수 있다. 또는 두 국가의 국경, 정부 각료가 소유한 주식이나 유가증권, 어떤 활동에 대한 법적 금지, 정치인과 창녀의 사통, 전함이나 탱크의 장갑판 두께, 또는 사물들의 어떤 범위일 수도 있다. 이것들이

비록 사건과 연결된다고 하더라도 역시 이들 가운데 어느 것도 '사건'으로 묘사될 수 없다. 사건은 사실이지만, 사실이 모두 사건이 되는 것은 아니다.[12]

'사실'은 역사가의 서술에 관계없이 역사적으로 일어난 어떤 것이다. 역사가들은 과거가 남긴 잔흔을 통하여 이를 확인할 수도 또는 그렇지 못할 수도 있다. 그렇다면 동일한 사실에 대해 왜 여러 해석이 뒤따르는가. 그것은 역사가가 '사실'을 특정한 '증거'로 사용할 때에 그에 상응하는 나름의 해석이 도출되기 때문이다. 즉 사실이 증거로 변하는 순간, 특정한 해석이 뒤따르는 셈이다. 따라서 카가 『역사란 무엇인가』에서 예시한 '노점상의 죽음'은 '역사적 사실' 그룹에 입회원서를 집어넣은 상태가 아니라, 증거로서 채택될 수 있느냐의 문제에 걸려 있다는 것이다. 다시 말해서 역사가는 자신의 해석을 뒷받침하기 위해 '역사적 사실'을 '증거'로 이용한다는 주장이다.

물론 역사가들이 동일한 문서를 동일하게 읽지는 않는다. 에번스에 따르면, 역사가가 같은 문서를 가지고서도 제각기 다르게 읽게 되는 까닭은 그것을 다른 목적을 위한 증거로 각각 이용하기 때문이다. 이 과정에서 역사가의 이론과 입장이 중요하다. "문서는 다양한 방식으로 읽을 수 있다. 그 모든 방법들은 적어도 이론상으로는 똑같이 타당하다. 더욱이 사료를 읽는 우리의 방식은 주로 우리의 현재의 관심사에서, 그리고 현재의 이론과 개념들을 통하여 우리가 구성하게 되는 질문들에서 비롯한다."[13]

문서를 증거로 활용할 때, 역사가는 자신의 이론과 입장에 의거하면서도 그 과정에서 항상 엄격한 사료비판을 거치지 않으면 안 된다. 이것이 객관성으로 들어서는 필수적인 경로인 셈이다. 에번스는 역사서술에서 객관성에 도달하는 것이 힘든 과정이지만, 그럼에도 이 학문 분야에서 그 동안 발전해온 탐구의 방법과 절차를 적절하게 따름으로써 그 같은 방향으로 나아갈 수 있다고 본다. 그는 객관적 과거에 이르는 탐구의 여정을 조각 맞추기에 비유한다.

역사를 연구하는 것은 그림조각 맞추기와 마찬가지이다. 이 놀이에서 조각들은 집밖의 여러 상자에 흩어져 있고 그 가운데 어떤 것은 유실되었다. 일단 함께 모아도 조각들의 상당수는 여전히 잃어버린 상태이다. 그 결과 그림의 본질은 부분적으로는 그림조각들이 들어 있는 상자들이 얼마나 많이 남아 있는가와, 그리고 흔적을 더듬어 찾아낼 수 있는가에 달려 있다. 그러나 그림의 외관은 모든 조각이 제자리에 있지 않은 경우에도 채워 넣을 수 있다. 우리는 이러한 상황에서 그 외관을 '상상'하며 아주 상세한 것들에 관해서도 성찰해야 한다. 그렇지만 이와 함께 기존의 조각들의 발견이 우리의 상상력을 발휘하는 데에 꽤나 심각한 제약을 가한다.[14]

8. 포스트모더니즘의 공습

이런 점에서 보면, 객관적 진실에 대한 에번스의 견해는 오히려 매우 전통적인 쪽에 가깝다. 사실 에번스는 책의 곳곳에서 전통 역사학의 전형이라고 할 수 있는 제프리 엘튼의 견해를 신랄하게 비판한다. 이를테면, 엘튼이 신봉한 것, 즉 역사가는 현재의 신념이나 개념으로부터 자유롭게 문서에 접근할 수 있다는 견해를 부인하고, 나아가 그가 협소한 정치사의 영역과 경험주의의 외피에 안주했다고 깎아 내린다. 그럼에도 사료 기록의 정확한 접근을 통해 객관적 진실에 이를 수 있는 가능성을 믿는다는 점에서 카보다는 아무래도 엘튼의 태도에 더 가까운 것처럼 보인다.[15]

결국 포스트모더니즘을 바라보는 에번스의 입장은 '비판적 선택'이라는 표현이 적합할 듯하다. 그는 객관성에 대한 회의의 분위기는 철저하게 배척하면서도, 포스트모더니즘의 다양한 실험이 기존의 역사서술과 다른 새로운 서술형식을 만들어나감으로써 역사학에 활력을 불어넣을 수 있다고 생각한다. 달리 말하면 그는 역사학의 정체성을 고수하려는 의도에서 상대주의를 적극 비판하면서도, 포스트모더니즘의 새로운 표현형식들에서 '과학적 역사학'의 위기를 넘어설 수 있는 가능성을 찾는다. 이를 위해 그는 무엇보다도 문학성의 회복을 주장하며, 진실에 가까이 다가서려는 역사가의 '장인적' 태도를 강조한다. 이런 점에서 그는 역사학을 연구(과학), 상상(해석), 문학(표현)의 복합작업으로 보았던 조지 트리벨리언G. M. Trevelyan의 학문관을 되살렸다고도 할 수 있다.

에번스의 책을 번역하면서 나는 포스트모더니즘과 역사학에 관한 여러 논의를 피상적으로나마 이해할 수 있었다. 기본적으로는 포스트모더니즘에 대해 중도적 입장을 취하는 에번스의 견해에 동의하는 편이었다. 역사적 사실의 객관성에 다가서는 것이 매우 어렵다는 점을 인정한다고 하더라도, 역사가는 19세기 이래 정립된 역사연구의 학문적 프로토콜에 충실한 태도로 과거를 탐사해야 할 것이었다. 다만, 역사연구의 이러한 한계를 인식하기 때문에 그 자신의 연구 결과에 대해 그리고 과거 자체에 대해 역사가는 항상 겸손해야 한다. 그 당시 나는 이런 식으로 자신의 입장을 정리했다. 그러나 역사연구에서 인과관계와 합리적 정합성에 대한 회의감이 점차 더 짙어졌고, 오히려 역사서술의 문학성, 또는 역사논문이나 역사서술 자체에서 엄정성에 바탕을 둔 구성 및 서사의 미학이나 완결성에 더 관심을 기울이게 되었다. 나는 이를 탐구 및 서술의 미학성이라고 이름 붙였다. 물론 내 역사연구에서 이러한 변화는 상당히 점진적으로 이루어졌다. 1990년대 말까지만 하더라도 서양사 분야에서 나는 여전히 완고한 근대주의자로 알려졌다. 사회경제사 연구에 일관한 점이나, 새로운 역사이론에 무관심한 것 자체가 그런 입장을 나타내는 표지였던 셈이다.

2001년 11월《교수신문》에서 포스트모던 역사학과 신문화사에 관한 특집으로 대담의 자리를 마련했다. 교원대 조한욱 선생과 내가 그 자리에 초청받았는데, 신문사측은 신문화사의 대변자로 조 선생을, 사회사에 충실한 역사가로 나를 선택했던 것 같다. 대담에서 우리는 화기애애하게 이야기를 나눴는데, 특별히 의견 대립하거나 언쟁을 벌인 기억은 별로 나지 않는다. 그럼에도 편집자의 의도에 따라 그 특집 기사는 우리가 서로 각을 세우고 열띤 토론을 벌인 것처럼 보도했다. 신문에 따르면, 나는 조 선생을 "엄밀성보다 문학성 뛰어난 문화사학자"로 표현했다고 한다. 조 선생은 나를 가리켜 "참을 수 없는 사회사의 무거움을 고수하는 완고함"을 가지고 있다고 표현했다. 물론 우리 이야기를 기자가 정리한 것이겠지만, 특집기사만 보면, 나와 조 선생은 서로에 대해 상당히 예리한 비평을 가한 것으로 나타난다.[16] 그런 기억이 별로 없는데도 말이다. 어쨌든, 조 선생은 내 연구의 장단점을 다음과 같이 언급했다.

[그는] 국내에서 학위를 받은 서양사 연구자의 이상적인 연구자세를 보여준다. 우리나라 사회현실의 맥락 속에 학문을 자리매김하는 그의 왕성한 연구활동은 유학파의 경박함을 반성하게 한다. 한편, 그의 학자로서의 이력과 학문적 무게는 포스트모더니즘의 긍정적 통찰을 받아들이는 것을 어렵게 만들기도 한다. 문화를 '통해서'

역사를 보는 시도는 기존의 사회사적 전제에서 벗어나자는 것인데, 미시사가 기존의 사회사로 매개돼야 한다는 그의 견해는 받아들이기 어렵다. 나로서는 사료 선택이 궁극적으론 역사가의 미학적 감각에 의존한다고 생각한다. 미시사가 '학문적이라기보다는 문학적'이라는 그의 견해는 우리나라 사학이 사로잡혀 있는 학제적 사고의 단면을 보여준다. 역사의 인과성과 객관성에 대한 요청적 신념은 그와 내가 공유하는 것이지만, 인과성이 역사가의 상상력이라고 말할 때 그의 표현은 다분히 수사적이다. 우리나라의 진지한 사회사학자가 신문화사를 인정하고 기대를 거는 것은 분명 환영할 일이지만, 미시사를 거시사의 대중화를 위한 장식품 내지 보완물로 생각하고 있다는 인상을 떨치기 어렵다.

특집기사는 내가 조한욱 선생을 다음과 같이 평했다고 밝히고 있다.

[그의] 번역서에서 확인할 수 있듯이, 그는 언어구사에 탁월한 재능을 갖고 있다. '고양이 대학살'을 원문과 대조하며 읽었는데, 그의 정확한 이해와 유려한 표현은 번역의 전범을 보여주었다고 생각한다. 비코에 관한 그의 박사학위 논문의 서문을 읽으며 가슴이 뭉클했던 적도 있다. 그러나 본문은 아쉬움을 남겼다. 신문화사적 접근을 통해서 비코의 프랑스 수용 양상을 봄으로써 18세기 프랑스의

209

지식인 지형도를 그려주길 바랬는데, 사상사적 맥락과 신문화사적 접근이 매끄럽게 연결되지 않았다. 그것은 조한욱이 신문화사의 의미를 과대평가하기 때문이라고 생각한다. 신문화사는 사회사의 뼈대에 살점을 붙이는 작업이며 살점만으론 역사가 될 수는 없다. 일상적인 삶의 결을 포착할 필요성을 부정하는 것은 아니지만, 그런 미시적 시각이 연구대상의 보편성을 매개 없이 보장할 수는 없다. 그런데 조한욱은 신문화사가가 다루는 우연한 사건이 시대의 문법을 드러낼 수 있다고 믿는다. 물론 조한욱의 연구가 신문화사의 탁월한 통찰을 보여주리라 기대하지만, 신문화사의 위상 자체에 대한 그의 고민은 엄밀하다기보다는 문학적이다.

여기에서 아이러니한 것은, 내 자신이 어느 틈에 포스트모더니즘과 신문화사 또는 미시사에 점차 관심을 기울이게 되었다는 점이다. 에번스의 절충론에 동의했으면서도 이후 나는 포스트모더니즘의 영향을 상당히 깊게 받았음을 고백한다. 우선 사회경제사와 같은 단단한 역사로부터 생활사, 또는 나중에 말하겠지만 '사회적 풍경' 같은 부드러운 역사에 눈길을 돌렸고, 학술논문이라도 어느 정도 지적 소양을 갖춘 사람 누구나 이해할 수 있도록 쉽게 써서 가독성을 높여야 하며, 논문 자체의 형식과 구성에서 미학적 측면을 고려해야 한다고 생각했다. 달리 말하면 역사서술의 문학성을 고려하기 시작한 것이다. 내 자신이 멀리하고

자 했던 바로 그런 분위기에 스스로 다가서게 되었던 것이다.

그렇더라도 나는 여전히 사회사의 엄격함과 완고함을 견지하려고 노력한다. 새로운 경향과 추세에 관심을 기울이기는 하지만 그 새로운 것을 추종하거나 수박 겉핥기식으로 따라서 하기는 싫다. 역사가는 자기 나름의 스타일과 자기만의 독특한 방법으로 과거를 투사해야 한다. 뚜렷한 성과를 별로 내지는 못했지만, 지금껏 나는 나만의 독특한 방법과 시각으로 연구하려고 했다.

## 미시사에 관하여

1990년대와 2000년대에 신문화사로 분류되는 저술들이 무수하게 번역되고 독자들의 관심을 끌었다. 그런데 이들 저술 대부분이 실제로는 미시사의 방법을 원용하는 경우가 많았던 것 같다. 대학에서 역사학이 다른 인문학 분야와 함께 거의 천덕꾸러기 신세로 떨어진 것과 대조적으로, 출판 시장에서 역사서에 대한 관심은 더 높아졌는데, 이를 이끈 것은 바로 이들 신문화사 또는 미시사 분야의 번역서들이었다. 이런 예를 들면서 어떤 이는 대학에서 역사학의 위기가 인문학을 외면하는 사회 분위기 탓만이 아니라 대학 강단을 어슬렁거리는 연구자들에게도 책임이 있다고 지적했다. 옳은 지적이다. 그들의 비판이 지금도 가슴을 때린다. 역사가들이 변화하는 시대에 제대로 적응하지 못하고 자신의 역할에 충실하지 못했기 때문에 대학의 역사학이 위축되었다는 비판을 받아들일 수밖에 없다.

2000년대 이래 역사서술의 주류는 미시사나 신문화사 분야였다. 대학의 담장을 넘어서 역사가 이전보다도 더 사람들의 호기심을 끌었던 것은 순전히 이런 분야의 저술 덕분이었다. 방송의 사극을 비롯한 역사 관련 기획물이 많은 호응을 얻었을 뿐 아니라, 서점가의 신간 코너에도 바로 신문화사 분야의 번역서들이 주요 자리를 꿰찬지 오래다. 이 책들은 대부분 아카데미즘의 굴레에서 벗어났다. 주로 옛날 사람들의 생활사를 쉽게 풀어쓴 것이거나, 아니면 전통 역사학과는 전혀 다른 주제를 서술 대상으로 삼았던 것이다.

특히 2000년대 이후 출판시장에서 역사의 르네상스가 찾아왔다는 느낌이 들 정도로 서구 역사가들의 저술을 번역한 책들이 봇물처럼 쏟아졌다. 『사생활의 역사』, 『소금과 문명』, 『에로틱한 발』, 『돈의 역사』, 『거울의 역사』, 『대구의 역사』, 『키스의 역사』, 『중세의 결혼』, 『연필의 역사』 등 그 수를 헤아릴 수 없을 만큼 많다. 제목만 훑어보아도 전통적인 역사 서술과는 판이한 내용을 다룬다는 것을 충분히 짐작할 수 있다.

결혼·사랑·여가·사생활 등 사람들의 삶의 문제에 초점을 맞추기도 하고, 공간이나 시간과 같은 추상적인 개념들을 다루기도 한다. 여기에서 더 나아가 사람의 몸에 관한 관심에서부터 설탕·연필·물고기와 같은 우리 주위의 평범하면서도 흔한 사물들의 역사를 서술한다. 굳이 이름을 붙인다면, 특정한 주제 중심의 통사적 서술이라고나 할까.

언제부턴가 이런 책들은 신문 서평이나 인터넷 서점에서 '미시사'로 분류되어 왔다. 또 이와 같은 경향은 주로 아날 학파의 영향을 받았다는 논평도 곁들인다. 물론 이미 고전이 된 『고양이 대학살』, 『치즈와 구더기』, 『마르탱 게르의 귀향』 등을 미시사로 분류하는 것은 당연하다. 그러나 새로운 경향의 주류를 이루는 '사물의 역사'를 모두 미시사의 범주에 집어넣는 것은 약간의 오해에서 비롯된 것 같다. 우선 곽차섭, 김기봉 선생 등이 국내에 소개한 대표적인 미시사 연구들은 '사물의 역사'라는 식의 통사적 서술이 아니다. 카를로 진즈부르그, 나탈리 데이비스, 조반니 레비, 진 부르커의 연구는 과거에 우리가 주목하지 않았던 사건들을 다룬다. 이를테면 방앗간 주인에 대한 이단 심문, 10년 만에 귀환한 남편의 진위, 갈릴레이의 재판, 젊은 여성의 결혼 소송 등이 서사의 주축을 이룬다. 이들은 자신이 선택한 사건과 소수의 인물과 특정한 지방에 관한 이야기를 생생하게 재현한다. 이런 점에서 미시사가들은 포스트모더니즘의 상대주의적 경향과는 달리 오히려 리얼리티에 충실하다고 할 수 있다.

그러면서도 이들은 특정한 개인의 실제 이름을 따라 치밀하게 뒤쫓고, 여러 가지 정교한 방식으로 사료를 읽어나가면서 1차원적 실증을 넘어 다양한 가능성을 지닌 해석을 뽑아낸다. 또 분석과 설명보다는 묘사와 이야기체 서술 방식을 따른다. 이들의 연구가 역사 서술에서는 보기 드물게 대중적인 인기를 누린 것도 이와 같은 서사성 때문이다.

이런 점에서 보면 미시사는 분명 기존 역사서술이 직면한 어려움을 넘어설 수 있는 새로운 가능성을 제시한다. 나는 미시사가들이 사건을 재현하고 해석하는 방식의 정교함에 새삼스럽게 감탄한다. 언젠가 역사이론을 전공한 김현식 선생은 이들의 연구가 단서를 가지고 실마리를 풀어나가는 일종의 탐정놀이와 같다고 비유한 적이 있다. 탐정놀이라고 해도 좋겠지만, 나는 의사의 검진과정을 떠올리곤 한다. 의사는 환자의 예후와 증세를 가지고 진단한다. 그는 자신이 바라보는 어떤 증세를 곧바로 원인과 연결시키지 않는다. 그것은 여러 단계를 거치면서 지금의 증세로 나타난 것이기 때문이다. 미시사가들이 사료를 통해 추론하고 추적해 가는 작업은 이와 비슷하다. 미시사가 전통적인 역사학에 가져다 준 충격은 무엇보다도 이 점에서 찾을 수 있다.

그러나 서점가에 홍수처럼 쏟아진 '사물의 역사'는 미시사의 대표적인 서술들과 비교하면 여러 가지 차이가 있다. 사람들이 평소 관심을 두지 않았던 특정한 것을 다룬다는 점에서는 미시사로 불려야 하겠지만, 대부분 통사적 서술로 일관할 뿐만 아니라 탐정놀이나 의사의 검진에 비유할 수 있는 정교한 분석과 추론이 뒤따르지 않는 것이다. 그것은 텍스트와 문헌들에 나타나는 관련 사항을 한데 모아서 저자의 의도에 따라 재배열했다는 느낌을 지울 수 없다. 그러니까, 그 '사물'이 전체 사회와 유리되고, 더 나아가 그것이 나머지 사회와 집단의 삶에 엄청난 영향을 준 것처럼 과장되고 있다는 인상을 준다. 일종의 환원주의인 셈이다.

물론 '사물의 역사'는 산업화나 계급과 같은 거시적 담론에만 익숙한 역사연구자들에게는 새로운 자극으로 다가온다. 나도 이들 경향을 접하면서 사회경제사의 울타리에 안주해온 자신의 나태함을 꾸짖는다. 더욱이 전통적인 역사학이 연구자 집단 안에서만 의사소통이 가능한 어려운 언어를 고집하면서 일반 식자층과 유리된 오늘날의 현실을 반성하는 데 도움을 준다. 일단 이 책들은 독자가 별다른 부담이 없이 곧바로 그 주제에 몰입할 수 있을 만큼 평이한 언어로 씌어졌다. 어떤 책들은 중세 음유시인이나 이야기꾼의 방담放談과 구연口演을 듣는 듯한 착각이 들 만큼 뛰어난 서사성을 보여준다.

'사물'만을 부조적浮彫的 기법으로 수면 위에 떠올리는 것도 중요하지만, 그것을 넘어 사회 전체의 맥락에서 균형 있게 자리를 매겨야 한다. 그런 작업은 '사물'을 사회사의 날줄로 삼아 다시 섞어 짜야 가능하다. 결국 중요한 것은 나와 같은 사회사 연구자들이 이 새로운 경향을 마주 대하면서 과연 스스로 변신하려는 노력을 기울일 수 있는가의 문제이다.

8. 포스트모더니즘의 공습

나는 잃어버린 서사성을 되찾는 일이야말로 무엇보다도 중요한 과제임을 새삼스럽게 깨닫는다. 이 서사성을 어떻게 회복할 것인가. 연구자마다 나름의 방법을 모색해야 하겠지만, 사료를 통해 다단계의 진단을 거치는 정교한 방법을 스스로 터득하려는 노력을 기울여야 한다. 서사성은 실마리를 풀어나가는 듯한 스토리 중심의 형식에서 분명하게 드러난다. 그러나 다단계의 추론을 거쳐 얻어낸 것들을 풍경화 그리듯이 묘사하는 데에서도 서사성을 찾을 수 있다고 생각한다.

### 리처드 에번스와의 인연

이제 마지막으로 리처드 에번스와 각별한 인연을 말해야겠다. 에번스는 옥스퍼드대학에서 수학한 후 스털링대, 이스트앵글리아대, 런던 버크벡칼리지Birkbeck College를 거쳐, 1998년 이래 케임브리지대학 사학과 교수 겸 곤빌 앤 키즈칼리지Gonville and Caius College 펠로우로 재직해왔다. 케임브리지대학 근대사 흠정교수Regius Professor를 지냈으며 2011년 이후 같은 대학 울프슨칼리지Wolfson College 학장을 맡고 있다. 원래 19세기 독일 사회사 분야에서 주목할 만한 연구서를 냈으나,[17] 요즈음은 나치시대 전문가로 명성이 높다. 에번스가 나치시대를 깊이 연구하게 된 것은 특별한 사정이 있다. 2000년에 그는 영국문필가 데이비드 어빙D. Irving이 미국의 홀로코스트 역사가 데보라 립스태트

D. Lipstadt를 명예훼손으로 고소한 재판사건에서 법원의 지명을 받아 전문가 증인으로 활동했다. 그는 증인 보고서에서 다양한 원사료를 검토해 홀로코스트의 실제를 과소평가한 어빙의 견해가 오류투성이임을 입증했다. 이 사료연구를 토대로 나치시대의 역사를 다룬 3부작을 펴낸 것이다.[18]

내가 에번스와 처음 접촉한 것은, 『변론』을 출간하기로 한 출판사가 한국어판 저자서문을 원했기 때문이다. 당시 나는 그가 런던 버크벡칼리지에서 케임브리지대학으로 옮긴 것을 알지 못했다. 편지로 한국어판 서문을 부탁했지만 한 달이 지나도록 연락이 없었다. 나는 아무래도 저자 서문을 받기가 어렵겠다고 출판사측에 알렸다. 그 후에 뒤늦게 에번스의 연락을 받았다. 버크벡칼리지 주소로 온 우편물을 정리하기 위해 런던에 들렀다가 내 편지를 읽었다는 것이다. 그는 뒤늦게 답장을 보낸다는 유감의 말과 함께 서문을 써서 보냈다. 뒤에 알았지만, 그의 책은 당시 영어본과 독일어본을 동시에 출간한지 1년이 지나지 않았다. 그때까지 다른 번역 제의는 받지 않은 상태였는데, 한국에서 번역 출간한다는 소식을 듣고서 흥분했던 것 같다.

나중에 한국의 출판사 편집자가 또 다른 부탁을 했다. 원래 8장으로 구성된 에번스의 책은 각 절에 소제목을 붙이지 않아서 독자들의 이해를 돕기 위해, 각 절에 적절한 핵심어를 제목으로 뽑아달라는 요청이었다. 쉬운 일이 아니었지만, 나름대로 신경을 써서 각 절의 키워드 중심으로 소제목을 정한 후에, 저자의 검토를 받고자 했다. 물론 그 소제목들을 다시 적절하게 영역한 다음 에번스에게 자세한 사정을 언급하면서 검토해달라는 편지를 보냈다. 에번스가 두 절의 소제목을 고쳐준 것으로 기억한다. 뒤에 알았지만, 그는 내가 뽑은 소제목들을 눈여겨보면서 나를 매우 성실한 학자라고 생각했다는 것이다. 아마 이것이 후에 그와 깊은 인연을 맺게 된 계기가 되지 않았나 싶다.

나는 2003년 처음으로 연구년 기회를 갖게 되었다. 열악한 지방대학에서 연구년을 찾는 것은 사치로 여겨지던 시절이었다. 내가 재직 중인 대학에는 아예 연구년 제도 자체가 없었다. 나는 케임브리지대 킹스칼리지King's College 부설 '경제사연구소 Institute for Economy and History'의 초청장을 받았다. 그곳에 가려고 한 것은 막연히, 좌파 역사가 제러드 스테드먼 존스가 소장으로 있었기 때문이다. 케임브리지대학 조직과 구조를 전혀 몰랐기 때문에 나는 연구소 초청만 받으면 다른 어려움이 없으리라 생각했다. 나중에 연구소 실무자가 이메일로 내게 충고를 했다. 내가 케임브리지에 당분간 머무는 데 연구소는 전혀 도움을 줄 수 없다는 것이었다. 물론 연구소가 주관하는 세미나에 참석할 수 있지만, 그밖에 어떤 편의시설도 제공할 여건이 되지 않는다면서, 별도로 클레어홀Clare Hall이나 로빈슨칼리지Robinson College에 방문교수직visiting fellowship을 알아볼 것을 권했다.

실무자의 말이 무엇을 뜻하는지 나중에 그 연구소에 들렸을 때 짐작할 수 있었다. 연구소는 킹스칼리지 정문 건너편의 한 작은 건물 내에 좁은 사무실만 두고 있었다. 매주 열리는 세미나는 트리니티칼리지Trinity College의 한 세미나룸에서 열렸다.

그때 나는 처음으로 로빈슨칼리지와 클레어홀 홈페이지에 들어가서 사정을 알아보았다. 로빈슨칼리지는 방문교수제도를 운영하지 않았고, 오직 클레어홀만이 매년 30여 명의 해외학자를 초청했다. 클레어홀은 1964년에 신설된 대학원 칼리지로서, 칼리지 소속 펠로우와, 대학원생, 그리고 해외 방문학자들을 중심으로 운영되었다. 일단 방문교수직에 응모한 후에 나는 에번스에게도 그 사실을 알렸다. 그는 곧바로 답장을 보냈는데, 아주 좋은 선택이며 자신이 직접 추천서를 써서 학장에게 전하겠다고 했다. 뒤에 알았지만, 당시에는 클레어홀 방문교수직을 얻는 게 쉬운 일이 아니었다. 에번스의 추천서 덕분에 초청을 받았을 것이다.

클레어홀에 입주한지 며칠 후에 처음으로 에번스를 만났다. 그의 연구실은 칼리지 안에 있었다. 클레어홀에 입주한 지 며칠 후에 약속시간을 정해 곤빌 앤드 키즈 칼리지를 방문했다. 연구실에 도착했을 때 그는 같은 칼리지의 피터 맨들러P. Mandler 교수를 불러 서로 인사를 나누게 했다. 그 때 에번스는 내가 보내준 한국어 번역본 책을 맨들러에게 보여주면서, 최초의 번역본이라고 자랑했다. 맨들러는 최초 번역본이 구미어가 아니라 한국어로 나왔다는 사실에 놀라워했다.

2003년 연구년을 보낸 후에도, 나는 여름에 자주 클레어홀에 한두 달 남짓 체류하면서 자료를 모으고 에번스를 가끔 만나기도 했다. 2012년 다시 연구년을 맞아 케임브리지 클레어홀에서 다시 체류할 계획을 세웠다. 2011년 여름에 그곳에 머물면서 방문교수직을 다시 제공할 수 있는지 알아보았다. 클레어홀의 방침은 더 많은 해외학자들에게 방문 기회를 제공하기 위해 개인에게는 1회만 허용한다는 원칙을 알려주었다. 물론 단기간 방문학자 자격으로 체류는 가능하지만, 방문교수직은 허용하지 않는다는 설명이었다.

2011년 여름 클레어홀에 머물 당시 나는 이전에 알았던 런던 킹스칼리지King's College of London의 리처드 드레이튼R. Drayton을 만났다. 나는 드레이튼을 일본의 한 세미나에서 알게 되었다. 18-19세기 식물원 연구로 이름이 높았던 그는 2010년 6월 오사카대학의 아키타 시게루秋田茂 선생이 주관하는 제국사연구 세미나 초청을 받아 한 논문을 발표했다. 공교롭게도 아키타 선생은 일본측 토론자 외에 나를 토론자로 초청했다. 그의 발표문은 원래 전공분야인 식물원의 사회사가 아니라, 18세기 유럽 각국의 정치와 외교를 일종의 귀족들의 이너서클 맥락에서 분석하는 내용이었던 것으로 기억한다. 세미나가 끝난 후 우리는 한 일본

대학원생의 안내로 교토를 관광했다. 함께 관광하면서 나는 미국에서 공부한 그가 케임브리지대학에서 수년간 강의를 맡다가 런던 킹스칼리지 교수직을 얻게 되었다는 것을 알았다. 그의 아내 또한 클레어홀 직원이어서 거주지는 여전히 케임브리지였다.

2011년 여름 그와 연락해 클레어홀에서 만났을 때 나는 그에게 클레어홀이 2회 이상 방문교수직을 허용하지 않는다는 말을 했다. 그 말을 듣고 나서 그는 울프슨칼리지Wolfson College도 해외학자를 대상으로 방문교수제도를 운영하며, 최근에 에번스가 학장직을 맡았다는 소식을 알려주었다. 에번스 교수는 나의 방문교수직 요청을 흔쾌히 받아들였다. 다음해 나는 1년간 울프슨칼리지에서 방문교수로 머물렀다. 고맙게도 울프슨칼리지는 내 방문교수직 기간을 2018년까지 허용해주었다. 그 후 매년 울프슨칼리지에서 여름을 지냈고 그때마다 에번스를 만나 많은 도움을 받았다. 책을 번역한 일이 계기가 되어 20여 년간 각별한 인연을 이어온 것이다.

9

노동사와
사회적 풍경의 역사

---

**1** 케임브리지 근처 글랜체스터 찻집에서 클레어홀 대학원생과 함께(2008).
**2** 공저로 저술한 『유럽의 산업화와 노동계급』(까지, 1997)은
19세기 유럽 각국의 노동사를 정리한 국내 연구가 없었기 때문에
자료적 가치가 매우 컸으며 상당한 주목을 받았다.
**3** 『잉글랜드 풍경의 형성』(한길사, 2007)은 케임브리지대 클레어홀에 방문교수로
지내면서 번역한 책으로 역사지리학 연구의 새로운 지평을 연 고전이다.
**4** 지금껏 출간한 10여 권의 저술 가운데
『영국 제국의 초상』(푸른역사, 2009)은 가장 애착이 가는 책이다.

## 노동사 공동연구의 경험

나는 기본적으로 인문학이란 자기 혼자서 탐구하는 고독한 작업이라고 생각한다. 물론 동료와 만나 탐구에 관련된 여러 문제를 서로 논의하고 의견을 나눌 수는 있겠지만, 인문학 연구는 어디까지나 연구자 자신의 것이자 그의 책임이다. 이전과 달리, 정부와 한국연구재단 등에서 인문학 분야에도 집단연구나 공동연구 지원을 활발히 하고 있다. 이들은 대체로 어떤 분명한 의제를 제시하고 그에 관련된 연구들을 계획해 지원을 받는다. 나는 자료 집성, 자료 발굴 같은 집단 작업이 필요한 경우를 제외하고는 공동연구나 협동연구가 인문학 분야에서 필요한지 의문이다. 탐구과정에서 다른 동료나 연구자와 여러 가지 대화를 나누고 또 도움을 주고받을 수는 있겠지만, 결국 연구 결과는 그 개인의 작업에 크게 좌우되기 때문이다.

나는 30년 가까이 지방의 한 작은 대학에서 학생들을 가르치고 공부해왔으므로 애초부터 집단연구나 공동연구에 참여할 기회가 적었다. 지금 돌이켜보니 네 차례 참여한 적이 있다. 그 중에서도 뚜렷한 기억으로 남아 있고 또 내 자신의 학문세계에 중요한 영향을 미친 경우는 유럽 노동사 공동연구였다고 생각한다. 이 연구는 서울대 서양사학과 안병직 선생이 제의해 이루어졌다. 안 선생은 교육부와 서울대 지역학연구소 후원으로 19세기 이후 유럽의 노동운동사를 정리하는 연구를 진행할 계획이었다. 평소 19세기 수공업장인들의 노동운동에 관심을 기울여왔던 터에 연구 분야를 20세기까지 확장할 필요성을 느꼈기 때문이었다.

노동계급은 어느 나라나 산업화 과정에서 형성되기 때문에 국가를 넘어서 공통된 특징을 보여주면서도, 다른 한편으로는 각 나라 고유의 조건과 환경 아래서 성장하는 만큼 그에 따라 나라별로 나름의 특수성을 갖기도 했다. 안 선생은 유럽 주요 5개국의 사례를 비교 연구하는 게 무엇보다도 중요하다고 판단했다. 영국, 프랑스, 독일, 러시아, 스웨덴 등 다섯 나라를 꼽아 각국의 노동사를 검토할 연구자로 나를 비롯해 김현일, 안병직, 이채욱, 안재홍 선생이 참가했다. 이채욱 선생은 서원대에서, 안재홍 선생은 아주대에서 각기 학생들을 가르쳤고, 김현일 선생은 서울대를 비롯해 여러 대학의 강의를 맡고 있었다.

우리는 몇 차례 만나 공동연구의 기본 방향에 관해 의견을 나누었다. 안병직 선생이 연구를 제안했고 또 연구책임을 맡았기 때문에 연구방향 논의를 이끌었다. 그는 독일에서 19세기 수공업 노동자들의 노동운동을 연구할 당시, 노동사 분야의 새로운 경향에 자극을 받은 것이 분명했다. 새로운 경향은 전통적인 노동사 연구의 일반 경향, 즉 노동조합과 노동운동과 노동계급 형성이라는 두 키워드를 중심으로 서술하는 관행에 대한 비판적 움직임을 의미했다. 우리는 당시까지만 하더라도 톰슨이 제기한 계급 개념에 상당히 빠져 있었다. 사실, 톰슨의 계급 개념은 당시로서는 교조적인 마르크스주의의 한계를 넘어서 진일보한 개념으로 받아들여졌다.

톰슨에게 계급이란 자본주의 생산양식의 대두와 더불어 자연적으로 나타나는 구조물이 아니었다. 그것은 고정된 구조나 범주로 인식될 수 없는 역사적 실체며 어떤 관계, 현상, 흐름으로 파악될 뿐이다. 즉 계급은 계급의식과 분리된 실제라고 생각할 수 없다. 계급의식은 다른 계급과 관계를 맺는 과정에서 지속적으로 형성되는 것이다. 톰슨은 사실상 계급의 형성을 그 계급의 집단적 자의식의 형성과 동일한 맥락에서 이해한다. 그 자의식이란 자기들 집단의 이해의 동질성을 느끼고 다른 집단과 이해가 같지 않다고 보는 인식이라고 할 수 있다.

1990년대 중엽 한국 서양사 연구자들에게 노동사 연구는 복합적인 중요성과 함께 자기모순을 띠고 있었다고 생각된다. 우선,

1970년대 후반과 1980년대 초에 본격적인 서양사 연구를 시작한 나와 비슷한 세대의 사람들은 이른바 유신세대에 해당한다. 그들은 유신시대에 대학을 다니면서 정치적 폭압을 직간접으로 겪어낸 사람들이었다. 그들 가운데 일부는 학문적 실천을 강조하면서 사회주의나 급진적 이념으로 자신의 학문의 외피를 치장하려는 노력을 기울이기도 했다. 그들은 한국사회의 현실을 조명하는 데 도움이 될 만한 주제를 서양사의 테두리 안에서 열심히 찾았는데, 그 귀결이 19세기 유럽의 산업화와 사회운동, 그리고 사회주의 사상을 재검토하는 일이었다.[1] 특히 고도성장의 빛과 그림자를 직접 체험하면서 한국의 산업화를 성찰적으로 검토할 필요성을 절실하게 느끼고 있었다. 사회사에 대한 관심이 높아지면서, 그 본령은 아무래도 19세기 노동사라는 견해가 상당히 폭넓게 받아들여졌다.

다음으로, 노동사에 관심을 기울일 때 그 기본 시각을 제공해준 이가 톰슨이었다. 계급에 대한 톰슨의 이해와 접근이 전통적인 노동운동사나 소련의 노동계급 역사의 한계를 넘어 역사적 진실을 추구할 수 있는 물꼬를 터줄 수 있다고 믿었다. 톰슨의 영향력은 한 세대가 지난 시점인 2016년 12월 한국서양사학회가 연말 연합학술대회에 참가한 회원을 대상으로 시행한 설문조사에서도 확연하게 드러났다. 가장 영향력 있는 서양의 역사가를 꼽는 설문에서 톰슨은 랑케, 브로델Fernan Braudel에 이어 3위를 차지했다.[2] 랑케는 근대역사학을 수립한 학자이고, 브로델은 아날학파를 대표하는 학자로서 이와 같은 결과는 어쩌면 당연하다고 할 수 있다. 그 다음 순위에 톰슨이 올랐다는 것은 그의 책 『영국 노동계급의 형성』이 참으로 한 시대를 풍미했음을 새삼스럽게 확인해주는 것이다.

그러나 정작 사회사 연구의 진원지라고 할 수 있는 유럽 각국에서 노동사 연구는 말하자면 조락하고 있는 연구 분야였다. 그것은 유럽사회에서 노동계급운동의 전투성과 혁명성이 거의 실종된 당대의 사회현실을 반영한 결과였다. 홉스봄은 이미 1981년 "노동계급은 전진을 멈췄는가?"라는 새로운 화두를 던진 바 있었다.[3] 1980년대와 90년대 초 영국, 프랑스, 독일 등에서 사회사를 공부했던 한국 학생 가운데 그곳 학계의 변화된 분위기를 보면서 어떤 당혹감을 느꼈다고 실토한 이가 많다. 한국에서 사회사 또는 노동운동에 대한 학문탐구의 열망을 간직하고 유럽 국가에서 공부했지만, 막상 그곳에서 노동사는 한물간 분야로 취급되었고 관심을 갖는 연구자도 적었다는 것이다. 우리가 공동연구를 계획하고 있을 때, 우리 또한 그러한 변화를 감지하고 있었다. 톰슨의 언명만으로 유럽 노동사를 탐색하는 데에는 한계가 있다고 느꼈다.

톰슨과 홉스봄이 초석을 닦은 노동계급의 사회사, 노동계급의 혁명적 의식 또는 계급의식을 중심으로 그 형성과 왜곡, 개량화를 살피는 역사서술의 전통은 서구 사회사가들 사이에서 이미 비판의 대상이 된지 오래였다. 19세기 이래 20세기 후반까지 오랜 노동계급의 역사는 과연 혁명적 의식이 노동자사회의 필수조건인지 회의감을 불러 일으켰다. 수정주의 역사가들은 노동계급의 진보성에 의문을 제기한다. 차티즘은 계급의식적 운동이라기보다 18세기 급진적 정치담론을 계승한 정치적 운동이었고, 19세기 후반의 노동계급의 언어 또한 계급의식적이라기보다는 오히려 지배층과 민중이라는 구별이 두드러졌다. 노동계급의 개량주의가 설명이 필요한 역사적 이탈이 아니라, 오히려 사회주의 이데올로기가 역사의 예외적 현상이라는 것이다.

우리 공동연구자들은 노동사의 전통적 시각을 기본으로 하면서도 새로운 수정주의 연구경향을 폭넓게 받아들여야 한다는 데 견해를 같이했다. 이를 위해 카츠넬슨의 견해를 연구의 출발점으로 삼았다. 우리는 몇 개월간 한 달에 한 차례 모임을 갖고 카츠넬슨I. Katznelson의 연구[4]를 비롯해 당시 주목 받던 몇몇 수정주의 노동사서술을 읽으면서 토론했다. 우리는 결국 각국의 노동사를 자본주의 발전수준, 노동자층의 노동과 생활, 성향 및 가치체계, 집단대응 등 네 가지 차원에서 기술하는 방식을 따르기로 했다. 시기 구분은 5개국이 대체로 19세기에 산업화 과정을 겪었다는 점을 고려해, 우선 19세기 각국의 노동사를 개괄하고, 다음 해에 20세기 전반, 그리고 마지막 연도에 20세기 후반의 노동사를 정리하기로 계획했다.

　카츠넬슨의 이론에서 자본주의 발전수준은 그 나라 노동계급 형성과정에서 그 고유의 특성을 낳은 조건이다. 노동과 생활방식, 성향과 가치체계는 노동운동사 중심의 서술에서 노동자집단의 일상생활과 노동과정에 대한 관심의 확장을 뜻한다. 집단행동의 경우도 노동계급운동에서 혁명적 계급의식이 오히려 예외적인 현상이라는 가정에 입각한다. 나는 19세기 영국 노동사의 경우 계급 정체성, 다른 계급에 대한 적대감, 전국성 또는 전체성, 대안전략 등에서 어느 것까지를 인식하고 그에 도달하는가를 기준으로 적어도 네 가지 유형으로 나눌 수 있다고 생각해, 19세기 영국 노동사를 서술하면서 이 문제를 다음과 같이 정리했다.

　계급 정체성(동질성)에 대한 인식은 19세기 노동자들의 집단적인 상호 연결망과 결사문화를 통해 강화되었고 집단적 자의식의 네 가지 유형 가운데 가장 일반적이었다. 의료, 교육, 여가와 관련된 자조조직들이 이를 대변한다. 그러나 지역과 직종의 한계를 넘어 전국적인 조직화(전체성)를 시도하거나 새로운 사회의 전망(대안적 전략)을 제시하려는 노력은 1830-40년대에 단기간 나타났을 뿐이었다. 이런 점에서 톰슨이 강조한 '계급의식'은 실제로는 사회변혁의 수단보다는 노동자들이 산업자본주의에 대응하고 절충하는 수단으로 작용하는 측면이 더 우세하였다.[5]

## 노동사 연구에서 얻은 것과 잃은 것

1990년대 중엽만 하더라도 노동사에 관심은 많았지만, 이 분야의 대표적인 연구들을 망라해서 읽고 정리할 기회는 없었다. 공동연구를 수행하면서 나는 시드니 웹s. Webb, 에릭 홉스봄, 에드워드 톰슨의 대표적인 저술은 물론, 1970-80년대에 이루어진 다양한 시각의 연구들을 수집해 읽었다. 특히 1995년 여름 2개월 남짓 워릭대학에 머물면서 방대한 2차 문헌을 참조할 수 있었다. 그곳의 근대자료센터The Modern Records Centre에서 19세기 후반 제철공업 및 노동조합 자료를 읽는 한편, 시간을 내어 노동사 분야의 연구들을 집중적으로 모았다. 대학도서관은 이 분야 자료들을 비교적 풍부하게 소장하고 있어서 내게는 매우 유용했다. 나는 내친 김에 20세기 노동사 분야의 여러 연구들도 집중적으로 탐색했고 중요한 자료를 모았다.

19세기 영국 노동사는 비교대상인 다른 나라의 경험에 비해 매우 길었다. 19세기를 두 시기로 나누어 각기 카츠넬슨의 모델을 적용하기로 했다. 1850년대를 기준으로 그 이전 시기와 이후 시기의 변화를 별도로 다뤘다. 18세기 말과 19세기 전반을 다룬 시기에서는 영국의 산업화를 주로 점진론적 시각에서 살폈다. 자본주의 발전수준은 당연히 근대적 부문과 전근대적 부문이 공존하는 상태가 당분간 지속되었다. 중요한 것은 전근대적 부문의 비중을 어떻게 설정하느냐의 문제였다. 면공업과 제철공업 등 근대적 부문은 전통적 생산부문이라는 바다에 떠 있는 작은 섬에 지나지 않았다. 더욱이 근대적 부문의 전형이라고 할 수 있는 면공업만 하더라도 적어도 1820년대까지 직포분야는 전통적 부문에 해당했다. 직포분야의 수공업 노동자들이 근대적 부문이라고 할 수 있는 방적공장주가 제공한 면사를 가지고 옷감을 짜는 하청제 방식이 주류를 이루었다. 1780-1810년대까지 수직포공이 번영을 누리다가 1820년대에 급속하게 감소한 것은 이러한 상황을 반영한 것이다.

자본주의 발전수준을 이와 같은 단계로 이해했기 때문에 노동사에서 주로 관심을 기울인 층은 숙련 수공기술을 가진 집단, 특 전통적인 수공업장인과 숙련된 수공업노동자들이었다. 노동계급의 생활과 노동세계를 다루면서도 주로 수공업장인의 가족노동과 노동과정을 살폈고, 그들의 가치체계에서도 '자조'self-help와 '체통'respectability에 초점을 맞추었다. 그들의 집단항의와 자본에 대한 대응도 경우에 따라 혁명적 의식이 지배하는 양상을 보여주었지만, 차티스트운동에서 보듯이 궁극적으로는 타협과 개량주의로 변모했다. 숙련장인층의 정치의식은 마르크스나 톰슨이 기대했던 혁명적 의식이라기보다는 오히려 18세기 급진주의 전통을 이어받은 것이었다.

나는 19세기 후반의 영국 노동사를 정리하면서도 기본적으로 영국 산업화의 점진성이라는 시각을 유지했다. 2차 산업혁명

233

기의 새로운 기술혁신은 영국 산업분야에 선택적으로 그리고 부분적으로 도입되었다. 그 혁신의 진원지가 영국이었음에도 영국 공업은 오히려 산업혁명기에 형성된 제반 제도들의 영향 아래 변화했다. 그러나 근대적 부분의 팽창은 이전에 비해 더욱 가속되었기 때문에 노동자층 사이에 고급숙련의 담지자와 반숙련 또는 미숙련노동자라는 균열이 갈수록 심해졌다. 19세기 후반의 영국 노동사는 이 균열의 맥락에서 정리되어야 했다. 1880년대 신조합주의와 전투적 노동운동은 반숙련노동자들의 주도 아래 전개된 것이다.

1차 년도 연구 결과물로 출간된 『유럽의 산업화와 노동계급』(1997)은 상당한 주목을 받았던 것으로 기억한다. 비록 2차 문헌에 의존한 것에 지나지 않지만, 19세기 유럽 각국의 노동사를 정리한 국내 연구가 없었기 때문에 자료적 가치가 컸다. 마르크스주의 해석에 익숙한 사람들에게는 낯선 시각일 수도 있겠지만, 당시 유럽 학계의 지배적 경향인 수정주의 해석과 그 해석에 기초를 둔 연구들을 소개했다는 점에서 학문적 의의를 찾을 수 있었다. 그러나 우리는 1차 년도 결과물을 완성함과 동시에 노동사 연구의 열의를 잃었다. 어쩌면 지쳤다는 표현이 맞을지도 모르겠다. 아마 우리에게 중요한 시기는 19세기였기 때문일 수도 있다. 각기 다른 연구 또는 학교사정으로 분주하게 지냈으므로 자주 만나 토론하고 함께 공부할 기회를 더 이상 갖기 어려웠다.

그저 20세기 전반과 20세기 후반의 노동사를 정리해 소개한다는 개략적인 계획만을 세우고 각기 형편에 따라 보고서를 완성했다. 질적으로 이전 연구에 비해 확연히 뒤떨어졌다. 처음에는 20세기를 다룬 연구도 후속편으로 출간할 계획이었지만, 우리는 그 계획을 포기했다. 19세기를 다룬 이전 연구에 비해 질적으로나 양적으로 뒤떨어졌다는 것을 인정했기 때문이다. 물론 나는 학술지에 각각 논문 형태로 발표했고 또 그 두 글을 『다시 돌아본 자본의 시대』에 재수록했지만 지금도 부끄러움을 느낀다.[6]

19세기 영국 노동사를 정리하는 동안 나는 '언어적 전환linguistic turn'과 평범한 사람들의 생활사에 관심을 갖게 되었다. 먼저 언어적 전환에 관해 언급하고자 한다. 노동사에서 이 논란은 스테드먼 존스와 패트릭 조이스Patrick Joyce의 저술을 둘러싸고 전개되었다. 이들은 원래 19세기 후반 영국 노동운동의 개량화를 노동귀족의 대두와 관련짓는 홉스봄의 견해를 비판하고, 그 대신에 영국 자본주의의 고도화, 즉 노동과정의 변화에서 개량주의의 원인을 찾으려 했다. 19세기 후반 노동계급의 개량화는 자본주의의 공고화 및 그에 따른 노동과정의 변화에서 비롯한 것이었다.[7]

그러나 1980년대에 이르러 이들은 종래의 사회사적 입장을 바꾼다. 그들은 19세기 노동계급의 정치와 운동을 경제 변화의 맥락에서 이해하려는 과거의 관행과 결별한다. 계급이란 사회경제구조와 관련된 '존재론적 실재'가 아니라 '담론적 현실'이다.

9. 노동사와 사회적 풍경의 역사

계급이란 언어로 형성된 개념이며 언어적 맥락에서 이해할 수밖에 없다. 이에 따라 스테드만 존스는 19세기 중엽 차티스트운동에서 나타난 슬로건과 사회관이 자본주의경제에 대한 도전이 아니라, 18세기부터 내려온 급진정치의 언어를 그대로 계승한 것에 지나지 않았다고 본다. 차티즘의 언어는 반자본주의적이고 계급의식적인 차원에서 나타난 것이 아니라 18세기 이래 전개된 급진 정치운동 가운데 "최후의, 가장 뚜렷한 그리고 가장 절망적인" 운동이었을 뿐이다.[8] 조이스는 심지어 19세기 후반 랭커셔 면업지대 노동자 사회에서 나타난 슬로건과 구호 또한 계급의식을 포함한 것이 아니라 오히려 '인민주의'에 가까운 18세기 전통을 이어받은 것에 지나지 않는다고 주장했다.[9]

마르크스의 노동과정론에 입각해 19세기 중엽 이후 노동계급의 개량화 추세를 설명해온 두 역사가의 새로운 주장은 전통적인 노동사 연구에 친숙했던 내게는 매우 충격적이었다. 이들의 방향 전환, 특히 언어적 전환은 당시 학계의 화두였던 해체주의, 넓게 말해서 포스트모던 역사학과 관련되어 있었다는 것을 나는 그때서야 깨달았다. 후에 내가 한동안 포스트모던 역사이론을 살피고 또 에번스의 책을 번역하게 된 것도 이 때문이었다.

결국 나는 이 무렵부터 계급 중심의 사회사 연구에 점차 거리를 두기 시작했다. 왜 계급에 그렇게 사로잡혀 있는가. 계급 이전에 인간이고 집단 이전에 개인인 것이다. 그동안 나는 너무나 자명하게 토대와 상부구조, 착취와 피착취, 지배계급과 피지배계급이라는 이분법적 사회관으로 주위 세계를 살펴온 것이다. 정치사에 관심을 두기 싫어했던 것도 지배계급에 대한 막연한 적대감 때문이었다. 부자와 빈자의 이분구조에서 당연히 재현하고 복원해야 할 대상은 빈자였다. 나는 한 인간, 즉 개인을 바라볼 때 계급이라는 안경을 쓰고 판단했던 것이다. 신약성서에 나오는 '선한 사마리아인'이라는 표현이 바로 이를 말해주지 않는가. 당시 유대인들은 사마리아인을 집단적으로 배척하면서 그들이 선하지 않다는 편견을 가지고 있었다. 사마리아인은 선하지 않다는 편견이 사마리아인 집단의 이미지를 일종의 스테레오타입으로 굳혀놓은 것이 아니던가. 자본가계급이나 노동계급의 표상도 마찬가지일 것이다. 자본가와 지배계급 속에서도 여러 인간의 다양성과 가능성을 보여주고, 또 공적 의무에 헌신한 역사 속의 사람들을 목도할 수 있다. 하층계급과 노동계급 속에서도 전혀 혁명적이지 않고 비헌신적이며 비겁한 삶의 태도를 찾을 수 있다.

어쩌면 내가 19세기 영국 노동사를 정리한 글「영국 산업사회의 성립과 노동계급」에서 한편으로는 톰슨 식의 혁명적 의식을 부정하면서도, 다른 한편으로 숙련장인의 '자조'와 '체통'의 가치체계에 집착했던 것도 여전히 계급적 관점으로 세계를 바라본 결과였다. 그 당시 나는 빅토리아시대 중기 '자조'에 관한 사회적 담론을 개인적 자조, 후원에 의한 자조, 집단적(협동적) 자조로 구분했다. 새뮤얼 스마일스가 강조한 자조는 글자 그대로 '개인적 자조'의 경로였을 것이다. 그러나 19세기 중엽 부르주아지는 계급타협의 원대한 이상을 '후원에 의한 자조'로 표현했다. 나는 기술강습소를 비롯한 중간계급의 사회활동 조직을 '후원에 의한 자조'의 전형으로 간주했다. 그러나 이보다는 노동자 스스로의 운동, 즉 노동자의, 노동자에 의한, 노동자를 위한 자조 담론을 탐색하려고 했다. 그 결론이 '집단적(협동)적 자조'였다. 중간계급의 후원이 아니라 노동자들 스스로, 그리고 힘이 약한 그들이 집단의 힘으로 그 집단의 향상을 꾀한 여러 자조활동과 조직을 야학회, 공제조합 등에서 발견할 수 있었다.[10]

그렇다면, 왜 이와 같이 노동자 스스로 주도한 '집단적 자조'에 집착했을까? 여기에 여전히 계급적 관점이 깃들어 있었다. 나는 19세기 영국 노동운동이 혁명적 형태가 아니라 타협과 개량화 추세로 변했을 때, 그러한 변화를 오히려 적극적으로 해석하려는 열망이 있었다. 아마도 조야하고 거친 노동자의 이미지 대신에, 끊임없이 노력하고 스스로를 함양하는 노동자 전통, 즉 노동자의 품격을 찾으려 했던 것 같다. '품격'이라는 말이 이상하지만 그 말이 지배계급에게만 해당된다고 생각하지 않았다. 굳이 나는 그러한 이미지를 19세기 중엽 노동운동의 개량화 속에서 찾으려 했던 것이다. 이 또한 계급이라는 안경을 쓰고 노동자

사회를 바라보았기 때문에 나타난 결과다. 결국 요체는 계급이 아니라 인간이고, 집단이 아니라 개인인 것이다. 그 후 나는 계급의 굴레에서 벗어나 그저 평범한 사람들의 삶의 세계, 일상사를 재현하는 데 관심을 기울였다. 1990년대 말에 빅토리아시대 런던의 풍경을 재현하기도 하고 18세기 런던 상인의 생활세계를 들여다보기도 했다.[11] 그러나 그런 시도는 미완으로 끝났다.

## 『잉글랜드 풍경의 형성』의 번역

2003년 1년간 케임브리지대 클레어홀에 방문교수 신분으로 머물렀다. 클레어홀은 케임브리지의 31개 칼리지 가운데 유일하게 해외학자들을 초빙하는 제도를 운영하고 있었다. 당시 케임브리지대 사학과에는 무엇보다도 경제사, 사회사, 문화사 분야의 저명한 역사가들이 몰려 있었다. 나는 마틴 돈튼Ma. Daunton의 경제사 세미나, 피터 맨들러의 문화사 세미나, 그밖에 18세기사 세미나와 돈튼 교수의 학부 경제사 강의도 수강했다. 바쁘게 지내면서도 영국에 가지고 간 학술진흥재단 번역과제에 틈틈이 매달려야 했다. 번역과제는 윌리엄 호스킨스W. G. Hoskins 의『잉글랜드 풍경의 형성The Making of the English Landscape』(1954) 이었다. 이 책은 역사지리학 연구의 새로운 지평을 연 고전으로 평가받는다. 호스킨스는 우리의 눈앞에 보이는 풍경이 단순한 자연이 아니라 사람들에 의해 만들어진 역사적 형성물이라는 전제 아래 잉글랜드의 구릉과 평야, 경지와 목초지, 촌락과 도시 등을 탐사한다. 이 책의 개요는 1970년대 중엽 BBC 텔레비전에 방영되어 사람들의 열띤 호응을 얻었다.

'풍경'이라는 말을 조금 생각해보아야겠다. 한국 지리학계에서는 인간활동이 가미된 자연풍경landscape을 '경관景觀'이라는 말로 표현하고 있다. 그러나 나는 '풍경風景'이라는 말에 더 애착을 느낀다. 글쎄, 옛날 산사山寺의 풍경風磬 소리가 연상되기 때문일까? 그 풍경소리의 '풍경'과, 자연 '풍경'의 한자말은 다르다. 그럼에도 '풍경'이라는 말은 어떤 낭만적인 환상을 불러일으킨다. 한 지리학자에게 자문을 구한 결과, '풍경'이라고 해도 별 문제는 없다는 말을 듣고 이 표현을 고집했다.

이 책을 처음 알게 된 것은 지금부터 거의 1980년대 말의 일이다. 당시 존 해리슨J. F. C. Harrison의 『영국 민중사The Common People』를 번역하고 있었는데, 그 책에서 인용된 호스킨스의 글이 무척 인상적이었다. 아마 미들랜즈 전원풍경을 묘사한 구절이었을 것이다. 그 후에도 영국사회사를 다룬 책들에서 간혹 그 책을 인용한 구절을 발견하곤 했다. 1990년대 중엽 런던의 한 헌책방에서 펭귄판 책을 구입하기는 했지만, 서가에 꽂아놓았을 뿐 눈여겨보지 않았다.

1990년대 말 근대 영국 사회경제사를 다룬 『다시 돌아본 자본의 시대』를 내놓은 후, 나는 자신의 역사연구에 깊은 회의감을 느꼈다. 아마 포스트모더니즘의 영향 탓이 아니었나 싶다. 우선 무엇보다도 무미건조한 사회사 서술에서 벗어나야 한다는 강박증에 시달렸다. 역사서술의 문학성을 중시하기 시작한 것도 이 무렵의 일이다. 이곳저곳에 눈길을 돌리며 암중모색하던 내게 호스킨스의 책은 한 줄기 섬광처럼 감동으로 다가왔고 새로운 지적 흥분을 불러일으켰다.

2003년 영국에 체류하면서 이 책을 본격적으로 번역하기 시작했다. 학술진흥재단으로부터 명저번역과제 지원을 받았기 때문이다. 그해 내내 나는 호스킨스의 체취에 깊이 빠져 있었다. 지금 생각하면 참으로 행복한 시간이었다. 사료에서 문제를 찾고 그 문제를 수수께끼처럼 풀어나가는 그의 지혜와 잉글랜드 자연풍경 하나하나에 기울이는 깊은 애정과, 그리고 특히 뛰어난 문학적 상상력에 사로잡혔다. 미들랜즈 동부의 시골길을 걷다가, 책에서 읽은 정경이 바로 눈앞에 펼쳐져 있다는 환상에 사로잡히기도 했다.

호스킨스의 책은 농촌 풍경에 남아 있는 '역사적 지층'의 의미와 비밀을 해독하려는 시도이다. 여기에서 주목을 끄는 것은 하나의 풍경이 역사적 시간을 중층적으로 담고 있다는 점이다. 비유하면 풍경은 '거듭 새긴 양피지palimpsest'와 같다.[12] 우리 눈앞에 펼쳐진 풍경에는 역사 속에서 살았던 사람들의 자취와 그들이 그린 흔적이 남아 있다. 후대 사람들은 그들 선대의 자취를 반쯤 지우고 그 위에 자신들의 삶의 흔적을 덧칠한다. 호스킨스는 바로 이 거듭 새긴 양피지에서 과거 사람들의 삶의 모습을 뒤쫓는다. 현재의 촌락과 발굴된 촌락 터를 답사하면서 그곳에서 옛날 켈트인들의 정착과 후대 앵글로색슨인들의 이동과 중세 농민의 생활과 상승하는 부농의 새로운 모습을 그림처럼 되살린다. 말하자면 낯익은 풍경에 대한 해독을 넘어 그 속에 살았던 사람들의 삶을 재현하는 것이다.

호스킨스는 자연 모두가 사람의 활동과 관련되며 우리가 무심히 지나치는 미미한 경관과 풍경 속에도 인간의 삶이 깃들어 있다는 믿음을 가졌다. 그는 풍경이라는 창을 통해 인간의 삶의 모습을 되살린다. 그렇다면 2차대전 직후 호스킨스를 비롯한 일단의 역사가들이 풍경의 역사에 관심을 기울인 까닭은 무엇인가. 그들의 움직임은 자연 자체의 위기를 목격하기 시작한 데서 비롯한다. 2차대전의 폐허와, 그리고 냉전기에 군사기지와 군비행장을 건설한다는 명목으로 구릉과 경지와 산림을 무자비하게 파괴하는 과정을 지켜보면서 그들은 잉글랜드 지방 곳곳을 답사했다. 물론 역사적 풍경을 탐사하는 작업은 호스킨스 개인의 노력만으로 이루어지지 않았다. 20세기에 들어 새롭게 대두한 지명 연구와 고고학과 그리고 무수한 아마추어 지방사가들의 작업에 힘입어 호스킨스와 그의 동료들은 잉글랜드의 역사 속에서 풍경을 재구성하는 일에 매달릴 수 있었다. 사실 호스킨스의 책은 시론적인 것이며, 그의 책이 나온 뒤에 각 지방별로 풍경의 변화를 탐사하는 작업이 계속 이어졌다.

돌이켜보면, 근대의 지적 전통에서 자연은 사람과 상호작용하는 유기체가 아니라, 사람들에 의해 개조되고 변형되는 수동적 존재로만 여겨졌다. 그리하여 자연은 언제나 사람들의 삶에 걸맞게 변형된 '인간화된 자연'이었다. 그 전형이 풍경이다. 이제 자연은 더 이상 자신의 인간화를 감내할 수 없는 상황에 이르렀다. 세계 곳곳에서 자연의 복수가 시작되고 있다. 이제는 풍경에 가까이 다가서려고 했던 호스킨스의 작업을 넘어서 인간화된 자연이 과연 앞으로 지속 가능한지 심각하게 되묻지 않으면 안 되는 것이다.

그러나 호스킨스의 책을 번역하면서 내가 얻은 소득은 자연과 환경에 대한 관심만이 아니다. 그의 유려하면서도 상상력 넘치는 서술을 꼼꼼히 읽으면서 나는 인간의 손길이 가미된 자연 풍경 너머 '사회적 풍경'이라는 개념을 끄집어냈다. 여기에서 사회적 풍경이란 무엇인가. 그것은 평범한 사람들의 일상사, 삶의 세계를 풍경화처럼 묘사하고 드러내 재현할 수 없을까 하는 문제의식에서 비롯되었다.[13]

### '사회적 풍경'의 역사

19세기 영국 사회를 세밀하게 탐사할 수 있는 방법이 없을까.

나는 특정한 시기 다양한 사람들의 삶의 세계를 재현하는 데 관심을 갖기 시작했다. 내가 언급한 '사회적 풍경'이란 바로 이런 방법을 가리키는 것이다. 물론 이것은 종래 사회사가들이 이룩하려고 한 '전체사회사'와 다르다. 나는 특정한 시대의 전체 사회상을 되살리는 것은 사실상 불가능하기에 그보다는 접근할 수 있는 몇몇 사회적 측면을 선택적으로 되살려 한 시대의 풍경을 독자에게 제시하는 것이 어떨까 생각했다. 일반적으로 역사 탐구는 시간 속에서 특정한 현상과 변화를 가져온 인과관계를 해명하는 데 초점을 맞춘다. 내가 염두에 둔 방식은 이와 다르다. 아마 인과관계란, 그런 관계가 있다고 믿는 역사가들의 의도된 작업결과일 뿐이라는 포스트모던 이론가들의 영향을 받았는지도 모르겠다. 사실, 특정한 역사적 현상에 대한 인과론적 접근에 나는 일찍부터 실망한 터였다. 특히 산업혁명에 관한 연구사 자체가 이를 명증하게 보여준다. 100여 년간 산업혁명의 원인으로 수많은 요인들이 거론되었지만 정답은 없었다. 나는 인과관계를 넘어서 특정한 사회의 몇몇 측면을 스냅사진 찍듯이 포착해 풍경화 그리듯이 재현할 수 없을까 하는 생각에 사로잡혔다.

문제는 무엇을 재료로 이와 같은 풍경을 재현할 것인가이다. 나는 케임브리지 대학도서관을 출입하면서 19세기 정기간행물에 주목했다. 19세기야말로 잡지의 전성시대였다. 유명한 문필가에서 성직자에 이르기까지 다양한 지식인들이 평론지에 글을 썼으며, 주로 중간계급을 중심으로 하는 독자층이 그들의 글을 읽었다. 그 시대에는 과학과 사회와 역사에 관한 지식이 새롭게 축적되고 전파되었다. 사람들은 새로운 지식에 갈증을 느꼈고 평론지에서 갈증을 풀려고 했다. 평론지에서 주목을 받거나 논란이 된 주제들이야말로 사람들이 관심을 기울이고 주목했던 대상이 아니었겠는가. 그리하여 나는 당시 널리 알려진 평론지 가운데 서로 다른 정치적 성향을 보여주는 《19세기*Nineteenth Century*》, 《웨스트민스터 리뷰*Westminster Review*》, 《에든버러 리뷰*Edinburgh Review*》, 《당대평론*Contemporary Review*》, 《국민평론*National Review*》, 《계간평론*Quarterly Review*》 등 6종의 평론지를 골랐다.

2003년만 하더라도 아직 전자자료 형태로 옛날 텍스트를 입수할 수 없었다. 나는 도서관 6층 정기간행물실에서 위의 잡지들을 골라내어 목차를 훑어보는 작업을 계속했다. 긴 시기를 다룰 수 없었기 때문에 일단 1880-90년대의 시기만을 대상으로 삼았다. 왜 이 시기를 택했는가. 빅토리아 시대 후기에도 영제국은 계속해서 번영을 누렸지만, 그 이면에는 쇠퇴의 징후가 나타나고 있었다. 이 시기의 영국은 국내 정치면에서는 아일랜드의 농민 소요로 진통을 겪었고, 경제적으로도 경제 불황이 계속 이어졌다. 도시화가 진척되면서 일반 사람들의 가치관과 생활방식에도 변화의 물결이 일었다. 지리적 양극화와 함께 사회적 양극화가 심화되고 있었다. 전통적 지배세력 또한 농업공황의 타격을 받아 조락의 길로 접어들었다. 에드워드 카는 1890년대를 가리켜 "신념과 낙관주의가 가득했던 위대한 빅토리아시대의, 한낮은 아니지만 그래도 그 저녁노을의 시기"라고 회상했다. 사회의 여러 측면에서 이 저녁노을 같은 '쇠락'의 징후들이 나타나지 않을까? 나는 이렇게 생각했다.

1880-90년대에 간행된 잡지의 논설 목차를 훑어보면 여러 문필가들이 참여해 논쟁하거나 관심을 표명한 주제를 찾을 수 있었다. 우선 정치적으로는 1884년 선거권 확대를 전후해 영국 헌정과 민주주의 전통에 관해 논란이 있었다. 경제 문제에 관해서는 그 시대의 불황을 다룬 실태 보고서나 또는 불황 극복책으로서 복본위제 (금은 양본위제) 채택 여부를 둘러싼 논쟁이 일었다. 이와 함께 1880년대 불황기에는 경제적 양극화가 더 심화되었고, 그에 따라 런던 동부 슬럼지역이 커다란 사회문제로 떠올랐다. 평론지에는 유대인 혐오증을 다룬 논설들 또한 심심치 않게 게재되었다.

그밖에도 여성 문제를 다룬 문필가들도 많았고 특이하게 교육, 그 중에서도 시험 제도의 부작용을 다룬 논설들과 이에 대한 반론이 자주 게재되었으며 저명한 과학 지식인들이 태양계 우주, 다윈주의 등에 관한 대중적인 논설을 썼다. 영국 국교회의 위기를 경고하는 글이나 동아시아, 그 중에서도 한국과 일본에 관한 논설들도 드물게 지면을 장식했다.

나는 민주주의와 선거권 확대, 경제 불황, 이스트엔드의 빈곤 문제, 유대인 문제, 여성 문제, 과학 논쟁, 교육과 시험에 관한 논쟁, 신앙의 위기, 그리고 동아시아에 대한 관심사 등의 주제를 최종적으로 골랐다. 1880년대 노동문제도 포함시키려 했으나 논설이 너무 많아 포기했다. 그로부터 몇 달간 나는 6층의 서고에서 잡지를 가지고 1층에 내려와 복사하는 단순작업을 계속했다. 물론 남는 시간에는 복사한 논설들을 정리하고 읽었다. 케임브리지에 머무는 동안 경제 불황에 관한 논설들을 분석해 경제사 세미나에서 발표하기도 했다. 그 글은 다시 번역과정을 거쳐 국내 학술지에 투고했다. 나는 귀국하는 대로 이들 논설을 읽고 정리함으로써 빅토리아시대 후기의 사회적 풍경을 재현할 수 있으리라 확신했다. 후에 헤아려보니 약 300여 편의 논설을 복사했던 것 같다.

아날로그 시대 복사 작업을 기억하다보니 자연스럽게 오늘날 디지털시대의 연구 작업과 비교하게 된다. 그 당시 여섯 종의 잡지 목록을 훑어보는 작업을 하는 과정에서 1880-90년대 영국 사회의 모습을 모호하게나마 머릿속에 그려낼 수 있었다는 점을 강조하고 싶다. 나는 그 20여 년의 기간에 영국 사회에서 무엇이 논란의 대상이 되었고 사람들이 어떤 사회적 이슈에 관심을 나타냈는가를 어렴풋이 짐작할 수 있었다. 지난해 케임브리지 대학

도서관에 들렀을 때, 이제는 19세기 정기간행물 모두가 6층 개가식 서고에서 사라졌다. 희귀본열람실에 영구보존된 것이다. 서가에서 간행물들을 이리저리 찾아보고 끄집어내 들춰볼 수 없는 대신 19세기부터 1940년대까지 영국에서 출판된 정기간행물에 실린 모든 논설을 검색해 PDF파일 형태로 얻을 수 있다. 이제 서고를 돌아다니고 무거운 간행물을 들고 복사하는 귀찮은 작업은 기억의 저장소로 사라졌다.

아날로그에서 디지털로의 탐구방식의 변화는 무엇을 뜻하는 것일까? 구체적인 전거가 기억나지 않지만, 1930년대에 영국에서 대학원을 다녔던 한 경제학자의 진솔한 고백이 떠오른다. 그는 당시 《경제논집Economic Journal》같은 유명 학술지 최근호가 나올 무렵이면 자주 정기간행물실에 들렀다가 허탕을 치곤했다는 것이다. 학술지 최신호에는 존 케인즈 등 저명한 학자들의 따끈따끈한 논설이 실려 있어 그들의 지적 호기심을 자극했다. 이번 호에는 누구의 글이 실렸을까, 이런 호기심 때문에 자주 정기간행물실에 들렀다가 발길을 돌렸다는 이야기다.

나만 하더라도 몇 년 전까지 6종의 해외 학술지를 자비로 구입했다. 우편으로 최신호가 도착하면, 논문 제목들을 훑어보고 본문 몇 장이라도 들춰보기도 하고, 때로는 짧은 서평들을 두루두루 읽는다. 잠깐 휴식을 취하는 시간에 최신호를 들춰보는 것이다. 적어도 영국 사회사, 경제사, 노동사 분야의 최신 동향을 어느 정도 짐작할 수 있었다. 그러다가 어느 순간에 비싼 돈을 내고 학술지를 구독할 필요가 없어졌다. 전자문서의 보급 때문이다. 지금은 어떤 논문 주제를 정하고 나면, 그 주제에 관한 최신 연구를 알기 위해서 검색어 몇 개를 'J-스토어' 등의 전문 사이트에서 치면 된다. 그와 관련된 최신 2차 문헌 목록이 나오고 내게 필요하다고 생각되는 논문들은 PDF 파일로 손에 넣을 수 있게 된 것이다. 참으로 편리한 세상이다. 요즘 국내 학술지도 그렇게 변했다. 한국서양사학회가 발행하는 《서양사론》만 하더라도 이제 회원들에게 책자 대신에 PDF 편집본만 배부한다. 경비 문제로 기관에 보낼 부수만 최소한도로 제작하는 것이다.

나는 이런 관행이 연구자에게 큰 손실을 가져다주리라는 것을 예감한다. 연구자 스스로 불구화, 파편화되는 운명을 피할 수 없다. 한가한 시간에 전문분야 학술지 근착호를 이리저리 들춰보는 것 자체가 연구자의 학문적 지평을 넓히는 탐구행위의 하나다. 오늘날의 연구자는 점차 탐구방식에서 멀어지고 있다. 안타까운 일이다.

빅토리아시대 후기 300여 편의 논설 복사물을 국내로 들여온 이후의 경과를 말해야겠다. 당시 생각으로는 일부 주제는 논문으로 발표하고 또 일부 주제는 집중적으로 다뤄서 2년 후에 원고를 마무리할 수 있을 것 같았다. 그러나 귀국 후에 갑자기 대학 보직을 맡으면서 계획은 수년간 미뤄졌다. 2004년 여름부터 3년간 나는 재직하고 있는 대학 교무처장직을 맡았다. 교육부와 감사원 감사를 두 번 받았다. 참으로 어려웠던 시기였다. 재정 압박, 직원노조, 학생 감소, 교육부 감사 등 4중고가 겹쳐서 정말 영일昤日 없는 날들을 보냈다. 내 머리가 하얗게 변하기 시작한 것도 이 무렵의 일이다. 잇몸질환이 악화되어 고생하기도 했다.

이쯤해서 이판理判과 사판事判 이야기를 해야겠다. 대학 보직은 원칙적으로 순환보직이어야 한다. 그리고 보직을 맡게 된다면, 자신이 재직하고 있는 학교를 위해 봉사한다는 마음으로 그 직책을 수행해야 한다. 한국의 대학들은 규모가 크건 작건, 보직 수가 너무 많다. 도대체 평교수가 주류인지 보직교수가 주류인지 알 수가 없다. 저마다 각양각색의 다양한 보직 자리를 갖춘 대학은 다른 나라에서는 찾아보기 어렵다. 대학 총장은 있어야겠지만, 보직이란 학과장과 연구소장 위주로 구성되어야 한다. 학과장은 교육과 교수 관리를, 그리고 연구소장은 연구 활동을 주도하면 되는 것이다. 우리나라 대학에서 학과장이나 연구소장은 보직으로 여기지 않는다. 본부 건물에 사무실이 있는 보직들이 기하급수적으로 늘어나고 있고, 아마 전교수의 보직화를 추구하지 않나 하는 의심이 들 정도다. 학처장을 일종의 권력과 동일시하는 대학 선생들이 갈수록 증가하고 있다. 그러니까, 특히 지방 사립대학 경영자나 실세 총장들은 자신의 권력 기반을 다지기 위해 보직 자리를 이용한다. 순환보직과 임기제의 원칙은

깨지고 보직 자체가 교수 길들이는 수단이자 총장의 대학 지배를 강화하는 도구로 전락한다. 그 당시 나는 교무처장 3년을 마치고 나서 총장에게 임기제를 지켜야 한다고 강권했다. 모든 학처장이 바뀌었다. 그러나 총장은 임기제원칙을 무시하고 자신이 선호하는 사람의 보직 임기를 무원칙적으로 늘리곤 했다. 한 마디로, 한국의 대학에 '이판'은 어디까지나 소수이자 골동품이고, 오직 '사판'이 다수이자 최신형인 것이다.

어쨌든 3년간 학교문제로 고생하면서 빅토리아시대 후기의 '사회적 풍경'을 재현하겠다는 원대한 꿈은 차일피일 미뤄졌다. 2007년 여름 보직 자리를 물러난 후에 나는 상당히 조급증에 빠졌다. 물론 학교일 맡는 동안에도 유대인 문제, 과학논쟁, 여성문제 등에 관한 자료들을 정리해 논문형식으로 발표했지만, 이들을 한데 묶어 빅토리아시대 후기의 사회적 풍경화를 그리는 작업은 지지부진했다. 2007년 이후 약 2년간 나는 그동안 미뤘던 여러 주제를 집중적으로 정리했다. 노동문제까지 다루고 싶었으나 이 주제까지 포함시키면 작업은 더욱 더 길어질 것 같았다. 나는 노동문제를 제외한 나머지 주제들에 관한 글들을 모아 논문모음집을 출간할 수 있었다.[14] 물론 기존에 발표했던 논문들에 대해서는 다시 수정하고 축약하며 보완하는 지루한 작업을 한동안 계속해야만 했다. 이 당시 급히 발표한 여러 편의 글은 말하자면 사회사 분야에 해당한다. 그 가운데 여성사 주제를 다룬 글이 한 편 있다. 이 글에 관해서는 한 마디 언급하고 싶다.

## 여성사 연구에 눈을 뜨다

한 세대 전부터 여성사는 유럽 역사학계에서 가장 활발한 탐구가 이루어진 분야다. 런던의 대형서점을 찾아가면 역사분야 서가에 즐비하게 꽂혀 있는 신간 서적의 다수가 여성사 서술이다. 그런 새로운 경향을 잘 알면서도 나는 이 분야의 중요한 연구들을 오랫동안 외면했다. 지금까지 많은 논문을 썼지만, 여성사 주제를 다룬 경우는 거의 없다. 그러다가 2007년 무렵 「딸들의 반란?」이라는 논문을 발표했다. 이 글이 아마 나의 유일한 여성사 관련 논문일 것이다. 이 논문에서 나는 1890년대 영국 잡지에서 심심치 않게 등장한 두 용어 '딸들의 반란'과 '억센 여성 wild women'의 기원 및 의미변화를 살폈다. 이 두 어휘를 둘러싼 여성들의 담론과 당시 영국 사회구조의 변화를 연결지어, 빅토리아 시대 후기 여성의 사회적 지위 및 그 변화를 추적했다. 지금 읽어보면 여러 가지로 부족한 느낌이 들지만, 그동안 발표한 내 논문들 가운데 비교적 나은 편에 속한다.

왜 이런 이야기를 하는가. 나는 여학생이나 여성학자들에게는 항상 그들을 존중하는 태도로 대한다. 그렇지만 이는 형식적인 것이다. 내 역사관이나 학문하는 태도는 매우 보수적이어서, 여성사 분야에 관심을 두지 않았다. 유럽에서도 여성사는 여성

학자들이 주로 탐구한다. 나는 솔직히 여성사 서술의 방법론이나 문제제기에 익숙하지 않다. 능력이 없어서 그 분야까지 관심을 둘 수 없었다고 변명하지만, 내심으로는 경시해온 것이다.

논문 「딸들의 반란?」을 쓰면서 기억에 남는 두 자료가 있다. 하나는 영국의 선구적인 여의사 가운데 한 사람인 엘리자베스 가렛Elizabeth Garet의 입지전적인 생애사, 다른 하나는 버지니아 울프의 글이다. 가렛은 물론 중간계급 출신이지만 어렸을 때부터 의사가 되는 꿈을 키웠다. 그녀가 겪은 차별은 동시대인 젝스 블레이크S. Jex-Blake의 귀중한 기록 덕분에 생생하게 확인할 수 있다. 가렛은 여러 차례 의과대학에 진학하려 했지만, 고배를 들었다. 가까스로 에든버러대학에 청강생으로 입학했으나 학점을 받을 수 없었다. 해부학 실습시간에 조를 편성해 실습하는데, 그녀가 지원한 조의 남학생들이 다른 조로 옮겨가서 실습을 제대로 할 수 없었기 때문이다. 그녀는 학업을 포기하고 차선책으로 제약학교에 들어간다. 젝스블레이크의 말을 들어보자.

1860년 가렛 양이 의학 분야로 나아가려고 했을 때, 그녀는 이 학교 저 학교를 번갈아가며 입학 허가를 신청했다. 그러나 번번이 퇴짜를 맞았으며 고작해야 제약학교Company of Apothecaries만이 그들이 제시한 여러 조건에 동의한 신청자인 경우에는 성별에 관계없이 누구든지 심사를 한다는 것을 알았다. 제약학교에 입학한 그녀는 이에 따라 5년간의 도제수업을 거치면서 필요한 모든 강의를 수강했고, 모든 처방전 시험에 합격했으며, 마침내 개업허가증을 얻었다. 이에 따라 그녀는 약사명부에 기재되었다. 약사협회의 규율을 준수하기 위해서 그녀는 교사들의 특강에 출석해야 했다. 어떤 경우 그녀는 보통반에만 수강할 수 있었으나, 또 다른 경우에는 별도의 개인 수업료로 상당액을 납부해야 했다. 그러나 여성 수강생에게 과중한 수업료를 내게 하는 것에도 양이 차지 않았는지, 협회 당국은 이제 학생들이 그들 교육과정의 일부라도 개별적으로 이수하지 못하도록 하는 규정을 고안해냈다. 그들의 법적 의무를 회피할 수 있는 방편을 마련하기 위해 그들은 이러한 방침을 한 의학지에 널리 공표했으며 이에 따라 여성에게 주어졌던 기회마저 막아버린 것이다.[15]

결국 가렛은 제대로 협회당국의 교육 이수를 할 수 없어서 약사 활동을 포기하고 프랑스로 건너갔다. 당시 프랑스의 의학교육제도는 영국보다는 차별이 덜 심했던지 프랑스에서 의사 면허를 취득한 후에 비로소 그녀는 어릴 적 꿈을 이룰 수 있었다. 이런 차별과 속박은 20세기 거의 전 시기에 걸쳐 한국의 여성 대부분이 겪었을 것이다. 나는 영국 노동사나 사회사를 연구하면서, 하층민 출신 남성이 겪는 계급적 차별에만 분노했고, 대부분의 여성이 겪은 차별과 수모는 알지도 못했을 뿐 아니라 알려고 하지도 않았다. 요즘 젊은 남성 역사학도를 만나면 여성사에 대한 관심을 가지라고 충고한다. 남성의 시각에서 정말 여성의 인간으로서의 삶에 관심을 가져야 하는 것이다. 그 충고는 그렇지 못했던 자신에 대한 반성의 소리다. 가렛이 수모를 받던 시대보다 반세기 후에 버지니아 울프는 이렇게 말했다.

영국의 역사는 남성 위주이지 여성의 역사가 아니다. 우리 아버지들에 관해 우리는 반드시 어떤 사실이나 어떤 특징을 알고 있다. 그들은 군인이었거나 탐험가였다. 그들은 공직을 맡았거나 법률을 만들었다. 그러나 우리의 어머니, 할머니, 증조할머니에 관해서는 무엇이 남아 있을까?…… 우리는 그들의 결혼이나 그들의 출산 횟수에 관해 아무 것도 알지 못한다.[16]

'사회적 풍경'이라는 슬로건을 내세우기는 했지만, 나는 이 저술의도가 성공적이었다고 말하지는 않겠다. 다만, 지금껏 출간해온 10여 권의 저술 가운데 『영국 제국의 초상』이 가장 애착이 가는 것은 틀림없다. 비록 사회적 풍경을 글자 그대로 정말 그럴듯하게 재현하는 데 성공했다고 할 수는 없겠지만, '사회적 풍경'이라는 슬로건은 2000년대 바쁘게 지낸 시절에 항상 염두에 두고 살았던 화두였기 때문이다. 사실, 위의 주제들을 개별 논문으로 발표하면서도 항상 그 시대에 살았던 사람들의 삶의 세계를 치밀하게 드러내려고 노력했다. 논문형식이라고 하더라도 문학성 또는 문학적 상상력을 염두에 두었다. 문필가들의 논설을 날실로, 해당 주제에 관한 기존 연구들을 씨실로 삼아 각 주제별로 빅토리아 시대 후기의 사회상을 치밀하게 되살리는 데 노력을 기울였다. 물론 그 책에는 빅토리아시대 후기를 이해하는 데 더없이 중요한 주제들이 상당수 빠져 있다. 이들을 첨가해야 더 충실한 풍경화를 그릴 수 있을 터였다. 그러나 달리 생각하면, 회화에서도 눈앞에 보이는 전체 경관을 담아낼 경우에만 그럴듯한 풍경화가 만들어지는 것은 아니다. 서울 시가지 전체를 그린 그림도 중요하지만, 남대문 주변이나 종로 거리를 재현한 풍경이 더 친근하게 서울의 이미지를 나타낼 수 있다. 나는 『영국 제국의 초상』(2009) 머리말에서 내 저술의도를 다음과 같이 밝혔다.

역사가는 눈앞에 펼쳐진 과거라는 무수한 잔상들 가운데 어느 것인가에 주목하고 눈길을 맞추며 그것을 끄집어낸다. 이러한 작업 하나하나는 사회적 풍경을 재현하는 데 중요한 기여를 한다. 나는 역사가가 사회적 풍경을 그린다면 풍경 사진이나 스케치보다는 훨씬 더 그럴듯한 공감을 불러일으킬 것이라고 확신한다. 왜냐하면 역사가는 동시에 여러 시점과 여러 장소에 모습을 드러내 과거를 재현할 수 있기 때문이다. 풍경화가와 사진작가는 이런 작업을 할 수 없다. 역사가가 재현한 사회적 풍경은 여러 시점에서 바라보고 또 여러 각도와 장소에서 바라보았을 때 나타났음직한 것들로 구성된다.[17]

# 10

사상의 사회사

**1** 에든버러대학 구캠퍼스 전경.
**2** 애덤 스미스와 데이비드 흄, 그리고 애덤 퍼거슨(왼쪽부터)_ 이들로 말미암아
스코틀랜드라는 작은 나라에서 전개된 지식인운동이
근대성에 관한 담론을 주도하고 다음 세기 영국 문화의 주류를 형성했다는
사실은 잘 알려져 있지 않다.
**3** 『지식인과 사회』(아카넷, 2014)에서 필자는 스코틀랜드 지식인활동이야말로
필자와 독자의 형성이라는 계몽운동의 중요한 특징을
여실히 보여준다는 점을 강조했다.

## 스코틀랜드 계몽운동에 다가서기

2012년 8월부터 1년간 나는 케임브리지에서 연구년을 보냈다. 이번에는 울프슨칼리지 방문교수 신분으로 머물렀는데, 이 또한 에번스의 도움을 받았다. 울프슨칼리지에 체류하면서, 10년 전과 비슷한 일정을 보냈다. 18세기사 세미나, 경제사 세미나, 문화사 세미나에 참석하는 한편, 동아시아학과 월요일 정기세미나에 출석했다. 이 때문에 예정에 없이 이와쿠라 사절단의 영국 방문에 관한 짧은 글을 발표하기도 했다.[1] 당시 나는 스코틀랜드 계몽운동에 관한 저술을 계획하고 있었다. 왜 갑자기 스코틀랜드 계몽운동인가.

이전에 스코틀랜드와 잉글랜드의 역사적 관계에 관해 계몽적인 글을 썼다.[2] 약소국 스코틀랜드가 영국의 영향 아래서도 민족적 정체성을 지켜낸 원인이 어디에 있는지 궁금했기 때문이다.

그러다가 2009년 여름 케임브리지대학에 단기간 체류하면서, 중앙도서관 문서고에서 얇은 팸플릿을 발견했다. 1906년에 인쇄된 그 조잡한 팸플릿은 '스코틀랜드 사변협회Scottish Speculative Society' 이름으로 편집되었는데, 1760년대 사변협회 창설 이후 간략한 협회 역사와 협회가 개최한 월례발표회 발표자, 발표주제 목록을 수록한 자료집이었다. 에든버러의 한 소규모 토론모임이 150년 이상 월례발표회를 개최해왔다는 사실이 무척 경이로웠다. 귀국 후에 이들 자료집 목록을 분석해 특히 18세기 후반 스코틀랜드 지식인들의 담론에 관한 논문을 발표했다.[3] 그 후 연구년을 맞아 18세기 스코틀랜드 지식인들의 지적 활동과 사상을 종합해 정리하려는 계획을 짰다. 대우학술재단의 연구 지원을 받아 영국에 머무는 동안 이 작업을 끝낼 예정이었다.

사실, 오랫동안 잉글랜드와 갈등을 겪어온 스코틀랜드는 1707년 영국에 합병된다. 그러나 이후 이 작은 나라에서 전개된 지식인운동이 근대성에 관한 담론을 주도하고 다음 세기 영국 문화의 주류를 형성했다는 사실은 잘 알려져 있지 않다. 데이비드 흄, 애덤 스미스, 애덤 퍼거슨 등 개별 문필가들은 널리 알려졌지만 이들의 활동은 오랫동안 영국 문화의 일부로만 여겨졌을 뿐이다. 1960년대 휴 트레버-로퍼Hugh Trever-Ropper가 이들의 활동을 '스코틀랜드 계몽운동Scottish Enlightenment'이라 명명한 이후에 비로소 독자적인 정체성을 갖기에 이르렀다.

삶으로의 역사

경제사 연구자들이 만년에 관심을 두는 분야는 경제사상사라는 말이 있다. 사상사란 그만큼 노력만으로 이루어질 수 없다는 뜻이다. 오랫동안 그리고 반복적으로 텍스트를 성찰한 후에, 그리고 삶의 다양한 경험을 통해 인생의 의미를 깊이 이해한 후에야 사상을 시대적 맥락 속에서 성찰할 수 있다는 말이 될 것이다. 나의 경우 오랫동안 사회사에 관심을 쏟아온 타성에 젖었기 때문인지 철학적 사유를 지속하거나 그 사유의 결과를 글로 옮기는 데 익숙하지 않다. 그런데도 나는 18세기 중엽 스코틀랜드 문필가들의 지적 활동을 개인 차원이 아니라 집단적으로 살피고자 했다. 나아가 그들의 정신세계와 사회이론을 그들이 호흡하고 활동했던 시대의 사회 상황과 관련지어 이해하고 싶었다. 굳이 이름을 붙인다면 18세기 중엽 스코틀랜드 지식인집단에 대한 사회사적 접근이라고나 할까.

나는 기존에 발표했던 몇 편의 논문을 재구성하고 집필계획을 세웠다. 우선 1부와 2부로 나누어, 1부에서는 계몽운동의 사회적·정치적 조건들과 문필가 단체와 몇몇 모임들의 활동을 살펴보고, 2부에서는 계몽사상가들의 텍스트에 대한 개괄적인 접근을 통해 인간, 사회, 역사, 근대성 등의 주제에 관해 공통된 견해와 사상을 다루기로 했다. 대학도서관 장서가 풍부하기 때문에 애덤 스미스Adam Smith, 데이비드 흄David Hume, 애덤 퍼거슨Adam Ferguson, 윌리엄 로버트슨William Robertson 등의 주요 저술, 특히

18세기와 19세기에 간행된 주요 텍스트는 모두 희귀본 열람실에서 찾을 수 있었다. 그 때문에 자료수집 문제로 어려움을 겪거나 시간을 허비하지 않았다. 다만 이들의 난해하고 심지어 난삽한 저술을 읽어나가는 것이 어려웠다. 사회사에만 주로 관심을 기울여온 결과, 18세기 유럽 정치 및 사회사상에 대한 안목이 너무나 부족했다. 또 스코틀랜드 사상가들의 주요 저술을 읽을 때에도 능력의 한계를 여러 번 느꼈다. 나는 2012년 여름부터 5개월간 자료를 찾아 읽는 일에 매달려 스코틀랜드 지식인들의 저술과 그동안 축적된 다량의 2차 자료를 정리하는 데 시간을 집중할 수 있었다. 울프슨칼리지와 케임브리지 대학도서관을 매일 오가는 단조로운 날들을 보냈지만, 그만큼 행복한 시간이기도 했다.

사실, 흄, 스미스, 퍼거슨 등 개별 사상가들의 지적 활동에 대한 연구는 오랫동안 이어져왔지만, 이들을 계몽운동기 스코틀랜드 특유의 지식인집단으로 설정하려는 노력은 그 이후에 나타났을 뿐이다. 프랑스 및 독일 계몽운동의 계보와 달리, 스코틀랜드 문필가 집단에 대한 관심이 뒤늦었던 까닭은 무엇인가.

우선, 흄, 스미스, 퍼거슨을 18세기 중엽 스코틀랜드 사회와 관련짓기보다는 그들의 학문적 성취를 넓은 맥락의 영국 문화 속에서 개별적으로 이해하려는 경향이 강했다. 다음으로, 왕정, 특권 및 종교적 불관용에 투쟁하는 계몽운동의 일반 이미지와 달리, 스코틀랜드 문필가들은 기존의 종교, 사회, 정치에 대해 비판적인 태도를 보여주지 않았다. 회의주의자로 널리 알려진 흄조차도 기존 교회와 노골적인 불화를 원하지 않았다. 마지막으로, 계몽의 원리와 계몽된 사회를 내세운 프랑스 지식인들과 달리 스코틀랜드 계몽운동기의 문필가들은 역사와 사회이론 또는 정치경제학 같은 좀 더 성찰적인 학문 분야의 탐색을 주도했다. 그렇기 때문에 그들의 문필활동은 선정적이지도 대중적 호소력을 갖지도 않았다. 겉으로 보면, 그들의 활동은 "회의주의, 반기독교, 개혁적 계몽운동"과 거리를 두고 있다.[4]

### 계몽운동의 배경

스코틀랜드 계몽운동을 낳은 지적 기반은 이 지역의 대학제도에서 마련되었다. 16, 17세기에 스코틀랜드의 종교개혁 지도자들은 교회 자체의 개혁에서 더 나아가 대학 교육을 통해 이 지역 젊은이들이 영적 갱신과 함께 새로운 지식과 도덕을 고양하기를 소망했다. 이들의 영향을 받아 새로운 학문을 배우려는 젊은이들이 대학에서 지식을 쌓는 데 전념했다. 18세기에 에든버러, 글래스고, 애버딘, 세인트 앤드루스대학의 명성은 전 유럽에까지 널리 퍼졌으며, 잉글랜드와 대륙 출신들도 이곳에서 교육받기를 원했다.

다른 한편, 스코틀랜드 계몽운동의 성취는 문명의 중심이 아닌 주변이라고 하는 스코틀랜드의 '지리적 위치'와 밀접하게 관련된다. 산업화 초기에 스코틀랜드는 잉글랜드에서 일어난 새로운 사회경제적 변화에 간접적인 영향을 받으면서도 그 변화의 진원지에서 약간 떨어져 있었다. '중심'에서 나타나는 새로운 변화는 대체로 중심보다는 그 변두리에서 오히려 좀 더 빨리 발견되고 더 분명하게 보이기 마련이다. 스미스가 노동이 부의 원천이라는 관점에서 국민경제를 이해하려고 한 것이나, 또는 퍼거슨이 시민사회라는 새로운 개념을 통해 산업사회의 변화를 인식한 것은 결코 우연한 일이 아니다.

그러나 이것만으로 왜 18세기에 스코틀랜드에서 수많은 지식인들이 새로운 문화와 사상의 형성에 중요한 기여를 했는가를 설명하기에는 미흡하다. 이 새로운 지적 흐름은 1707년 잉글랜드와의 통합에 반대하는 스튜어트왕조 복위운동, 즉 재커바이트 운동의 실패라고 하는 정치적 좌절과 직간접으로 관련된다. 스코틀랜드 계몽운동은 재커바이트 반란 실패 이후 스코틀랜드 사람들의 새로운 대응방식을 반영한다. 이제 스코틀랜드는 더 이상 잉글랜드와 정치적인 면에서 대결을 고집할 수 없게 되었다. 그러나 당대 지식인들 사이에 타자로서 잉글랜드의 이미지가 순화된 것만은 아니었다. 정치적으로 브리튼에 통합되어 있으면서도 잉글랜드와 다른 정체성을 유지하려는 이중적인 성향이 계몽운동에 깃들어 있다.

18세기 스코틀랜드 지식인들의 문화적 성취는 정치적 종속에

삶으로의 역사

대한 또 다른 형태의 대응이라고 할 수 있다. 그러면서도 그들은 스스로 대브리튼의 문화 창달자임을 자부하는 이중적인 의식구조를 보여준다. 아마도 그들은 현실 정치에서 잉글랜드에 종속될 수밖에 없는 스코틀랜드의 상황을 다른 방식으로 초극하려고 했던 것처럼 보인다. 정치적 콤플렉스를 문화적 성취로 승화하려는 지식인들의 적극적인 소망. 나는 이것을 문화중심주의라 표현했다.

나는 새로 구상한 책 『지식인과 사회: 스코틀랜드 계몽운동의 역사』(2014) 1부에서 장로교 목사들의 교육운동과 대학발전, 재커바이트 반란 실패 이후 지식인들의 문화중심주의, 18세기 잉글랜드의 상업과 문명의 발전을 객관적으로 성찰할 수 있는 지리적 위치 등 이 세 가지 배경을 다루고 마지막으로 이전에 발표한 사변협회의 활동 외에 '명사회' '포커클럽' 등 몇몇 토론모임과 사회적 연결망을 분석해 소개했다. 종교개혁 지도자들은 초중등교육과 대학교육을 중시함과 동시에 빈부 격차와 신분에 관계없이 학업을 열망하는 젊은이들이 값싼 비용으로 학교를 다닐 수 있도록 지방민의 교부금과 후원제도를 발전시켰다는 점을 주목하기도 했다. 18세기 스코틀랜드 대학들이 전 유럽에서 높은 평판을 얻은 것은 바로 이 같은 자유로운 분위기에 힘입은 것이었다.

나는 스코틀랜드 지식인활동이야말로 필자와 독자의 형성이라는 계몽운동의 중요한 특징을 여실히 보여준다는 점을 강조했다.

18세기 후반 에든버러는 문필가 집단을 선두로 그들의 글을 즐겨 읽고 강연을 들으려는 공중이 형성되고 있었다. 좀 더 다양한 계층의 사람들에게 지식을 전파할 수 있는 토양이 마련되어 있었던 것이다. 계몽운동이 저자와 그 주위의 독자를 중심으로 형성되는 담론 공간의 산물이라고 한다면, 18세기 후반 에든버러의 지식인 활동이야말로 그 전형적인 사례가 아닐까 싶다. 에든버러 식자층의 주류는 전문 직업인이었다. 그들은 전문적인 식견을 지닌 소지주, 변호사, 상인, 문필가, 의사, 교사, 목사들이었다. 이들은 다양한 형태의 토론모임을 중심으로 인간, 세계, 자국 문화에 관한 인식의 지평을 넓혔다. 좀 더 정확하게 말한다면, 스코틀랜드 계몽운동은 좁은 에든버러 도심지에 형성된 지식인 네트워크와 이들의 문필활동을 중시한 시민들이 함께 참여한 담론공동체의 산물이었던 것이다. 나는 에든버러 도심과 문필가집단의 관계를 『지식인과 사회』 첫장에서 이렇게 묘사했다.

노년의 흄에 관해서 다음과 같은 일화가 전해진다. 근대성의 철학자 흄은 만년에 에든버러 뉴타운에서 살았다. 어느 날 그는 집에 가기 위해 좁은 골목길을 들어섰다. 마침 골목길은 공사 중이었다. 그는 당황해하다가 길가의 웅덩이에 떨어졌다. 혼자 힘으로 일어설 수 없었기 때문에 지나가는 부인에게 도움을 청했다. 그 부인은 흄을 알고 있었다. 그녀는 무신론자 흄 선생이냐고 물었다. 흄은 재차 도움을 청하면서 부인에게 말했다. "당신의 종교가 당신에게 선을 행하라고 가르치지 않았나요? 심지어 당신의 적에게까지?" "그것은 맞아요. 그렇지만, 선생님은 기독교인이 되기 전까지는 그곳을 빠져 나올 수 없어요." 부인은 웅덩이에서 빠져 나오려면 주기도문과 사도신경을 암송해야 한다고 말했다. 흄은 결국 기도문을 암송한 후에 부인의 도움을 받을 수 있었다. 이 일화는 에든버러 지식인의 명성이 그만큼 널리 퍼져 있었고 그들의 지적 활동이 시민들의 삶과 관련되어 있었다는 점을 알려준다.[5]

실제로, 18세기 후반 스코틀랜드에서 특정한 지식인들이 특히 집단적으로 활동했다는 사실은 동시대 사람들도 인식하고 있었다. 1759년 2월 벤저민 프랭클린Benjamin Franklin은 펜실베이니아 주 대표로 런던을 방문했다. 그는 세인트앤드루스Saint Andrews 대학에서 전기방전실험 연구로 명예박사학위를 받았다. 그해 여름 스코틀랜드 체류하는 동안 그는 수많은 지인들을 만날 수 있었다. 사실 그의 학위 수여는 갑자기 이루어진 것이 아니라, 20여 년 가까이 스코틀랜드 지식인들과 교류한 결과였다. 1743년 프랭클린은 보스턴에서 애덤 스펜서Adam Spencer라는 한 스코틀랜드 지식인의 강연을 들을 기회가 있었다. 스펜서는 에든버러대학 의학부를 졸업한 내과의였다. 보스턴의 공개 강연은 주로 전기방전에 관한 것이었다. 프랭클린은 스펜서의 실험기구를 빌려 전기불꽃을 일으키는 다양한 실험을 계속했다. 피뢰침으로 널리 알려진 그의 실험은 스코틀랜드 지적 전통과 직접 관련된 것이었다. 그 후 그는 에든버러의 여러 문필가들과 서신으로 교류하기 시작했다.

그러나 당대인들의 이러한 평가는 19세기에 들어와서는 영제국의 팽창과 영국문화의 번영에 묻혀 더 이상 큰 반향을 불러일으키지 못했다. 스코틀랜드 지식인들의 문필활동과 저술은 다만 영국문화의 중요한 일부로 자리 잡았을 뿐이다. 18세기 후반 스코틀랜드의 지적 운동을 스코틀랜드 국민문화의 표출로 다시 인식하기 시작한 것은 한 세기가 지난 후의 일이다. 20세기 초 스코틀랜드의 역사가 윌리엄 머티슨W. L. Mathieson은 다소간 민족감정이 깃든 어조로 스코틀랜드 지식인집단의 중요성을 이렇게 되새겼다.

스코틀랜드 문학과 과학의 역사에서 가장 찬란했던 시기가 있다. 프랑스를 제외하고는 그렇게 풍요롭고 다양한 천재들의 시기는 어디에도 없었다. 그 당시 잉글랜드는 데이비드 흄 같은 철학자를 낳지 못했고 당대의 시각에서 글을 쓴 흄과 로버트슨에 필적할 만한 역사가도 없었다. 존 흄John Home과 같은 비극을 쓴 극작가도, 제임스 맥퍼슨James Macpherson처럼 유럽에서 평판을 얻은 시인도, 토비아스 스몰렛Tobias Smollett 같은 작가도, 제임스 보스웰James

Boswell 같은 전기작가도, 블레어 같은 설교자도, 스미스 같은 경제학자도, 제임스 후턴James Hutton 같은 지질학자도, 그리고 제임스 와트James Watt 같은 기술자도 없었다.[6]

이와 같이 20세기에 들어서 일부 애국적인 스코틀랜드 학자들이 18세기 후반의 지적 전통을 강조하기는 했지만, 이를 계몽운동의 독자적인 계보로 처음 자리매김한 역사가는 트레버-로퍼다. 그는 이 움직임을 '지적 연금술intellectual alchemy'이라고 불렀다.[7] 이 표현은 후진적인 스코틀랜드에서 왜 갑자기 당대 최고수준의 지적 활동이 전개되었는가라는 문제의식을 반영한다. 17세기 말까지만 하더라도 스코틀랜드는 잉글랜드에 비해 사회경제적으로 상당히 뒤떨어져 있었다. 대학도 단순히 성직자교육을 위주로 하는 신학교 수준에 지나지 않았다. 그러나 다음 세기에 이 대학들은 유럽의 '교사'가 되었고 잉글랜드의 상류층 인사들은 자식을 다투어 로버트슨의 에든버러대학이나 존 밀라John Millar의 글래스고대학에 보내려고 했다. 유학생들은 후일 내각의 각료를 비롯해 영제국 발전의 중요한 역할을 맡았다. 트레버-로퍼는 이렇게 말한다.

17세기 암흑시대 이후 스코틀랜드에서 갑자기 문예부흥이 일어난 현상은 매우 당혹스럽다. 아마 외국인에게는 충분히 이해되지 않을 것이다. 그들은 그 현상을 단지 자유롭고 휘그적인 하노버왕조 시대 잉글랜드에서 전개된 진보의 한 일부로만 바라보았다. 그들이 어떻게 런던과 에든버러, 같은 공용어를 사용하고 오랫동안 한 왕조의 통치 아래 있었으며, 이제는 완전히 통합된 그 두 사회 사이의 미묘한 차이를 식별할 수 있었겠는가.[8]

스코틀랜드 계몽운동의 배경과 문필가 집단의 네트워크 및 지적 활동을 다룬 내 책 1부 서술은 대체로 무난했던 것 같다. 그 책을 읽은 몇몇 동료들도 그런 시각을 가지고 있었다. 그러나 2부를 들춰보면 생각이 달라진다. 사실 흄, 스미스, 퍼거슨으로 이어지는 스코틀랜드 지식인들의 화두는 근대사회 형성과 근대사회에서 인간의 삶의 변화였다. 이들이야말로 '근대성'의 문제를 탐구의 대상으로 삼은 최초의 지식인 집단이라 할 수 있다. 특히 퍼거슨과 스미스에게 '상업사회'[산업사회]란 시장의 위력 아래 인간의 삶이 그대로 노출된 모습을 보여주었다. 인간과 시장의 관계, 원시사회에서 상업사회까지 이르는 사회 진보의 역사 같은 문제야말로 이들이 탐색한 핵심 주제다. 이들이 대학에서 강의한 '도덕철학moral philosophy'은 상업사회 아래서 인간의 바람직한 삶은 무엇인가라는, 근원적이면서도 현재적인 질문에 대한 성찰의 주무대였다.

나는 책 2부에서 개별 문필가들을 다루기보다는 그들이 공유했던 문제의식을 몇몇 핵심어를 중심으로 기술하려고 했다. 인간본성에 관한 견해, 근대사회를 보는 시각과 역사구분론, 근대성의 문제 등을 차례로 다뤘다. 그러나 지금 책을 읽어보면 내가 당대 문필가들의 주요 텍스트를 충분히 소화하지 못했음을 알 수 있다. 아주 표피적인 인상과 관찰을 나열한 수준에 지나지 않는다. 말하자면, 그들의 텍스트를 여러 차례 읽고 성찰할 시간을 갖지 않았던 탓이다. 그들의 사유의 저변까지 들어가 이해하려면 충분히 숙성할 시간이 필요한 데도 말이다. 기간 내에 작업을 마쳐야 한다는 강박증에 시달렸기도 했지만, 어쨌든 그 책 2부는 부끄러울 정도로 피상적인 서술 수준을 넘어서지 못했다.

## 공적 덕성virtus에 관하여-애덤 퍼거슨에 대한 회상

사회가 공직자에게 요구하는 첫 번째 덕목은 공인의식이다. 일상생활에서 사익을 추구하는 것이야 그렇다 하더라도, 공적 임부를 수행하고 정책을 결정 집행하는 과정에서는 사익에 앞서 공공의 이익, 넓게 말해 공공선을 우선시하는 태도를 갖추어야 한다. 박근혜 정권의 국정파탄의 핵심은 임명한 대두분의 고위 관료와 측근이 공적 덕성virtus과 너무 거리가 먼 사람들이었다는 데 있다. 이들이 청와대와 주요 정부부처에 포진해 있었기 때문에 비선실세가 암약해도 아무런 제어를 받지 않았던 것이다.

2012년 여름부터 1년간 영국에 체류하는 동안에 스미스, 흄,

로버트슨, 퍼거슨 등 여러 문필가들의 글과 책을 읽었지만, 그 가운데서도 특히 나의 관심을 끌었던 이는 퍼거슨이다. 스미스와 퍼거슨의 견해들을 서로 대비해 살펴보곤 했다. 여러모로 스미스와 비슷한 인식을 보여주면서도, 인간사회를 바라보는 몇 가지 중요한 측면에서는 날카롭게 대립한다. 스미스가 역사 발전을 수렵, 유목, 농업, 상업 등 단계적으로 인식한 것과 마찬가지로 퍼거슨은 미개, 야만, 문명단계로 구분해 설명하려고 했다. 두 사람 모두 상업사회에서 분업의 발전을 중시하면서 이를 통해 개인의 자유, 정치적 안정, 법의 지배가 확립되었다고 주장한다. 퍼거슨은 스미스와 마찬가지로 근대 상업과 공업이 개인에게 더 넓은 가능성을 제공한다는 점에 동의한다.

그러나 왜 마르크스가 일찍이 퍼거슨을 가리켜 스미스의 교사라고 불렀는지 그 이유를 나는 잘 모르고 있었다. 고전을 깊이 읽지 못한 탓이다. 스미스와 달리, 퍼거슨은 상업사회로의 이행 단계에서 사회가 곧바로 그 기초를 흔드는 모순적 상황에 직면하리라고 예감했다. 상업사회에 대한 퍼거슨의 비관론은 분업에 관한 견해에서 비롯한다. 그는 스미스와 마찬가지로 기술적, 사회적 분업이 생산력을 높여 시민사회의 발전에 기여한다는 점을 인정한다. 그럼에도 그는 분업에 깃들어 있는 부정적인 면모를 깊이 성찰하기에 이른다. 분업은 노동의 불구화와 함께 개인의 창조적인 능력과 능동성을 잠식한다. 개인 차원을 넘어 사회적 연대를 파괴한다. 분업에 기초를 둔 상업사회의 발전 자체가 전체 사회의 안티테제가 되는 것이다.

그는 분업이 사회생활뿐 아니라 정치생활에 미치는 영향을 더 우려한다. 개인의 사적 이익 추구가 정치적 열정을 억압하는 일종의 가치전도현상이 나타난다. 사적 이익만을 추구하는 경향이 상상력을 위축시키고 감성을 무디게 하며, 사회 구성원이 정치에 자발적으로 참여하는 시민의 덕성을 무너뜨린다는 것이다. 마키아벨리적 공화주의 담론이 퍼거슨에게까지 이어져왔음을 새삼스럽게 확인할 수 있다.

18세기 중엽 에든버러의 저명한 지식인들이 저지대 출신이었던 것과 달리 퍼거슨은 후진적인 고지대 출신이었다. 에든버러대학과 세인트 앤드루스대학에서 신학을 공부한 후 한동안 저 유명한 42보병연대(블랙 워치)의 군목으로 복무하기도 했다. 그가 시민의 정치 참여, 특히 시민군으로서의 참여행위를 중시한 것도 이런 이력과 관련될지도 모르겠다.

퍼거슨은 분업의 발전에 우려의 눈길을 보내면서, 다른 한편으로는 인간사회의 좀 더 근원적인 문제, 사유재산과 그로부터 비롯되는 종속의 문제를 다룬다. 상업사회는 기본적으로 사유재산제도의 불평등한 소유관계에 바탕을 둔다. 이 착취관계에서 권력과 계급 불평등이 나타나는 것이다.

그 당시 나는 퍼거슨이 상업=산업사회의 진보를 비판하면서

273

도, 실제로는 그 불가피성을 받아들이는 보수적인 사회이론가라고 생각했다. 더욱이 미개, 야만, 문명으로 인류사를 구분하는 역사인식은 유럽중심주의의 발로에 지나지 않는다고 생각했다. 그는 '미개'에 해당하는 사회의 모습을 아메리카 원주민사회에서 유추해냈다. 이러한 서술방식은 흔히 '추론적 역사'라고 불리기도 한다. 그럼에도 대부분의 인간사가 그렇듯이, 그의 사유체계를 단선적으로만 평가하기에는 무리가 뒤따른다.

전통사회는 인간의 용기와 충성을 낳지만, 상업사회는 오직 인간을 유약하게 만들 뿐이라고 언명하는 데에서 그는 물론 보수적 복고론자의 모습을 보인다. 그러나 착취관계를 중시하고 분업의 불안한 미래를 감지하는 데에서는 비판적 사회이론의 맹아를 찾을 수 있다. 보수와 진보의 언어가 뒤섞인 그의 이중적인 견해는 오늘날의 관점에서는 이해하기 어렵겠지만, 그 시대의 분위기 아래서는 오히려 자연스러운 것일지도 모르겠다.

나는 퍼거슨이 강조했던 것, 상업사회가 발전함에 따라 공적 덕목이 무너지고 개인은 이기적 삶으로 휩쓸릴 것이라는 비관론이 바로 1980년대 한국사회의 자화상을 비추는 거울이라고 생각한다. 급속한 자본축적의 시기에 우리는 공공선과 공적 덕목의 파탄을 우려하면서 그 부작용을 최소화할 여러 방안을 강구했어야 했다. 그것은 단순히 정책 차원만이 아니라 교육, 문화, 시민사회, 사회운동 여러 부문에서 전방위적으로 전개되었어야 했다. 어떻게 보면, 오늘날 보수-진보 정권에 상관없이 고위관료, 정치인은 물론 엘리트층 대부분이 공적 덕목과 거리가 먼 사람들로 충원되어온 것이다. 오직 출세주의만 삶의 중요한 좌표였다. 그 가운데서도 아마 박정희의 유산과 관련을 맺은 사람들(이를테면 정수장학생)이 가장 전형적이었을 것이다. 가장 전형적인 인물들을 측근과 고위직에 배치했으니, 박근혜 정권의 실패 또한 처음부터 예견되었던 것이다.

## 에든버러의 황혼

19세기에 접어들면서 스코틀랜드 계몽운동은 문화적 활력을 잃는다. 그 이유는 무엇인가. 에든버러 문화는 지식인과 중간계급 시민의 교감 또는 그들 간의 상호이해를 바탕으로 융성한 것이다. 물론 이 같은 문화적 성취의 배후에는 스코틀랜드 정체성을 재확인하려는 민족감정이 짙게 깃들어 있었다. 그와 동시에 '사변협회'에서 나타나듯이, 새로운 지적 호기심과 탐구욕이 자발적인 상호공동체의 형태로 발전했다. 18세기 후반 에든버러에서 나타난 지적·문화적 활력은 동시대 사람들에게도 매우 인상적이었다. 평소 과학에 관심을 가지고 있던 토머스 제퍼슨 Thomas Jefferson(1743-1826)은 대서양 건너편 스코틀랜드의 지적 운동을 높이 평가하면서 다음과 같이 말했다. "이 세계의 어느 곳도 에든버러와 경쟁할 수 없다."[9]

나는 스코틀랜드 계몽운동이 중심과 주변의 관계를 새롭게 성찰하는 계기를 제공한다고 생각했다. 중심-주변의 관계에서 중심부 주도의 변화에 일종의 대립항이 있는 것이다. 달리 말해, 중심-주변의 관계는는 일방적인 것이 아니라 서로 영향을 주고받는다. 특히 주변부는 중심부의 변화를 객관적으로 관찰할 수 있는 계기를 만들고, 경우에 따라 중심부 따라잡기의 무대가 되기도 한다. 나는 스코틀랜드 지식인의 활동을 이런 시각에서 부분적으로 설명할 수 있다고 본다. 스코틀랜드 계몽운동의 중요성은 무엇보다도 필자와 독자, 문필가와 식자층이라는 담론 공간을 활발하게 넓혀갔다는 점에서 찾을 수 있다. 18세기 후반 에든버러를 중심으로 이루어진 담론 공간의 확대는 특히 여러 협회들의 활동에 크게 힘입었다. 이 자발적인 지식인모임들 가운데 일부는 공개적으로 활동했지만, 대부분은 폐쇄적인 집단이었다. 그럼에도 그 영향은 에든버러 도시를 넘어 인근 지역까지 퍼져나갔다. 사변협회는 이들 모임 가운데서도 가장 중요한 역할을 맡았다. 당대의 저명한 지식인들이 회원으로 참여했을 뿐만 아니라 그 전통은 19세기까지 이어졌다. 그러나 계몽운동의 마지막 세대이자 1790년대 협회활동을 주도한 인사들 다수는 에든버러를 떠나 잉글랜드로 활동 무대를 옮겼다.

스코틀랜드 계몽운동은 19세기에 들어와 급속하게 쇠락한다. 이 시기에 에든버러는 더 이상 교육 분야의 '신 예루살렘New

Jerusalem'이라는 명성을 지킬 수 없었다. 의학을 제외하고 에든버러대학의 학문적 에너지는 소진했다. 교육과 탐구 활동의 중심축이 이제는 런던대학이나 옥스-브리지로 이동한 것이다. 실제로 1830년대 옥스-브리지의 개혁 모델은 에든버러대학이었다. 계몽운동의 문화적 활력이 떨어진 까닭은 무엇인가.

스코틀랜드 문화는 기본적으로 비주류이자 주변부라는 조건의 산물이었다. 그 주도세력은 경제적 여유가 없는 문필가 또는 넓은 의미의 지식인들이었다. 그리고 그들 주위에 런던을 비롯한 남쪽으로 진출할 만한 재력이나 능력을 갖추지 못한 지주, 변호사, 지방시장에서 영업하는 상인과 제조업자들, 스코틀랜드 지방적 기반만을 가진 교사와 목사들이 모여 있었다. 그러나 이러한 구도는 잉글랜드(또는 부분적으로 글래스고 같은 스코틀랜드 일부 지역)의 산업화가 본격적으로 전개되면서 변모하기 시작한다. 새롭게 팽창하는 영제국은 스코틀랜드 지식인과 전문직 종사자들을 강한 흡인력으로 끌어당기기 시작했다. 전문직업인을 비롯해 남쪽으로 향하는 이주의 물결이 일었다. 한 통계에 따르면, 1841-1939년 사이에 약 75만 명의 스코틀랜드 인들이 잉글랜드를 비롯해 영제국의 다른 지역으로 이주했다.[10] 그 사회 구성원을 흡수할 수 있는 경제발전이 이루어지지 않는 상태에서 문화의 지속적인 융성을 기대하기란 불가능했던 것이다.

19세기에 들어와 글래스고와 에든버러대학의 명성은 이전보다 쇠퇴하기 시작했다. 여전히 많은 학생들이 이들 대학에서 학문을 공부하려 모여들었지만, 소수의 뛰어난 학생들이 그들의 생애 대부분을 스코틀랜드에서 머무는 경우는 드물었다. 능력 있는 인사들은 대부분 새로운 기회를 찾아 남부로, 런던으로, 다른 세계로 나아갔다. 창조적 능력이 뛰어난 젊은이를 머물게 할 만한 여건이 마련되지 않았다. 에든버러는 더 이상 젊은이들에게 기회의 땅이 아니었다.

2010년 11월 나는 일본 구마모토대학에서 열린 한 학술회의에 참가했다. 그 무렵에 나는 사변협회가 간행한 팸플릿을 분석하는 일에 빠져 있었다. 학술회의가 끝난 후 나는 저녁 회식자리에서 세인트 앤드류스대학 중세사 교수 로버트 바틀릿Robert Bartlett과 스코틀랜드 계몽운동에 관해 환담을 나누었다. 그도 물론 다른 스코틀랜드 지식인들이 그러하듯이 스코트, 브룸, 퍼거슨, 스미스를 자랑스러워했다. 그의 예찬은 끝이 없었다. 대화를 끝낼 무렵 나는 그에게 한 가지 질문을 던졌다. 왜 당신들은 그렇게 스코틀랜드 계몽운동에 집착하는가? 그는 필자를 한참동안 바라보다가 이렇게 말했다. "그것은 너무나 아름답기 때문이다. 짧은 시기에 끝났기에 더욱 더 아름다운 것이다. 저녁노을을 바라보라. 대낮의 태양보다 더 붉게 빛난다. 어둠이 곧 몰려올 것이므로 그것은 잠깐이긴 하지만 더 붉게 빛을 낸다."[11]

# 11

제국사와 지구사의 전망

---

**1 아키타 시게루_** 2015년 오사카대학에서 열린 영일역사가대회에서
시게루 교수는 산업혁명에 대한 전통적인 해석인 격변론을 비판하고,
특히 지구사적 시각에서 산업혁명을 재해석할 필요성을 제기했다.
**2 조지오 리엘로_** 그의 출세작 『면: 근대세계를 만든 직물』은
영국 면공업이야말로 산업혁명의 주도산업임을 밝혔다.
**3 케네스 포머란츠_** 『대분기』(에코리브르, 2016)의 저자인
포머란츠 교수는 유럽중심적 역사해석의 대안으로 '대분기' 개념을
사용하면서 경제사학계의 새로운 유행어를 만들었으며
필자에게도 큰 학문적 자극을 주었다.

## 신사적 자본주의론과 제국

2010년 이후 나는 20세기 영제국의 발전과 해체과정을 연구하게 되었다. 2012년 한국연구재단 인문사회 우수학자로 선정될 당시, 연구과제 「제국의 기억, 제국의 유산」이 바로 이 주제와 직접 관련된다. 내가 이 주제에 관심을 갖게 된 것은 실제로는 상당히 오래 전의 일이다. 19세기 후반 영국경제 쇠퇴를 공부하면서 나는 우연히 케인P. J. Cain과 홉킨스A. G. Hopkins의 '신사적 자본주의gentlemanly capitalism' 이론을 접하게 되었다.[1] 그들의 키워드 '신사적 자본주의'는 영국 산업혁명의 점진론적 성격을 해명하는 데 도움을 주었지만, 그들의 원래 의도는 신사적 자본주의가 제국 팽창의 동력으로 작용해왔음을 밝히는 데 있었다. 나는 이들의 키워드를 소개하는 비평논문을 쓰기도 했다.[2] 그러나 이때까지만 하더라도 영제국의 역사 자체를 탐구하려는 생각은 갖지

281

않았다. 그러다 서울대 배영수 선생이 주도하는 '제국' 공동연구에 참여하면서[3] 주로 18세기 영제국의 팽창을 다뤘다. 2012년경부터 본격적으로 20세기 영제국의 해체 문제를 화두로 삼아 연구하기 시작했고, 지금 준비 중인 저술은 2018년 상반기에 출간할 예정이다.

신사적 자본주의론은 산업자본주의에서 독점자본주의로의 전환기에 제국주의가 필연적으로 전개되었다고 보는 홉슨J. A. Hobson과 레닌V. Lenin의 이른바 '경제적 해석'을 비판하면서도, 다른 한편으로는 영국 자본주의 발전과 제국주의 사이의 상호관계를 중시한다. 이 이론은 영국경제사에서 산업혁명이 혁명적 변화를 가져오지 않았고, 산업화 이후에도 사회적 총자본에서 산업자본의 비중이 높지 않았다는 수정주의 연구를 기반으로 한다. 케인과 홉킨스는 이들 연구에 의거해 영국경제발전의 가장 중요한 흐름을 산업자본 외부에서 찾는다. 이들은 16세기 이래 상업적 농업의 발전과 17세기 말 18세기 초 일련의 '금융혁명financial revolution'을 중시하며 이를 통한 자본축적이 영국경제사의 중요한 추진동력이었다고 본다. 금융혁명의 진행과정에서 귀족과 지주층gentry은 더 막대한 부를 쌓았고 여기에 런던 상인과 금융가들이 가세해 영국의 지배적 자본가 집단, 즉 '신사적 자본가층'을 형성했다는 주장이다. "토지와 화폐의 결합"이 영국경제사의 두드러진 특징이며 영제국도 처음부터 이들 신사적 자본가의 경제적 이해와 맞물려 형성되었다는 것이다.[4] 케인과 홉킨스에 따르면, 이미 17세기에 귀족과 젠트리층 상당수가 전통적 생활에서 벗어나 시장에 접근하기 시작했다.

영국에서 자본주의적 부의 가장 중요한 형태가 소수 엘리트의 토지소유에서 비롯된 지대자본주의라는 사실은 잊혀지기 쉽다. 17세기 말에 대귀족은 봉건귀족이기를 중단하고 시장의 철학을 받아들일 준비가 되어 있었다. 그럼에도 그들은 아직도 봉건 전통의 계승자였다. 스튜어트 왕조 이후 영국에서 발전한 토지자본주의는 주로 질서, 권위, 신분 같은 전자본주의적 개념의 영향을 많이 받았다. 어떤 경력이나 소득원이 토지귀족계급의 생활 스타일과 비슷한 것을 만들어줄수록, 그것은 더 높은 위신과 더 강한 힘을 가졌다.[5]

신사적 자본가는 농업이윤은 물론, 광산 개발이나 도시 임대소득 또는 해외투자의 배당소득과 무역에도 관심을 기울였다. 이들의 경제활동에서 두드러진 특징은 매일매일 부의 축적에 매달리지 않더라도 일정한 수준의 수입이 보장된다는 점이다. 신사적 자본가는 시장경제를 이용해 임대소득을 추구하면서도, "일상적인 노동세계"를 멀리하고 오히려 여가와 아마추어 정신을 숭상했다. 이러한 태도는 다른 사회세력에도 영향을 미쳤다. 요컨대, 신사적 자본주의란 '신사의 규범'을 지키면서 시장을 통해

부를 축적하는 경제활동이라고 할 수 있다. 18세기 이후 토지귀족 외부에서 부유한 화폐자산 소유자와 상인들이 이 대열에 합류했으며, 이 시대의 해외팽창 또한 이들의 경제활동과 밀접하게 관련되었다.

여기에서 케인과 홉킨스는 19세기 전반 글래드스턴주의로 알려진 일련의 행정개혁이 신사적 자본주의에 미친 영향을 중시한다. 국가재정에서 낭비 요소를 제거하는 지름길은 국채 발행을 줄이는 것이었다. 이는 구 런던시The City의 금융-상업 자본가들에게 달갑지 않은 정책이었을 것이다. 그러나 균형예산을 향한 개혁의 궁극적인 혜택은 이들에게 돌아갔다. 국채시장이 줄어들자, 이미 팽창과정에 들어선 구 런던시의 금융-상업자본은 그 힘을 급속하게 해외시장으로 발산시켰다. 이는 국내 금융 분야에서 발전한 정교한 거래기법과 견고한 금본위제도에 크게 힘입은 것이었다.[6] 케인과 홉킨스에 따르면, "언제나 고정된 교환비율로 금을 공급할 수 있는 능력이야말로 구 런던시 신용의 기초이자 활력이 되었다."[7] 이 시기에 신사적 자본주의는 다시 한 번 크게 변모하기에 이른다. '토지와 화폐의 결합'으로 형성된 신사적 자본주의 영역에서 런던 시티를 중심으로 하는 금융-상업자본의 비중이 급속하게 높아진 것이다. 19세기 말 제국의 팽창은 이러한 변화와 맞물려 진행되었다. 케인과 홉킨스는 이들의 대두를 다음과 같이 기술한다.

신사적 이상은 여기에서 거론한 경제활동의 성공에 중요한 것이었다…대은행가와 상인들은 구 런던시에서 거주했으며 권력의 핵심에 가까웠다. 그리고 그들 직종의 성격상 그들은 신사적 생활 스타일을 즐기고, 그리고 그와 동시에 사업 성공의 중요한 원천인 사회적 연줄망을 마련하는 데 충분한 여가를 누렸다. 그들의 활동은 이전에 제시된 자본주의의 정의에 부합하였다 그리고 그들은 또한 자본을 소유, 동원, 통제하는 데 직접적인 감각을 가진 자본가였다.[8]

1870-1914년간 영국은 세계 자본수출액의 40%를 차지했다. 레닌-홉슨의 주장과 달리 해외투자의 중심은 독점자본가들이 아니라 시티의 금융자본과 결합한 신사적 자본가들이었다. 실제로, 19세기 후반 시티의 금융 및 서비스 경제와 밀접하게 결합된 신사적 자본주의는 북서부의 공업지대에 투자하기보다는 해외투자에 더 관심을 기울였다. 사실, 이 시기에 영국 북서부의 산업경제는 시티의 금융자본, 넓게 말해서 신사적 자본가들의 투자대상으로서의 매력을 갖지 못했다.

19세기 후반 영국의 해외투자는 대체로 캐나다, 남아공, 호주, 뉴질랜드 등 백인자치령과 아메리카에 집중되었다. 이 무렵 시티는 신사적 자본과 서비스 부문에서 동원된 자본을 해외투자로 연결하는 통로였다. 신사적 자본가들은 국내에서와 마찬가지로 해외에서도 농업, 광산, 사회간접자본 등에 투자했으며, 일부 인사

11. 제국사와 지구사의 전망

들은 백인자치령의 상업은행, 공공시설, 운송 등에 대규모 자본을 투입했다. 국내 투자패턴과 동일하게 해외투자의 경우에도 산업부문의 비율은 높지 않았다. 여기에서 케인과 홉킨스는 19세기 후반 영제국에서 백인자치령의 중요성을 강조한다. 신사적 자본의 해외투자가 증가하면서 이들 지역은 경제적으로 빠르게 성장했으며, 신사적 자본가들에게는 본국의 경우보다 더 높은 배당소득을 보장해주었다.[9]

## 영제국의 해체

1차 세계대전 직전 영제국은 세계 인구의 4분의 1과 육지 면적의 5분의 1을 지배했다. 이 광대한 제국 형성의 연대기는 잘 알려져 있다. 18세기에 프랑스와 일련의 전쟁에서 승리를 거둔 영국은 북아메리카, 서인도제도, 남아메리카 가이아나, 서아프리카지역, 인도 뱅골 지방을 식민지로 흡수했다. 미국 독립 이후 영제국은 한동안 위축되는 듯이 보였지만, 19세기 후반에 다시 팽창국면에 들어섰다. 이 시기 영제국은 캐나다, 오스트레일리아, 뉴질랜드, 남아프리카 같은 백인 정착지를 비롯해 인도대륙 전역과 아라비아반도 일부, 이집트, 수단, 케냐, 모잠비크 등 아프리카 여러 지역을 포함했다. 그밖에 지브롤터, 사이프러스, 홍콩 같은 지리적 요충지와 군사기지도 확보하고 있었다.

유럽의 북서해안에 자리 잡은 이 작은 군도가 어떻게 세계를 지배하기에 이르렀는가. 이 문제는 오랫동안 역사가들의 중요한 화두가 되었다. 홉슨-레닌 식의 경제적 해석에서 주변부 상황과 그 주민들의 협력 여부를 중시하는 주변부이론에 이르기까지 다양한 해석이 나왔다. 19세기 말 영제국의 식민지는 네 대륙에 걸쳐 널리 흩어져 있었다. 제국 경영의 효율성이라는 측면에서 결코 유리한 분포가 아니었다. 그럼에도 영제국은 적어도 1950년대까지 존속했다. 이미 인도대륙이 세 나라로 나뉘어 독립했지만, 제국 네트워크에 포함된 남미, 아프리카, 아시아의 속령들은 여전히 제국의 일부를 이루고 있었다.

나는 언급한 바와 같이 19세기 말부터 1970년대까지 영제국의 변화과정을 다루는 저술계획을 세웠다. 이 저술은 19세기 영제국의 전통을 살펴보고 1차대전기 및 전간기에 영국 제국 경영의 여러 문제점을 전쟁, 자치령과 관계, 국제경제 등의 측면에서 검토함과 동시에 당대 제국에 관한 지식인의 담론을 분석할 계획이다.

영제국은 1차대전 이후 점진적으로 느슨한 국가연합 체제로 변한다. 이러한 변화가 처음 나타난 것은 1920년대의 일이다. 제국 경영의 어려움과 1차대전기 자치령의 역할 증대에 따른 독자적인 목소리의 대두, 경제 불황, 이런 난제를 봉합하기 위해 종래 영국 헌정 질서 위에 영국과 백인자치령의 느슨한 연결망을 접합한 것이 1926년의 밸푸어Balfour Declaration 선언이

11. 제국사와 지구사의 전망

고 그것을 좀 더 구체화한 것이 1931년 '웨스트민스터법'Statute of Westminster이다. 이후 영연방British Commonwealth이라고 불린 이 질서는 오늘날에는 일종의 국가연합의 성격으로 변질되었지만, 나는 영연방의 헌정적·정치담론적 기원과 변화과정을 밝히는 데 연구의 초점을 맞추고 있다.[10]

2차대전 후에 인도를 제외하면 대체로 과거의 지배영역을 복원했던 영제국은 1950년대 후반 이래 급격하게 붕괴된다. 특히 수에즈위기 이후 1960년대 말까지 27개국이 주권국가가 되었다. 그 이전에는 인도대륙을 포함해 고작 7개국이 독립한 것과 대조적이다. 전 세계에 걸쳐 산재해 있던 제국의 속령은 사라지고 홍콩, 지브롤터, 포클랜드 같은 지도상의 점들만이 남게 되었다. 이러한 해체는 전후 탈식민운동의 영향 아래 전개된 것이다. 이는 또한 1950년대에 영국의 군사력이 미국과 소련에 미치지 못하고 공업력 또한 독일과 일본 등에 추월당하면서 나타난 자연스러운 과정이기도 했다. 그러면서도 제국 해체과정은 영국 국내 정치와 사회에 커다란 파열음을 불러오지 않았다. 대륙의 프랑스와 포르투갈이 식민지 철수로 정치적 소요와 혼란을 겪었던 것과 대조적으로 영국은 제국으로부터 국민국가로 축소과정에서 충격을 받지 않았다. 이는 사회적으로는 탈식민화가 불가피하다는 사회적 합의가 있었기 때문에 가능했다.

그렇다면, 영제국이 갑자기 해체과정을 밟았던 까닭은 무엇

삶으로의 역사

인가. 20세기 영제국과 관련해 그 해체과정과 원인을 밝히는 작업은 영국 현대사는 물론, 20세기 역사를 이해하는 데 매우 중요한 문제다. 가장 중요한 요인은 두 차례에 걸친 세계대전과 전후 식민지지역에서 일어난 탈식민운동일 것이다. 사실 이들 전쟁은 동부전선과 서부전선이라는 명칭이 말해주듯이 유럽전쟁으로 간주된다. 1차대전 당시 독일은 영국의 인도 지배를 잠식하고자 했다. 이런 목적으로 이슬람 세계의 성전을 자극했으며 터키와 동맹을 맺었다. 아프리카에서도 전쟁은 치열하게 전개되었고 모든 것이 파괴되었다. 그러나 2차대전 이후 영제국은 상당한 수준으로 복원된다. 1950년대 전반까지만 하더라도 영제국의 식민지 해방운동은 미약했으며 영국을 중심으로 하는 세계적 경제 블록도 스털링 통화권을 중심으로 다시 작동했다. 영국 정치인과 사회여론이 제국 해체의 당위성을 심각하게 고려하기 시작한 것은 1950년대 후반의 일이다.

근래 영제국의 해체가 미국과 관련된다는 견해가 있다. 나도 이런 견해에 동의한다. 2차대전 중에 미국의 정치가들은 독립 이래 전통으로 굳어온 신념, 즉 식민지 지배는 악이라는 신념에 사로잡혀 있었다. 전후에도 미국의 정치가들은 영제국의 해체를 지지하는 외교적 언사를 동원하기 일쑤였고, 전후 영국의 경제 복구과정이나 수에즈 위기에 미국은 영국을 돕는 조건으로 제국의 해체를 요구했다. 이렇게 보면, 영제국 해체는 세계체제 중심부의 이동이라는 맥락에서 이해해야 한다.

제국 해체 이후 영국 사회가 충격을 덜 받은 것처럼 보이는 것은 제국에 속했던 대부분의 지역이 '영연방'이라는 느슨한 네트워크, 달리 말하면 정부간 협의기구를 구성할 수 있었기 때문이다. 영연방은 잘 알려진 정부간 협의체임에도 그 기원과 구체적인 작동 메커니즘에 대한 학문적 관심은 별로 없었다. 영국이 강대국의 지위에서 멀어졌을 뿐만 아니라, 이 협의체가 국제정치나 세계경제에서 차지하는 비중이 높지 않기 때문이다.

오늘날 현존하는 이 정부간 협의체는 1949년에 발족했다. 이 무렵 미국 주도로 북대서양조약기구NATO가 결성되었고 같은 해 소련의 원폭 실험과 중화인민공화국 수립으로 본격적인 냉전 시대가 열렸다. 당시 영국 노동당정부는 변화하는 정세에 대응해 영연방의 결속을 강화함으로써 국제무대에서 영국의 발언권을 유지하려고 했다. 런던회의에는 새롭게 독립한 인도, 파키스탄, 실론이 참가했으며, 8개국 정상들은 버킹엄 궁에서 6일간 체류하면서 합의내용을 공동선언으로 발표했다. 특히 공화국 정체를 도입한 인도가 영연방 회원국으로 남을 것인지, 영국왕과 관계 설정을 어떻게 할 것인지가 초미의 관심사였다. 인도는 영연방 회원국으로 잔류할 것임을 확인했다. '런던선언'에서 인도정부는 영국 왕을 "독립된 회원국들의 자유로운 연합체의 상징"으로 인정하겠다는 것을 표명했다.[11]

이 선언은 이후 영연방의 진로에 결정적인 영향을 미쳤다. 영국 왕실에 대한 충성이 더 이상 영연방 회원국의 '필요조건sine qua non'이 되지 않는다는 것을 의미했기 때문이다. 이후 영제국에서 독립한 신생국 대부분이 인도의 선례에 따라 영연방 회원국으로 잔류했다. 2차대전 이후에 영연방을 탈퇴한 국가는 방글라데시와 짐바브웨다. 하지만 이들 국가는 다시 복귀했다. 민주주의를 지키지 않았다는 이유로 일정기간 자격 정지를 당한 경우는 나이지리아, 파키스탄, 짐바브웨 등이고, 현재 피지가 이에 해당한다. 영국의 제국 지배와 관련이 없는데도 영연방에 가입한 국가로는 모잠비크, 카메룬, 르완다가 있다. 제국 지배를 받았지만 가입신청을 하지 않은 나라는 서아시아의 이슬람국가군과 미얀마 정도이다.

오랫동안 영국 정치인과 국민은 제국 해체가 커다란 혼란과 충격 없이 온건하게 전개되었다는 것을 높이 평가했다. 제국에서 영연방으로의 평화로운 이행을 강조한 것이다. 그러나 제국 해체가 영국 사회에 가져다 준 충격이 작았을까. 우선 1950-60년대 영국 정치인들에게 제국 문제는 항상 중요한 관심사이자 화두였다. 다음으로, 제국 해체와 함께 수만 명의 귀환자들이 영국에 유입되면서 사회적 충격을 주었다. 그들의 제국의 경험과 기억이 가족이나 친지를 통해 널리 알려졌고, 귀국 후 새로운 환경에서 적응하는 과정에서 여러 문제를 야기했다. 영국 역사가들은 제국에서 영연방으로의 순조로운 이행을 강조하고 탈식민화 정책이 비교적 성공했다는 사실만을 강조할 뿐, 제국 해체가 가져온 사회 심리적 트라우마 또는 그것이 일상생활에 미친 부정적인 영향에 관심을 기울이지 않았다. 그러나 제국 해체는 생생한 현실이었고, 그것이 사람들의 삶과 일상성에 끼친 영향은 적지 않았다.

## 지구사와 유럽중심주의 극복 문제 - '대분기논쟁'

요즘 역사학의 화두는 지구사 또는 트랜스내셔널 역사다. 이는 한편으로는 갈수록 가속되고 있는 전지구화 경향을 반영하면서도, 다른 한편으로는 유럽의 쇠퇴와 함께 유럽중심주의 역사상의 극복문제를 나타내기도 한다. 지금 수행하고 있는 영제국 해체에 관한 연구가 자연스럽게 지구사적 관점을 원용해야 한다고 생각한다. 그렇지만 오랫동안 일국사 연구에만 익숙한 나로서는 구체적인 역사연구에서 지구사적 관점을 어떻게 원용하고 반영해야 할 것인지 암중모색할 뿐이다. 그런 슬로건을 내건다 하더라도 그에 걸맞은 연구 결과를 내놓는 데에는 상당한 시일이 걸리지 않을까 싶다. 지구사적 관점을 원용한다는 것은 여러 가지 방식으로 나타날 수 있다. 예를 들어 특정한 현상의 세계적 확산을 살피고 각 지역의 사례를 비교할 수도 있다. 마르크스주의 같은 사상의 전파나 또는 산업화 같은 경제변동의 확산이 이에 해당할 것이다. 그러나 다른 한편으로 유럽사에서 나타난 특정한 현상을 이전과 달리 지구사적 맥락에서 재해석하는 것도 가능하다. 아무래도 내게는 뒤의 방법이 더 익숙하지 않을까?

최근 나는 '대분기Great Divergency'와 유럽중심주의 극복문제를 다룬 바 있다. 주로 케네스 포머란츠K. Pomeranz의 '대분기'론을 둘러싼 논쟁을 정리했다.[12] 이 논쟁의 전제는 유럽의 대두에 관한 비판적 성찰이다. 서유럽과 동아시아 사이에 경제발전 수준의 차이가 크게 벌어지기 시작한 것은 언제부터인가. 유럽의 근대 사회과학과 역사학은 이 문제에 관해 다음과 같은 합의를 견지해왔다. 적어도 16세기 이후 두 지역의 격차가 심화되었으며, 그와 같은 변화는 유럽사회 내부의 여러 역동적 요인들에 의해 비롯되었다.

그동안 경제사가들은 17-18세기 서유럽, 특히 영국의 경제와 사회에 나타난 여러 변화들에서 근대적 경제성장과 산업화의 원인을 찾으려 했다. 18세기 정치 안정, 국제무역 주도권, 금융혁명, 회사조직의 출현, 과학기술, 원산업화, 소생산자 분해, 중간계급과 부농의 성장, 인클로저, 농업혁명, 귀족층의 경제활동 참여, 값싼 석탄 등 경제발전에 도움이 되리라고 여겨지는 다양한 정치, 경제, 사회적 요인들을 언급해왔다. 그럼에도 가장 중요한 요인이 무엇인가라는 본질적인 질문에 대한 해답은 쉽게 찾아내지 못했다. 대체로, 근대 초기 영국사회에 전반적으로 경제활동의 자유가 신장되었고 일찍부터 소유권제도가 정착되었다고 하는, 제도적 차원의 중요성을 강조하는 정도다.

실제로 재산권이라는 요인은 모호한 측면이 있다. 1960년대 크로퍼드 맥퍼슨C. B. Macpherson이 토머스 홉스Thomas Hobbes와 존 로크John Locke의 저술을 중심으로 배타적 소유권개념의 기원과 형성을 추적해 '소유적 개인주의'possessive individualism라는 신조어新造語를 내놓은 이후, 그 개념은 더글러스 노스Douglas North를 비롯한 제도학파 경제사가들에게 폭넓게 받아들여졌다. 정치사상사 분야의 개념어가 후일 서유럽(구체적으로 영국) 근대화의 기원을 제도적·문화적 차원에서 찾으려는 경제사가들의 작업과 연결된 것이다. 제도론자들은 근대 경제발전에서 효율적 시장과 사유재산권을 강조하는데, 이 제도들은 토지·노동·자본을 생산적 방식으로 이용 및 동원하는 사람들에 대한 보상체계로 이해된다. 이들 제도가 시장에서 거래 비용을 줄이고 경제활동에 대한 인센티브를 부여함으로써 산업화의 물꼬를 텄다는 것이다. 근래 제도적 해석은 유럽중심의 역사상歷史像에 대한 전반적인 재검토 분위기에 따라 다양한 방식으로 비판의 대상이 되고 있다. '배타적 재산권'은 유럽중심의 학문 전통이 낳은 일종의 허구 또는 이념형에 지나지 않는다는 지적이다. 근대 초기 유럽의 경제발전에 대한 비판적 재검토는 근래 역사학 및 사회과학의 새로운 추세로 자리 잡았다.

유럽중심적 역사상歷史像을 비판하는 연구 가운데 특히 주목을 끈 것은 포머란츠의『대분기*Great Divergence*』다. 이 책의 출간 이후 '대분기大分岐'라는 용어는 유럽중심적 역사해석의 대안으로 떠올라 경제사학계의 새로운 유행어가 되었다. 포머란츠는 18세기 서유럽(주로 잉글랜드)과 양쯔강 델타지역의 경제발전 및 쇠퇴를 탐색한다. 각 지역에서 수세기에 걸쳐 나타난 경제 변화에 초점을 맞추기보다는, 18세기 두 지역경제의 비교에 주력한다. 그의 결론은 간결하다. 18세기 중국의 생활수준과 생산관행은 잉글랜드에 못지않거나 그 이상의 상태에 있었다. 농업생산, 농촌공업, 시장의 효율성에서부터 공중보건, 열량섭취, 기대수명에 이르기까지 18세기 두 지역의 상태는 우열을 가릴 수 없을 만큼 비슷했으며, 모두가 원산업상태의 막다른 골목cul-de-sac에 접근해 있었다.

19세기에 들어와 동아시아는 극심한 생태환경의 위기에 빠져들었다. 인구증가 및 에너지 비용 증가에 따라, 기존 생산관행으로는 생산자들의 '노동강화'가 불가피한 상황이었다. 이것이 생태환경의 위기를 가속시킨 것이다. 18세기 말 이래 영국은 왜 이러한 파국으로 치닫지 않았을까. 포머란츠는 다음과 같이 말한다.

중국의 핵심지역은 유럽의 중심지에 비해 특히 1인당 가용연료 공급 등에서 놀라우리만큼 더 나은 상태에 있었던 것으로 보인다.

더욱이 산업화가 사실상 처음 시작된 잉글랜드는 유럽의 다른 지역들에 남아 있던 것과 같은 미활용자원이 거의 없었다. 실제로 목재 공급, 토양 침식 및 다른 중요한 생태적 척도에서 잉글랜드는 중국의 비교대상인 양쯔강 델타지역보다 더 낮지 않았던 것 같다. 따라서 우리가 인구증가와 그 생태적 영향이 중국을 나락으로 떨어뜨렸다는 견해를 받아들인다면, 유럽의 내적 과정도 그 지역을 이륙의 경계보다는 위기의 벼랑으로 내몰았으며, (부분적으로 지리적 행운에 따른) **해외자원과 화석 에너지 사용의 기술적 돌파breakthrough를** 결합함으로써 그 위기를 벗어난 것이라고 기술해야 한다.[13]

18세기 말에 잉글랜드와 양쯔강 델타지역은 모두 인구증가에 따른 노동강화로 생태적 위기의 길에 들어서고 있었다. 그럼에도 잉글랜드가 중국과 다른 역사적 경로를 밟은 것은 신대륙의 해외자원과 값싼 화석에너지(석탄)를 이용할 수 있는 지리적 이점에 힘입었기 때문이다. 이러한 조건이 충족되지 않았다면, 서유럽 또한 중국과 비슷한 과정을 거쳤어야만 한다. 결국, 서유럽과 중국이 성장과 침체라는 서로 다른 역사적 경로, 즉 '대분기'로 나간 시기는 19세기 이후라는 주장이다.

이 '대분기'는 서유럽이 18세기 말 이후 사회경제적으로 자본집약적인 발전경로로 접어든 반면, 동아시아는 계속 노동집약적 방식을 벗어나지 못했음을 뜻한다. 포머란츠는 "왜 양쯔강 델타

지역은 잉글랜드가 되지 못했는가"라는 질문 못지않게 "왜 잉글랜드는 양쯔강 델타지역의 길을 가지 않았는가"라는 문제제기가 중요하다고 본다. 잉글랜드가 그 경로를 겪지 않은 것은 화석연료와 신대륙의 자원 이용에 기반을 둔, 이전과 다른 단절의 결과였다는 것이다.

'대분기' 논쟁 이후 경제사학계에서 이를 수렴한 새로운 논의는 아직 이루어지지 않고 있다. 지금까지 18세기 서유럽과 중국의 경제적 상태를 보는 시각은 첨예하게 대립되어 있다. 경제사가들은 동일한 자료, 사료, 현상을 정반대로 해석하고 있는 것이다. 2002년《아시아연구*Journal of Asian Studies*》지의 논쟁은 서로의 견해차가 크다는 점만을 확인했을 뿐이다.

한 세대 전 개혁·개방정책을 시작한 이래, 중국은 여러 가지 우여곡절을 겪으면서도 '세계의 공장'으로 떠올랐고 미국에 뒤이은 경제대국이 되었다. 그동안 서구의 전문가들은 정치개혁이 이루어지지 않는 한, 중국은 곧 성장의 한계에 직면하리라고 생각해왔다. 그럼에도 아직까지는 그들의 진단이 들어맞지 않는 것 같다. 중국의 거대한 변화는 역사학계에도 큰 영향을 미치고 있다. 근대화론 자체가 유럽중심주의 시각을 반영한다는 비판을 넘어, 이제는 유럽의 산업화가 유럽 내적 요인의 상호작용을 통한 계기적 과정이었다기보다는 오히려 우연한 사건에 지나지 않았다는 견해가 관심을 끌고 있는 것이다.

포머란츠의 『대분기』는 중국의 대두에 학문적 자극을 받은 저술이 분명하다. 그는 유럽이 아닌 세계사적 시각에서 근대세계의 형성을 성찰할 필요성을 강하게 주장한다. 유럽이 세계에서 가장 일찍 근대화과정에 진입한 것은 사실이지만, 이는 유럽과 다른 지역 간의 관계에 영향을 받으면서 진행되었다는 것이다. 우선 16세기 이후 유럽을 중심으로 전개된 새로운 국제무역에서 유럽만이 아니라 중국, 인도, 일본 등 아시아 국가에서도 경제 성장이 이루어졌고 그 역동성이나 규모 또한 유럽에 못지않았다. 적어도 18세기 말까지 유럽과 이들 지역 사이에 경제적 격차는 거의 없었다.

다음으로, 포머란츠는 유럽의 특이성을 내부요인보다는 외부요인, 즉 유럽인들이 아메리카 대륙을 전유할 수 있었다는 사실에서 찾아야 한다고 본다. 16세기 이래 이 대륙이 유럽인들에게 사실상 '횡재'로 작용했다는 인식은 '콜럼버스의 교환'이라는 말에 함축되어 있다. 18세기 급속한 인구증가에 따라 유럽, 인도, 중국, 일본 등 여러 지역경제권은 생태적 한계에 직면했다. 특히 아시아 여러 나라에서는 인구에 대한 토지부족의 위기를 노동집약적 방식을 통해 벗어나려고 했다. 그러나 이 노력이 있었음에도 동아시아는 토질 악화와 노동의 한계생산성 저하라는 악순환 구조에 빠지고 말았다.

이에 비해, 유럽은 신대륙을 배타적으로 이용했을 뿐만 아니라, 증기기관과 기계 도입 같은 노동절약적 방식에 의존할 수 있었다. 그 선두에 영국이 있었다. 산업혁명이 우연의 산물이라는 주장은 바로 이를 두고 말하는 것이다. 자본집약적 방식을 필요로 했던 시기에 영국은 값싼 석탄을 쉽게 이용할 수 있었고 증기동력과 연결된 기계에 의존해 생태적 한계를 벗어날 수 있었다는 주장이다. 18세기 말 영국의 산업화 이후 아시아는 오랫동안 정체에 빠져 있었다. 그러나 오늘날 이 지역은 세계에서 가장 역동적인 경제권으로 변모했다. 일본의 산업화는 물론, 특히 20세기 후반에 들어와 중국, 인도, 싱가포르, 대만, 말레이시아, 한국에 이르기까지 아시아 여러 나라의 경제 성장과 발전은 세계경제를 이끄는 추진동력이 되고 있다.

오늘날 스기하라 가오루杉原薫를 비롯한 일본의 일부 학자들은 동아시아의 대두를 새로운 관점에서 해석한다. 현재의 경제발전은 18세기 생태위기에 대처한 노동집약적 방식, 이른바 '근면혁명'의 전통과 맞닿아 있다는 것이다. 산업화의 확산 이후, 새로운 토지와 자원을 서구인만이 전유하던 시대가 지나면서, 이들 지역은 서구의 자본집약적 방식을 받아들이면서도 자신의 전통인 노동집약적 전략을 혼합해 성공을 거두었다. 동아시아 경제의 역동성은 에너지와 자원에 의존하는 서구의 전략과 노동집약적인 아시아의 방식을 절충함으로써 얻어낸 성과다. 이런 주장을 펴는 학자들은 근면혁명에 바탕을 둔 아시아의 전략이 자원과 에너지를 절약하고 생산증가분을 생산 참여자에 대한 분배로 쉽게 연결하는 이점을 지녔다고 강조한다. 이러한 전략에서 현대세계의 생태적 위기를 극복할 수 있는 새로운 성장모델을 찾아야 한다는 것이다.

내가 보기에, 우리 아시아 학자에게 유럽중심주의 비판과 그 인식틀로부터 탈피는 절실한 소망이다. 16-18세기에 인도, 중국, 일본도 서유럽 못지않게 그 나름의 경제발전 과정에 있었다는 것을 인정해야 한다. 잉글랜드의 산업화에서 지리적 이점 또한 중시해야 한다. 그렇지만 정작 중요한 것은 근면혁명과 지리적 행운을 기계 및 증기기관과 연결 지은 경제활동과 그 분위기는 시장지향적 자본주의 사회관계와 밀접하게 관련되어 있었다는 점이다. 더욱이, 오늘날 일본, 아니 특히 중국의 경제발전을 자원과 에너지 절약적인 전략에 바탕을 두었다고 단정하기는 어렵다. 스기하라의 견해와 달리, 나는 오늘날 중국의 대두가 두 세기 전 유럽의 성장전략과 다른 그 무엇인가를 분명하게 보여준다고 생각하지 않는다.

### 유럽중심적 역사상의 비판-기계의 진보성에 관하여

유럽중심주의 극복문제에 관련된 이야기를 하나 더 해야겠다. '영일역사가대회'Anglo-Japanese Conference of Historians라는 학술회의가 있다. 1990년대 초부터 매 3년마다 영국과 일본에서 번갈아가며 열렸다. 2015년 오사카대학에서 8회 대회가 열렸다. 나도 초청받아 짧은 논문 한편을 발표했다. 내가 속한 세션은 '산업혁명 다시보기'라는 아젠다를 내걸었는데, 다른 두 발표자는 영국학자였다. 나도 이름을 들어본 워릭대학의 조지오 리엘로 J. Riollo와 허트퍼드셔대학의 존 스타일스 J. Styles의 발표가 예정되어 있었다. 발표제목을 보니, 리엘로는 그의 출세작 『면: 근대 세계를 만든 직물』 내용을 발췌하는 것 같았고, 스타일스의 발표는 산업혁명 초기 물레식 제니방적기의 경쟁력이 생각했던 것보다 높았다는 것을 강조하는 내용이었다.[14] 세션을 기획한 오사카대학의 아키타 시게루 선생은, 기획 의도가 산업혁명에 대한 전통적인 해석인 격변론을 비판하고, 특히 지구사적 시각에서 산업혁명을 재해석하는 데 있다고 밝혔다.

내가 정한 주제는 '왜 그들은 기계를 예찬했는가'라는 상당히 도발적인 것이었다.[15] 나는 기계를 진보적이라고 예찬한 동시대 사람들의 담론을 비판적으로 분석하는 데 목적을 두었다. 누구의 텍스트를 주로 읽을 것인가. 앤드류 유어와 에드워드 베인스를 택했다. 특히 유어와 베인스는 젊은 시절에 친숙했던 사람들이다. 유어의 『공장의 철학』(1835)과 베인스의 『영국 면업의 역사』(1835)는 젊은 시절 산업혁명을 공부할 때 옆에 끼고 살았다.[16] 이제 책들은 너덜너덜해서 조심스럽게 취급하지 않으면 망가질 지경이다. 나는 그 익숙한 텍스트를 탈유럽중심적 시각에서

301

다시 읽고자 했다.

내가 이런 생각을 하게 된 것은 포머란츠의 『대분기』에서 학문적 자극을 받았기 때문이다. 18세기 말까지 잉글랜드와 중국 양쯔강 델타지역의 경제는 사실상 차이가 없었다는 주장은 산업혁명기 기계를 다시 생각할 필요성을 던져 주었다. 영국이 18세기 말 새롭게 앞서나갈 수 있었던 요인은 신대륙 자원의 이용, 거기다가 영국 북부에 노천탄광 형태로 매장된 풍부한 석탄 이용 등 두 가지다. 영국의 특이성은 노천탄광이라는 석탄의 존재였다.

다른 하나는 리엘로의 연구다. 그의 출세작 『면: 근대세계를 만든 직물』의 요지는 이렇다. 영국 면공업은 산업혁명의 주도산업이다. 그 면공업의 기술, 혁신, 발전은 대부분 가내수공업과 선대제 형태로 발전한 인도 면공업과 인도산 면직물을 둘러싼 인도양무역의 절대적 영향 아래 이루어졌다. 특히 실잣기에서 염색에 이르는 면직물 제조공정에서 여러 소프트한 기술과 노하우를 영국이 배우는 데에는 두 세대 이상 걸렸으며, 이러한 학습 이후 즉 1810년대 이후에 비로소 영국산 면직물은 세계시장에서 인도산에 맞설 만한 경쟁력을 갖추게 되었다는 것이다.

여기에서 나는 유어의 '기계예찬론' 살펴보았다. 유어는 기계를 그 기능에 따라 세 가지로 구분한다. 작업기, 전동기, 동력기가 그것들이다. 그가 예로 든 작업기는 뮬기나 자동 뮬방적기

self-acting mule다. 특히 자동뮬기에 대한 예찬은 끝이 없다. 동력기는 물론 와트의 분리응축식 증기기관이고, 이 증기기관과 뮬기를 연결해주는 각종 장치를 전동기라 불렀다. 참으로 체계적인 분석이다. 그런데 유어는 주로 작업기에 해당하는 자동뮬방적기에 대한 찬사에 여러 지면을 할애한다. 물론 증기기관의 경이적인 능력에도 찬탄하지만, 궁극적인 관찰대상은 작업기인 '자동 뮬방적기'다. 그러나 증기기관 사용 이전에 출현한 아크라이트의 수력방적기에 대해서도 마찬가지로 극찬한다. 자, 수력방적기에 대한 예찬과 자동뮬방적기에 대한 예찬을 차례로 보자. 그는 수력방적기 출현의 역사적 중요성을 이렇게 강조한다.

대략 60여 년 전에 크롬퍼드에 최초의 면방적용 수력방적기가 세워졌을 때, 인류는 영국사회의 구조뿐만 아니라 대체로 세계의 운명 속에서도 신의 섭리에 의해 새로운 작업체계를 성취하도록 예정된, 예의 그 엄청난 혁명을 알지 못했다. 일시적인 근력을 쓰는 노력에 비례함이 없이, 지칠 줄 모르는 물리적인 힘으로 매우 빠르게 규칙적으로 추진되는 기계손과 기계팔의 작업을 인도하는 일로만 이루어질 때 인간의 작업은 얼마나 엄청나게 생산적인 것이 될 것인가. 오직 아크라이트만이 이를 식별할 수 있는 명민함과, 그리고 열렬한 말로 그것을 예견할 수 있는 담대함을 지녔을 뿐이었다.[17]

11. 제국사와 지구사의 전망

자동 뮬방적기의 출현에 대해 그는 이렇게 설명한다.

하이드, 스탤리브리지 및 인근의 공장도시에서 파국적인 소요가 발생하고 있는 동안, 면업분야가 프랑스, 벨기에, 미국의 추격을 받게 될 것을 우려한 몇몇 자본가들은 일류 기계회사인 맨체스터 샤프-로버츠사Messrs. Sharp, Roberts and Co. of Manchester에게 면업이 괴로운 노예제와 절박하고 급박한 파멸에서 벗어날 수 있도록, 그들의 동업자 로버츠 씨의 창조적 재능을 발휘하여 자동 뮬기를 제작케 해달라고 간청했다. 그 당시 방적기에 그다지 정통하지 못했던 로버츠 씨는 자기의 발명을 채용하려고 하는 아주 자유롭고도 고무적인 분위기를 확인한 후 기술자로서 전문적으로 탐구하던 것을 중단하고서 자동 뮬기를 제작하는 일에 그의 뛰어난 재능을 쏟았다. (중략) 자주 회사를 방문하여 그의 노고를 격려한 면공장주들에게는 참으로 기쁘게도, 로버츠 씨는 몇 달의 연구과정 끝에 분명히 숙련노동자의 사고, 감정, 솜씨를 지닌 기계를 만들었다. 그것은 처음 제작된 때부터 이미 원숙한 상태에서 마무리 방적공의 기능을 수행할 수 있는 새로운 조절원리를 보여주었다. 방적공들이 그 기계를 '철인'iron man이라 불렀던 것은 전혀 과장이 아니다.[18]

베인스의 『영국 면업의 역사』는 영국 면공업이 오랫동안 인도산 면직물의 질을 넘어서기 위해 노력한 과정을 상세하게 설명한다. 그는 18세기 인도산 면직물이 어떻게 유럽 직물시장을 휩쓸고, 유럽인의 의생활을 변화시켰는지를 장황하게 설명한다. 텍스트 이곳저곳에서 영국의 창조적 엔지니어와 사업가들의 활약에 경탄하며, 드디어 영국 면직물이 인도산에 버금가게 되었다는 사실에 환호한다.

영국은 역사적으로 처음 기계를 사용한 나라가 아니다. 일부 역사가들이 기계를 산업혁명의 본질적인 요소로 자리매김하고 있기는 하지만, 실제로 기계는 전산업시대의 중국이나 유럽 대륙 같은 다른 지역에서도 만들어 사용되었다. 다만, 이들 지역의 노동자들이 기계를 지속적으로 이용할 수 없었던 반면에, 오직 영국의 노동자들만이 18세기 말과 19세기 초에 기계와 증기기관을 연결해 다루고 이를 통해 생산성을 높여나가기 시작했던 것이다. 최근에 포머란츠를 비롯한 여러 역사가들이 산업혁명기의 기계의 역할을 새롭게 조명하고 있다. 그러나 이전의 격변론자 revolutionist와 달리, 이들은 산업혁명의 핵심 요소로서 기계의 지속적인 이용을 가능케 한 증기기관 또는 석탄 자체에 눈길을 돌린다. 결국 영국 산업혁명이 승리할 수 있었던 것은 작업기보다 그 작업기를 지속적으로 사용할 수 있도록 만든 증기기관과 값싼 석탄이었던 것이다.

그렇다면, 여기에서 새로운 의문이 생긴다. 왜 유어는 작업기에 그토록 집착했을까. 그 해답을 나는 애국주의와 애국적 서사에서 찾았다. 그의 텍스트, 그리고 베인스의 텍스트 여러 곳에서 이 애국주의적인 수사와 표현을 발견할 수 있다. 인도산 면직물과 경쟁, 그 경쟁을 넘어 더 좋은 품질의 면직물을 생산하는 것, 이것이 그 시대의 화두였고 유어와 베인스는 저술과정에서 이러한 화두를 염두에 두었다. 이것이 기계예찬, 정확히 말하면 작업기 예찬론으로 이어졌던 것이다.

이제 마르크스, 엥겔스, 토인비, 망투로 이어지는 산업혁명에 대한 전통해석, 즉 기계와 공장을 강조하고 사회경제의 급속한 변화를 중시하는 격변론의 계보를 살펴야 할 것 같다. 엥겔스는 『영국 노동계급의 상태』(1845)를 저술하면서 기계의 놀라운 성취에 관해서는 유어의 책을, 그리고 전통적인 수공업노동자의 몰락과 기계 사용의 부정적 측면에 관해서는 피터 개스컬 P. Gaskel의 『기계와 장인Machinery and Artisan』(1836)을 주로 참조했다. 그는 전거를 밝히지도 않고 상당부분을 베꼈다. 오늘날의 시각으로 보면 표절도 보통 표절이 아니다. 마르크스 또한 예외일 수 없다. 그는 『자본론』 제1권의 기계제 대공업을 다룬 부분에서 주로 유어의 책에 의존한다. 물론 유어의 전거를 밝히기는 했다. 그 후 마르크스-엥겔스의 이름만 남고 유어와 베인스의 텍스트는 도서관과 문서고 먼지 속에 묻혀 있었을 뿐 사람들의 기억에서 사라졌다. 이렇게 해서 마르크스-엥겔스로부터 기계예찬론의 유산이 그대로 20세기 초 토인비-망투로 이어진 것이다. '애국적 수사'라는 맥락은 사상된 채로. 나는 이 기계예찬론 자체가 산업혁명 초기 기계(작업기)가 진보의 상징이라기보다 '열등성의 역설적 표현'이었다고 결론지었다.

내 발표는 몇몇 영국 역사가들의 감정을 건드린 것 같았다. 특히 노역사가 패트릭 오브라이언P. O'Brien 교수가 내게 질문을 던졌다. "당신은 기계의 본질이 무엇이라고 생각하오?" 당황해서 더듬거리며 대답하기는 했지만, 그를 만족시키지는 못했다. 그러나 학술회의에 참가한 일본 학자들 여러 사람은 내 견해에 큰 관심을 표명했다. 그 세션 사회를 맡았던 오사카대학의 아키타 선생도 발표 후에, 원래 기획의도를 훨씬 뛰어넘는 성공을 거두었다고 감사의 인사를 전했다. 글자 그대로 영국 산업혁명을 다시 보게 되었다고 말이다.

# 12

역사, 진실,
직업으로서 학문

**1 영국사 학술대회_** 필자가 재직하고 있는 광주대 도서관에서
영국사학회와 호남사학회 공동으로 2017년 6월 10일 개최한
학술대회의 장면. 오른쪽이 필자.

**2 서가의 꽂힌 필자의 저역서_** 필자의 논저목록에는
연구서 10권, 공저 및 편저 14권, 번역서 5권 등이 적혀 있다.

## 탐구와 객관성

근대 역사학은 레오폴드 폰 랑케Leopold von Ranke 이후 철학이나 문학에서 독립된 별개의 학문 분야로 발전했다. 랑케는 무엇보다도 객관적 '사실'fact에 대한 탐구를 통하여 과거를 재현하는 데 관심을 기울였다.[1] 그는 문헌학의 방법을 역사연구에 도입하여 과거의 사료를 정확하게 이해하려고 했다. 그가 보기에, 역사가들이 과거를 재현할 때 주로 의지해야 할 것은 당대에 만들어진 문서와 그 잔존물인 원사료原史料다. 역사가는 우선 그 사료가 진짜인가 아니면 후대에 변조된 것인가, 특정한 필자가 직접 쓴 것인가, 사료의 내용이 신뢰할 만한 것인가 여부를 따지는 작업을 선행해야만 한다. 이를 위한 방법론은 사료의 내적 일관성과 다른 인접한 사료와 일관성을 검토하는 작업에 바탕을 둔다. 흔히 역사가들이 사료비판이라 부르는 작업이다. 랑케가 제자들

12. 역사, 진실, 직업으로서 학문

과 함께 토론한 세미나는 바로 이 사료비판을 핵심 내용으로 삼았다. 사료비판이야말로 과거의 진실에 다가서는 일종의 귀납적인 방법이었다.

랑케 이후 이 사료비판은 당연히 과학적인 것으로 여겨졌다. 19세기 후반에 산업화 및 국민국가의 발전과 함께 자국사自國史 연구가 활발해지면서 역사가들은 문서고를 뒤지며 사실 찾기에 전념했다. 지층에 묻혀 있는 화석들이 지질학자의 발견을 기다리듯이, 사실들은 역사가의 발견을 기다린다. 역사가가 어떤 시대의 특정한 사실을 발견하면 그것을 찾는 작업은 곧바로 끝날 것이다. 당시의 역사가들은 이렇게 생각했다. 그리고 이런 맥락에서 근대 역사학은 '과학적'일 수 있었다.

그러나 20세기에 들어와서 역사가들은 그들의 학문 분야가 여전히 과학적이라고 고집할 수 없게 되었다. 역사학은 일회적인 현상만을 다루고 예견할 수 없으며 법칙정립적인 것도 아니라는 비판에 시달렸다. 그뿐만 아니라 역사연구는 객관적 '실재'에 쉽게 이르지 못했다. 어떤 역사가도 자신이 재현한 과거가 완벽하다고 주장할 수 없었다. '실재'와 역사가 사이에는 불완전한 사료, 역사가의 주관, 시대적인 분위기라는 장애가 가로놓여 있었다. 그러나 이런 한계가 있음에도 역사가들은 역사지식의 점진적인 확대와 축적을 부정하지 않았다. 그들은 역사학 본래의 한계를 극복하기 위해 끊임없이 인접학문의 방법을 받아들였다.

삶으로의 역사

19세기에 랑케가 문헌학의 방법을 원용했듯이, 20세기의 역사가들은 경제학, 인류학, 사회학, 통계학 등 새로운 학문에 스스로를 열었고 그 자양분을 흡수했다.

이 단계까지만 하더라도, 역사가들은 아직 그들의 탐구가 객관적이며 그 탐구에서 어떤 진실을 찾아낼 것이라고 믿을 만한 근거가 있었다. 역사가들은 사실과 허구, 역사서술과 문학의 이분법적 구분을 상식으로 받아들였다. 물론 여기에서 역사연구가 객관적 '실재'에 곧바로 이를 수 있다고 주장하는 것은 아니다. 역사가들은 과거의 사실이 그것의 기록 및 그 기록에 대한 역사가의 해석과정을 거치면서 변화를 겪는다는 점을 대체로 인정했다. 그러면서도 궁극적으로 역사의 탐구는 객관성을 향해 나아가리라는 믿음을 가졌다.

1980-90년대 포스트모던 담론의 폭풍우를 겪은 역사가들은 이제 더 이상 자신의 탐구에서 역사적 진실이나 객관성을 언급하지 않는다. 실제로 그들의 비판 이전에, 역사가들이 항상 내세우는 '사료비판'이 과연 어느 정도 충실하게 이루어졌는지 의문이다. 실증적인 역사연구는 아직 재현되지 않은 과거의 '틈 메우기'와 이미 재현된 과거를 비판하고 새롭게 재현하는 '뒤집기'라는 두 가지 유형으로 나눌 수 있다. 이전에는 앞의 작업이 대부분이었을 것이다. 그러나 역사연구의 심화와 더불어 뒤의 유형이 점차 지배적인 것으로 자리 잡았다. 역사학처럼 논쟁이 심한

학문 분야도 드물다. 역사지식은 누적되지 않는다는 극단적인 주장이 제기되는 것은 이 때문이다. 더욱이 전후의 번영기에 대학에서 직업을 가지려는 역사전공자는 독창성을 염두에 두면서 끊임없이 '뒤집기' 작업에 매진하지 않으면 안 되었다.

실제로 박사논문을 준비 중인 역사학도는 그가 수집한 원사료와 2차 문헌을 훑으면서 마치 자신이 그 주제에 관해 가장 잘 알고 있다는 착각에 빠지기 쉽다. 이에 덧붙여 독창성이라는 학계의 주문에 시달리다 근대 역사학의 기반이라고 할 수 있는 사료비판을 소홀히 하는 경우가 적지 않았다. 그러면서도 기존 해석에 대한 '뒤집기'는 가능한 것이었다. 부끄러운 일이지만 나 자신을 비롯해 많은 역사가들이 사료의 불투명성과 텍스트의 다중적 의미를 강조하는 포스트모더니즘 이론을 만나기 이전에 이미 사료의 자의적 선택과 왜곡, 상상력, 편의주의 등을 구사해 역사서술이 허구임을 스스로 드러내 보였던 것이다. 그러면서도 자신의 서술에 스스럼없이 현재적 관점이라는 겉옷을 입혔다.

지금 생각해보면, 포스트모던 담론은 처음 우려했던 것과 달리 역사학에 치명적이지는 않았던 것 같다. 나 자신이 그 폭풍우를 겪으면서 스스로 이전의 확신과 신념을 상당 부분 잃고 또 고정관념을 바꿨지만, 그렇다고 해서 역사 '탐구'가 무의미하다는 식의 회의주의에 빠져들지는 않았다. 앞에서도 고백했듯이, 나는 이제 '사회사'가 역사 탐구의 본령이라는 주장이 설득력 없다는 것을 인정한다. 거대서사보다는 인간의 삶의 사소한 숨결들, 특히 문화라고 불리는 측면에 대한 관심이 더 중요하다고 본다. 사회 자체도 문화의 창을 통해 들여다볼 때 더 많은 것을 이해할 수 있다고 생각한다. 연구분야인 영국 근대사를 진보의 관점에서 해석해온 무수한 정통론을 불신하기도 한다. 영국혁명, 상업혁명, 농업혁명, 산업혁명, 19세기 노동운동 등을 진보의 관점에서 바라본 여러 정통해석 대신에 수정론이 득세해왔다는 것을 인정한다.

이제 나는 18세기 후반부터 19세기에 걸친 영국 사회사를 이렇게 정리한다. 산업혁명은 기계와 공장제의 완벽한 승리로 끝나지 않았다. 경제 전반에 걸쳐서 전통적 부문과 근대적 부문이 공존하는 불균등발전의 모습을 나타낼 뿐이었다. 따라서 산업혁명은 '잘못된 이름'이고 기껏해야 '조용한 혁명'에 지나지 않는다. 다만 산업자본주의를 표현하는 은유와 환유를 통하여 인간관계의 새로운 변화를 나타냈다는 점에서 그것은 일종의 '언어적 사건'이었다. 또 산업화 자체가 점진적인 변화였던 만큼 19세기 산업자본과 노동계급의 성격도 이전에 생각했던 것과는 다른 면모를 보여준다. 우선 19세기에 산업자본의 승리는 일어나지 않았다. 그보다는 지주자본과 상업자본의 지배가 뚜렷했다. 빅토리아 시대 영국경제의 발전은 오히려 이들의 주도 아래 이루어졌으며 영국 자본주의의 이러한 성격은 곧바로 영국경제의

315

쇠퇴의 한 요인으로 작용했다. 다음으로 노동계급의 형성 또한 점진적이었고 노동운동의 핵심을 이룬 것은 전통적 부문의 수공업 장인층이었다.

결국 이전의 근대사 연구에서 정립된 거대서사는 산업주의, 자본주의, 합리화와 같은 근대성에 대한 확신을 바탕으로 한 것이었다. 근대사회는 주어진 현실을 신의 섭리와 운명으로 간주하던 삶의 양식을 벗어 던지고 그 대신에 합리적 기획을 통해 사회의 진보를 모색하는 특징을 보여준다. 그러나 근대적 기획이 남긴 것은 인류의 생존을 위협하는 위험의 증대뿐이었다. 포스트모더니즘은 무엇보다도 근대화가 남긴 불안정에 대한 철저한 비판에서 출발한다. 근래에 서구 역사학의 여러 분야에서 전개된 수정주의 연구는 대체로 이와 같은 포스트모던 분위기의 영향을 받았다고 할 수 있다.

그렇다면 나의 '탐구'는 무엇을 위한 것인가. 나는 역사연구에서 객관성을 담지할 수 있다는 믿음은 버렸다. 다만, 역사가가 객관성을 언급할 때 그것은 자신의 학문적 방법에 어느 정도 충실하고 또 그 방법에 진실했는가를 가지고 판단해야 한다. 역사가는 객관적 진실이라는 도달할 수 없는 꿈을 향해 부단히 노력하는 존재다. 이 부단한 노력, 즉 진실에 접근하기 위해 학문적 프로토콜에 충실하고 또 밤낮없이 노력하는 과정에서 역사가의 진실을 확인하는 것이다. 훌륭한 역사가가 되기는 어렵겠지만,

나쁜 역사가로 전락하지 않도록 끊임없이 스스로를 경계해야 하는 것이다.

포스트모던 이론가들이 말했듯이, 텍스트로서 사료는 불투명하기 때문에 역사가는 작성자의 의도와 문서의 내용 및 그것이 쓰여진 콘텍스트를 고려하지 않으면 안 된다. 이것은 고된 노력을 필요로 하며 또 성공한다는 보장도 없다. 그렇다면 역사가는 이런 문제들에 직면하여 어떻게 행동해야 하는가. 사료라는 텍스트는 다른 텍스트와 비교하기 어렵고 또 일부만 남아 있으며 원래 불투명한 의미를 가진다. 그러므로 역사가의 자의적인 판단과 상상력에 의존하고 그 결과로 나타난 것 또한 일종의 허구라는 점을 자인할 것인가, 아니면 객관성을 자신하지 못한다고 하더라도 불투명한 사료에서 투명한 의미를 찾기 위해 최선의 노력을 기울일 것인가. 나를 포함한 대부분의 역사가들은 아직도 뒤의 태도를 견지한다. 객관성의 풀리지 않는 의문을 이 정도 수준에서 봉합해온 것이다.

### 역사서술의 실용성

역사서술에서 실용성을 언급할 수 있을까? 인문학에서 이 문제를 직접 거론하는 것 자체가 무리라는 주장도 있다. 그것은 사람의 교양과 내면적 성장에 도움을 주기 때문에 실용성의 척도 대상을 넘어선다는 것이다. 과거 사람들의 삶의 편린들을 들추

317

어냄으로써 인간에 대한 우리의 이해를 심화시킬 수 있지 않은가. 우리가 현재의 좌표를 식별하기 위해서는 지금에 이르는 과거의 궤적을 살피지 않으면 안 된다. 그러나 역사가들이 아무리 이러한 점들을 강조하더라도 그것은 공허한 소리로 여긴다. 오늘날에는 실용성이 없거나 가시적인 성과가 나타나지 않는 것을 중요하게 여기지 않기 때문이다.

역사 지식은 왜 중요한가. 여기 기억을 잃어버린 사람이 있다고 하자. 주위 사람들은 그의 행위를 정상적인 것으로 인정하지 않는다. 그가 어떤 기준에 따라서 행동한다고 생각하지 않기 때문이다. 사람의 기억은 그의 현재 활동과 사고의 기준을 제공한다. 사회의 경우도 이와 다르지 않다. 역사 지식은 사람들이 집단적으로 공유하는 '사회적 기억'이다. 기억은 진실에 가깝고 왜곡되지 않아야 한다. 그 사회 집단의 행동과 집단의식에 잘못된 기준을 강요할 위험이 뒤따르기 때문이다. 많은 나라에서 국민교육 차원의 역사교육을 중시하는 것이나, 우리가 일본의 교과서 왜곡에 분노하는 것도 이러한 까닭에서 비롯한다.

사람들은 역사에서 교훈을 얻는다. 정치인들은 역사지식에서 지금의 현실에 대처하는 교훈을 얻을 수 있다고 믿는다. 이러한 교훈은 역사지식의 일반화와 관련된다. 일반화는 어떤 역사적 사실을 통해 얻어진 패턴을 비슷한 조건이라고 생각되는 사실들에 적용하는 것이라고 할 수 있다. 일반화의 배후에는 아마도 인간의 속성은 통시적이라는 암묵적인 동의가 자리 잡고 있을 법하다. 러시아혁명기에 볼셰비키들은 이전의 영국혁명이나 프랑스혁명의 전개과정을 알고 있었다. 그들은 혁명이 크롬웰이나 나폴레옹 같은 군사독재자의 지배로 귀결되었다는 것도 알고 있었다. 트로츠키가 밀려난 것은 부분적으로는 그의 군사적 영도력을 두려워한 상당수의 볼셰비키들이 지지하지 않았기 때문이다. 1956년 영국 수상 앤서니 이든Anthony Eden은 나세르 대령의 수에즈운하 국유화 선언에 맞서서 무모한 군사개입을 감행하였다. 이는 일찍이 뮌헨회담에서 드러났듯이, 히틀러와 같은 독재자에게 양보하면 더 커다란 위험에 직면한다는 교훈을 염두에 두고 있었기 때문이다.[2]

그럼에도 역사가들은 이 같은 일반화에 가능하면 침묵을 지킨다. 영국혁명과 러시아혁명, 히틀러와 나세르는 동일한 조건이 아니므로 비슷한 패턴으로 일반화할 수 없다고 생각한다. 그들은 내심으로는 일반화를 추구한다고 하더라도 실제 역사서술에서는 일반화와 거리를 두려고 한다. 아널드 토인비Arnold Toynbee의 『역사의 한 연구A Study of Hisotry』가 전문역사가들의 높은 평가를 받지 못한 것은 그 책이 '도전과 응전'이라는 패턴을 통해서 문명의 흥망을 일반화하였기 때문이다.[3] 그럼에도 토인비는 어느 역사가도 누리지 못한 대중적 명성을 얻었다. 일반화가 어렵다고 생각하는 것과 일반화를 멀리하는 것은 다른 차원의 문제이다. 역사가는 일반화의 어려움을 숙지해야 하지만, 그렇다고 그 작업을 포기할 수 없다.

정치인만이 아니라 일반 사람들도 상당수가 역사지식에 흥미를 가지고 있다. 대중을 겨냥한 역사관련 서적이 꾸준하게 팔리는 것은 우리나라를 포함하여 여러 나라에 공통된 현상이다. 정치인이건 일반 사람이건 역사에 관심이 많은 것은 단순히 교훈때문만은 아닌 것 같다. 나는 이러한 관심이 일상생활의 대화 또는 담론의 장에서 많은 사람들이 언술을 통한 지배를 추구하려는 욕구와 관련된다고 생각한다. 사람들은 일상적인 대화나 토론에서 다른 사람들을 설득함으로써 지배력을 행사하려고 한다. 언어를 통한 지배의 유력한 도구는 비유이다. 여기에서 객관성으로 포장된 역사지식은 비유의 가장 강력한 무기이다. 정치인만이 그의 연설에서 역사지식을 비유의 무기로 사용하는 것은 아니다. 일상적인 대화에서 우리는 대체로 역사지식을 중요한 자료로 삼으려는 경향이 있다.

또한 사람들의 원초적인 호기심도 역사서술에 대한 관심을 불러일으킨다. 누구나 호기심은 있게 마련이므로, 자신의 주변 사람들의 삶을 엿듣고 훔쳐보는 일은 그 자체가 즐거움이다. 역사서술은 지금과 동떨어진 시대의 사람들, 그래서 지금의 나와 전혀 관련이 없는 사람들의 삶의 모습을 엿듣고 훔쳐볼 수 있는 기회를 제공한다. 이와 같이 일반 사람들이 이러저러한 이유로

삶으로의 역사

역사서술에 관심을 가지고 있음에도 전문역사가의 역사서술은 그들에게 읽히지도 않을 뿐만 아니라 또한 그들을 겨냥하지도 않는다는 데에 문제의 심각성이 있다.

역사학이 실용성이 없다는 인식이 널리 퍼진 것은 기존의 역사서술이 일반 사람들의 관심을 스스로 멀리한 데서 부분적인 이유를 찾을 수 있다. 전문적인 역사서술은 일반 사람들은 고사하고 동료 역사가들마저 읽기 힘든 경우가 많다. 과거에 로런스 스톤은 '이야기체 역사'의 부활을 언급한 적이 있다.[4] 물론 나는 역사서술이 객관성을 담지하지 못하기 때문에 문학과 구별되지 않는다는 포스트모던 이론가들의 주장을 인정하지 않는다. 역사서술은 다만 그 형식에서 문학과 구별되지 않을 뿐이다. 원래 역사학은 문학과 마찬가지로 그 자신의 고유한 전문 언어를 사용하지 않았다. 문학작품의 독자와 역사서술의 독자는 겹쳐 있었다. 그러나 사회사는 인접 학문 분야의 전문 언어를 차용하여 역사서술을 어렵게 만들었다. 전문 언어를 도입함으로써 과거에 대한 인식의 지평은 넓혔지만, 그 대신에 역사서술의 전통적인 독자층을 잃었다. 사실, 역사서술이 문학과 비슷한 일반 언어를 사용한다고 해서 문학적 수사를 내세워야 할 이유는 없다. 언어의 정확성은 역사서술의 의무이다. 역사학은 스스로 그 독자를 창출하지 않으면 안 된다.

## 직업으로서 학문

다른 인문학과 마찬가지로 역사학도 실용성이 없는 학문이라는 인식이 널리 퍼져 있다. 이것은 사람의 모든 활동을 자본과 시장의 지배에 두려는 신보수주의 분위기 아래서 나타난 불가피한 현상이다. 특히 오늘날 학령인구의 변화로 대학 구조조정 문제가 현실화 하면서 사학과의 위축은 물론이고, 교양과정에서조차 역사교과의 위상이 땅에 떨어지고 있는 실정이다.[5] 이는 비단 우리나라에만 해당하는 현상이 아니다. 유럽의 여러 나라에서도 역사학은 침체에 빠져 있다. 영국 대학의 경우 1980년대 이후 역사학을 전공한 전임교수의 수가 절대적으로 감소하기 시작했으며 역사가들의 노령화 추세도 눈에 띄게 늘었다.[6] 이제 역사학은 학문후속세대의 집단적인 좌절과 고통을 넘어서 자기재생산마저 불투명한 상황을 맞게 된 것이다.

직업으로서의 역사학, 직업으로서의 인문학이 미래에도 가능할 것인가. 역사학자들은 대부분 대학에서 교육과 연구를 담당하거나, 아니면 소수이기는 하지만, 역사 관련 연구소에서 탐구 활동을 한다. 대학은 나름대로 취업과 관련이 없는 학과를 통폐합하고, 또 실용성이 적은 교과목들은 실용적인 과목으로 대체하려고 한다. 한국에서는 보수정권 10여 년간 이 과정이 제어장치 없이 진행되어, 인문학 전공자가 설 땅이 더욱 더 좁아졌다.

그렇다면, 대학에서 학생 가르치는 일을 직업으로 하는 경우는 어떤가? 그동안 대학도 진실을 찾고 탐구를 일생의 업으로 삼으려는 사람에게는 아주 낯선 곳으로 바뀌었다. 이전에는 그래도 탐구를 어느 정도 겉으로 존중하는 분위기가 있었지만, 지금은 대학을 사업체나 비즈니스 또는 권력관계로 보는 사람들이 다수를 차지한다. 대학 선생 충원 자체가 요즘은 투명해졌다고 하지만, 역시 연줄이 지배하기 때문에 부패하고 타락하는 것이다.

2012년 영국에 체류하고 있을 때의 일이다. 한 세미나에 참가했다가 맨체스터대학의 사회학 교수의 중국에 관한 발표를 들었다. 그의 발표는 중국의 '관계關係'에 대한 영국 학계의 연구현황을 정리한 내용이었다. 비교적 나이가 젊은 편이었는데, 중국의 후진적 사회관행을 농담조로 얘기하는 것이 기분 좋았는지 상당히 들떠 있는 태도로 발표문을 읽어나갔다. 발표 도중에 나는 적지 않게 기분이 나빴다. 발표자의 농담조 발언에 참석자들이 웃음을 터뜨리고 귓속말을 나누는 것을 지켜보면서 일종의 영국중심주의Anglocentrism 비슷한 분위기를 느꼈던 것이다.

몇 사람들의 질문 후 나도 토론에 끼어들었다. 내 질문은 이런 것이었다. "당신은 올드 커럽션Old Corruption과 '관계', 두 단어를 함께 연결 지은 적이 있는가?" 처음에 발표자는 내 질문의 뜻을 이해하지 못했다. 나는 다시 부연 설명했다. 『인간의 권리』에서 토머스 페인Thomas Paine이 당대의 정치 및 사회 부패를 질타

하면서 언급한 '오랜 부패의 관행'을 기억하고 있는가? 내 급작스런 질문에 발표자는 곧바로 대답하지 못하고 머뭇거렸다.

사실, 그 발표를 듣는 동안 나는 중국이 아니라 한국의 현재를 생각했고 조금 부끄러웠다. 그럼에도 화가 났던 것은 그 사회학자의 태도 때문이었다. 그는 정말 이상한 나라의 앨리스처럼, 중국사회에 내밀하게 깃들어 있는, 그 후진적이고 비합리적인 관행을 들춰내는 것 자체를 즐기는 듯했다. 그런 관행은 영국과 관련이 없었나? 19세기 중엽까지만 하더라도 페인이 말한 '올드 커럽션'이야말로 영국의 정치, 경제, 사회를 지탱하는 근본원리 가운데 하나였다. 그것은 영어에서는 '후견patronage'으로 표현된다. 흔히 우리말로 '후견'이라 옮기지만, 나는 즐겨 '연줄'로 표현한다.

19세기 중엽까지도 영국에서는 정치적으로나 사회적으로 귀족의 연줄을 잡아야 출세할 수 있었고, 상승할 수 있었다. 그 후 윌리엄 글래드스턴의 개혁, 시험제도의 도입 등 오랜 노력과 시행착오를 거쳐 공적 영역이 연줄의 지배에서 점차 벗어날 수 있었다.[7] 그 영국인 학자는 영국의 현재와 중국의 현재만을 비교할 뿐이다.(물론 오늘날에도 영국에서 연줄이 적지 않게 작용한다. 중국보다는 덜하겠지만). 영국의 과거와 현재를 비교하면, 근대화의 이면에 연줄로부터의 해방, 연줄과 거리두기라는 어렵고도 지난한 전개과정이 있었다는 것을 깨닫는다.

나는 박정희에서 전두환·노태우에 이르는 군사정권이 오로지 연줄에 기반을 둔 정치를 운영했다고 본다. 근대화과정에서 인맥, 학맥, 지연이 얽혀 사회의 중요한 연결망을 이루고 그런 연줄로 이어진 연결망이 자기세력과 후원세력을 충원하고 동원하는 기제로 작용했다. 그런 관행은 거의 수년마다 계속되는 지자체, 국회, 대통령 선거를 통해 재현, 반복되고, 자생적으로 강화되어 온 것이다. 대학이라고 예외일 수 없다. 오히려 연줄 지배의 온상이 아니었나 생각한다.

이 연줄 지배에 덧붙여, 대학을 권력 행사의 도구로 보는 경향도 무시할 수 없다. 최순실 국정농단 사태로 알려진 이화여대 뉴스는 대학이 얼마나 권력구조의 덫에 갇혀 있는가를 여실히 보여주었다. 그 대학 총장에 관한 뉴스를 보고 많은 사람들이 한탄했을 것이다. 미국과 달리 동아시아에서 대학총장직은 전통적으로 특별한 이미지를 갖고 있었다. 아마 유교문화권의 영향 때문이라고 생각된다. 우선 대학총장은 학덕과 인품을 갖춘 인사들 가운데 선출되리라고 생각한다. 거기에 대규모 대학을 운영하는 전권을 쥐었으니 명예는 물론, 실제 학내권력까지 행사한다. 평판 좋은 대학 총장의 경우 우리나라에서도 한때는 언론방송에서까지 거의 이 시대의 석학 운운하면서 치켜세우는 분위기도 있었다.

대학총장직이 언제부터 명예와 권력 그 자체를 탐하는 인사들의 독무대가 되었는지 확실하지 않지만, 대체로 유신시대부터 나타났다고 기억한다. 대학을 송두리째 장악하기 위해 그에게 맹종하는 교수를 총장으로 앉히기 시작한 것이다. 전남대 총장을 지낸 둔마지로鈍馬之勞의 유 모 씨는 그 전범이다. 박근혜도 그 기억을 그대로 가지고 있었던 모양이다. 지금 드러나고 있지만 그동안 여러 국립대학의 총장 임명을 이유 없이 미뤘던 것도 두 손 비비는 인사를 앉히려고 꾸민 음모였던 것이다.

사립대학의 경우는 더 심각하다. 설립자 직계 후손이 전횡하는 대학이야 말할 것도 없고, 그렇지 않은 대학에서도 재단이 전권을 행사해 그 비위 맞추는 인사만을 총장에 앉힌다. 자유로운 경선이 보장되는 곳에서는 바로 권력과 부와 명예만을 쫓는 사람들이 덤벼든다. 한국 대학의 현실이 이런 것이다. 나는 일반인들이 오늘날 한국 대학의 총장직은 분명히 '사판'이라고 생각했으면 한다. 그러니까 학덕이나 인품과 관계없이, 대학 간 경쟁도 치열하니까 대외로비도 필요하고 펀드 레이징도 필요하니까, 그런 역할을 하는 인물 정도로 취급해주었으면 좋겠다. 한국 대학의 총장직을 그런 수준으로만 인정하는 분위기라면, 적어도 총장으로서 사회적 존경을 받고 싶다거나 또는 명예를 쫓는 사람들은 관심을 덜 기울이지 않을까. 차라리 로비 잘하고 돈 잘 끌어오는 재주 있는 사람이 대학 운영을 맡는다면, 그래도 대학 재정난 완화에 기여하지 않을까. 그 대신에 총장에 대한 사회적 위신과 권위는 그 수준까지만 인정해주자는 말이다.

동아시아에서 대학총장에 대한 전통적 이미지를 조성해온 주역은 일본이다. 1960년대 말의 에피소드가 생각난다. 하야시 겐타로林健太郞는 도쿄대학의 서양사 선생이었다. 1960년대 말 당시 통념으로는 젊은 나이에 총장을 맡았는데, 그의 임기가 끝날 무렵에 학내에서 총장선거와 관련된 운동이 일기 시작했다. 당시만 하더라도 어느 정도 학덕이 있고 평판이 높은 사람들이 총장 후보가 되던 시절이었다. 자천타천 후보로 거명되던 선생 5-6명이 스스로 운동을 시작했다. 물론 총장 안 되기 운동이었다. 지금 자신이 일생에서 가장 중요한 연구를 하고 있기 때문에 이번만은 피하고 싶다는 말을 주변에 퍼뜨리면서 후보 안 되기 운동을 벌인 것이다. 사태가 상당히 심각해지자 하야시 선생 스스로 자청해서 한 번 더 임기를 맡겠다고 선언했다는 이야기다. 거론되는 후보들보다 자신이 젊기 때문에 연구의 기회를 양보하겠다는 것이다. 물론 나중에 정계에 진출해 참의원을 한 것을 보면 학문 연구에 매진한 것 같지는 않다. 그리고 내가 알고 있는 그 에피소드가 사실 그대로인지 과장된 것인지 확실하지도 않다. 하지만 입맛이 씁쓸한 것은 사실이다.

물론 대학의 달라진 풍경이 일부 보직교수나 정부의 잘못된 정책 때문만은 아니다. 그렇게 말하면 자기변명에 지나지 않는다. 근본적으로는 대학에서 교육과 연구의 책임을 맡고 있는 선생들의 일반적인 태도에 문제가 있다. 1990년대 초 지금 재직 중인 학교 주위는 농촌 마을이 그대로 남아 있었다. 승용차로 20여 분 거리, 남평이라는 마을에 추어탕집들이 몇 군데 있었다. 어느 날 국사를 가르치는 선임교수의 안내로 점심식사를 하러 추어탕집에 들렀다. 우리가 막 들어섰을 때 구석진 방에 있던 같은 학교 부총장을 비롯해 몇몇 선생들이 우리와 눈인사를 하고 난 후에 음식값을 치르고 빠져 나갔다. 동행한 선생이 주인 아주머니에게 그들이 자주 오는 모양이라고 묻자, 그분 대답이 아주 걸쭉했다. "그 사람덜 시도 때도 없이 오요. 방구석에 퍼질러서 화투 친단 말요. 교수들이 돼가지고, 뭘 가르치는지 모르겠소." 그 말을 듣고 내가 얼굴이 붉어졌다.

그 때 나는 대학 선생들이 누리는 삶의 자유가 어떤 사람들에게는 분노감을 불러일으킬 수 있다는 것을 목격했다. 교수가 자신의 자유를 드러내고 과시할수록 분노가 증폭될 수도 있을 것이다. 예나 지금이나 우리 주변에는 고달프게 하루하루를 살아가는 사람들이 너무 많다. 근래에는 양극화 때문에 더 많은 사람들이 사회의 주변으로 밀려나는 실정이다. 벼는 익을수록 고개를 숙인다는 말에는 삶의 지혜가 깃들어 있다. 나는 교수사회에서 강조해야 할 첫 번째 덕목이 바로 겸손이라고 생각한다.

정해진 출퇴근시간 없이 또 별다른 간섭 없이 지낼 수 있어서 교수직을 희망했다고 말하는 사람들을 가끔 본다. 도대체 교수

삶으로의 역사

의 자유는 어디서 온 것인가. 교수는 사회로부터 교육과 연구를 동시에 수행하라는 명령을 받은 집단이다. 한 가지도 어려운데, 두 가지 종류의 일을 요구한다. 그만큼 어렵다고 보기 때문에 사회는 교수 스스로 이 창조적인 일들을 잘 준비하고 수행할 수 있도록 자유를 부여한 것이다.

교수의 교육과 연구에 자유를 부여한 근대대학의 이념은 아이러니하게도 19세기 군국주의국가였던 프로이센에서 비롯된 것이다. 프로이센 지배층도 새로운 지식의 창출과 축적의 기본전제가 자유로운 정신활동이라는 사실을 알았던 것 같다. 그들은 국가정책에 도전하지 않는 한, 대학 내에서 교수들의 연구의 자유를 보장했던 것이다. 어떤 이는 그 자유가 교수 고유의 특권이라고 생각한다. 내가 보기에 그것은 특권이 아니라 사회가 부여한 일종의 배려다. 그 자유를 기반으로 교수들이 새로운 지식의 창조와 전수 그리고 축적에 매진하라는 요구다. 이러한 활동에 힘입어 문명이 지속적으로 발전하고 열매를 맺을 수 있다는 사회적 합의가 저변에 깔려 있는 것이다.

그 동안 교수사회도 크게 변했다. 청년실업이 높다보니 대학마다 취업률을 높이려고 안간힘을 쓰고 있다. 산학협력을 강조하는 분위기 탓에 나처럼 순수 인문학 전공자들은 그나마 가지고 있던 학내 발언권마저 압류당한 상태다. 교수들의 잡무도 많아지고 이전에는 상상조차 할 수 없는 일들을 떠맡아 해야 하는

실정이다. 그렇더라도 교육과 연구의 자유에 대한 사회적 합의
는 어느 정도 지켜지고 있다고 본다.

자유가 소중한 만큼 교수집단은 그에 뒤따르는 책임을 지킬
의무가 있다. 모두가 그렇지는 않더라도 교육과 연구가 교수사
회의 지배적인 풍토가 되어야 한다. 그러나 오늘날 교수사회의
풍경을 바라보면 씁쓸한 느낌을 지울 수 없다. 정부에서 지원하
는 프로젝트를 따기 위해 온갖 로비와 정치권 줄대기, 그리고 사
기치기 등 이런 편법이 판을 치고 대학사회를 난장판으로 만들
었다. 대학사회에 그나마 조금 남아 있던 염치와 체면은 완전히
사라지고, 돈과 권력을 쫓는 일을 당연시하는 분위기다. 지적 담
론은 말할 것도 없고, 심지어 자신의 전문분야의 연구라도 제대
로 하려는 사람은 오히려 숨을 죽여야 한다. 완전히 대학사회의
비주류다. 이런 풍토에서 교육이 제대로 되겠는가. 음식점 아주
머니 말대로, 학생들이 무엇을 배울지 알쏭달쏭하다. 교수사회에
자정운동이 전개되지 않고 현재의 추세가 이어진다면, 언젠가 사
회는 교수들에게 부여한 그 자유를 회수하려 할지도 모르겠다.

### 아웃사이더

1990년 이래 나는 광주의 한 작은 사립대학에서 교양과목 가
르치는 역사 선생으로 지내왔다. 강의에 신경을 쓰지 않는 것은
아니지만, 어쨌든 강의 준비의 부담이 덜한 만큼 탐구에 좀 더

집중할 수 있었다. 같은 동업자 가운데는 나의 처지와 여건을 보고 상당히 의아하게 생각하는 사람도 있다. 탐구를 위한 조건이 전혀 갖춰지지 않았는데 어떻게 지속적으로 연구 활동을 할 수 있었느냐는 것이다. 모든 것에는 빛과 그림자가 있다. 좋은 점이 있으면 나쁜 점도 있다. 그것이 자연의 이치다. 그리고 부정적인 조건이 강하면 그 조건을 극복하려는 상쇄반응 또한 격렬해진다. 그 또한 자연의 이치다.

나의 탐구의 편력과정과 생애사를 섞어 짜는 작업을 하면서 그동안 내가 해온 연구 및 학술활동을 정리하는 자료를 작성했다. 논저목록에는 연구서 10권, 공저 및 편저 14권, 번역서 5권, 연구논문 108편, 서평 및 소론 21편, 국내외 학술대회 및 세미나 발표 77회, 저서와 역서 가운데 문화관광부나 학술원 선정 우수 학술도서 9권 등이 적혀 있다. 한국연구재단을 비롯해 몇몇 학술 재단에서 과분할 정도로 여러 차례 연구지원을 받기도 했다. 물론 양이 탐구의 질을 말해주지 않는다. 논문과 저술 가운데 신통할 것도 없는 태작이 있을 것이다. 그렇더라도 이 연구이력은 내가 한 눈 팔지 않고 탐구에 매달려왔다는 것을 보여주기는 한다. 나는 오히려 내가 처한 여건이 탐구에 유리하게 작용했다고 말하기도 한다. 원래부터 그랬다기보다는, 나의 여건 속에서 탐구에 적절한 관행과 방법과 적응력을 키워왔다고 하는 편이 적절할 것이다.

열악한 연구여건에 불만이 없었다고 하면 거짓말이다. 전공 과목을 가르치지 않고 전문분야의 탐구를 심화시킬 수 있을까? 대학원 세미나 없이 학문의 자극을 받을 수 있을까? 열악한 도서관과 연구지원 관행이 거의 없는 작은 대학에서 지속적인 탐구활동을 할 수 있을 것인가? 그러나 그런 조건들이 충족된다고 해서 탐구에 계속 정진하리라는 보장도 없다. 부족하면 부족한 대로 그 여건에 맞춰 자신을 개조해 나가는 것이 중요한 일이다. 나는 오랫동안 그렇게 스스로에게 위안의 말을 던지곤 했다. 처음부터 이런 생각을 하지는 않았겠지만, 적어도 1990년대 중엽부터는 좀 더 편한 마음으로 탐구에 정신을 쏟았던 것 같다. 여건이 좋고 평판이 좋은 대학에서 학생을 가르치려고 하는 것은 인지상정이다. 그러나 그렇지 않은 경우가 절대 다수다. 나는 현실을 스스로 인정하고 그 운명에 순응하기로 했다. 그렇지만 그 운명이 내게 부여하는 조건들에 대해서는 끊임없이 저항했다. 영국 역사가들의 생애를 훑어보면 바로 학계의 아웃사이더로 있으면서도 훌륭한 탐구의 결실을 맺은 인물이 많다.

지금은 내용조차 거의 기억하지 못하지만, 젊은 시절에 콜린 윌슨C. Wilson의 『아웃사이더』를 읽고 공감한 적이 있다. 사회와 화해하지 못하고 불온한 탓에 소외당한 괴짜들을 탐색한 내용이었던 것 같다. 영국 지성계에서도 이런 경우는 허다하다. 조지 오웰이 대표적인 사례다. 역사가들 중에서도 아웃사이더에 해당하는 경우가 적지 않다. 아널드 토인비A. Toynbee와 에드워드 카도 영국 사학계에서는 일종의 아웃사이더였는데, 특히 이 두 사람은 삶의 행로가 상당부분 겹쳐 있어서 흥미롭다.

토인비는 명문기숙학교 윈체스터를 거쳐 옥스퍼드대학에서 고전학을 공부한 엘리트였다. 1차대전기에 외무부에서 장기근무한 후에 옥스퍼드 베이리올 칼리지의 고전학 튜터로서 학자생활을 시작했다. 그러나 그의 학자로서의 삶은 출발점부터 엇나가기 시작했다. 칼리지 동료들이 그에게 적대적인 태도를 보였기 때문이다. 외무부에서 밥 벌어먹던 주제에 웬 대학이냐, 아마 동료들은 이런 생각으로 따돌렸을지도 모른다.

이에 실망한 그는 곧바로 런던 킹스칼리지의 비잔틴사 및 현대 그리스 담당교수로 자리를 옮겼다. 그러나 이곳에서도 삶은 순탄하지 않았다. 당시 그는 그리스-터키 지역을 여행하면서 몇몇 지면에 기고한 글들을 묶어 여행기를 펴냈는데, 그리스 군사정부를 비판하는 일부 내용이 문제가 되어 교수직을 사임하기에 이르렀다. 교수직 기금을 댄 그리스 후원자들이 그 내용에 분노했기 때문이다.

그는 외무부로 돌아가 국제문제연구소에서 1950년대까지 활동하다가 은퇴했다. 더욱이 1934년에 『역사의 연구』 처음 3권, 그리고 5년 후에 다음 3권을 간행했을 때만 하더라도 영국 학계에서는 아무도 관심을 기울이지 않았다. 1940년대 서머벨D. C.

Somervell의 두 권짜리 축약본이 출간되어 미국에서 큰 주목을 받은 이후 뒤늦게 영국에서 독자층의 관심을 끌었을 뿐이다. 이처럼 외면당한 것은 그의 역사서술 방법이 실증적이고 경험적인 기존 역사학계의 전통과 달랐기 때문이다.

에드워드 카 또한 토인비와 비슷한 이력을 보여준다. 케임브리지대학에서 고전학을 전공한 그는 1차대전기에 징집당해 외무부에 근무하면서 도스토옙스키와 바쿠닌의 평전을 서술해 이름을 얻었다. 소비에트 러시아 관련 단행본을 여러 권 출판하고 국제정세에 관한 논설로 필명을 날렸지만 학계의 시민권을 얻지 못했다. 토인비와 마찬가지로 직업역사가 집단으로부터 따돌림당했으며, 그 결과 대학에서 자리를 잡을 수 없었다.

1940년대까지 제도권 학계에서 그의 이력은 짧은 기간 웨일스대학 애버리스트위스에서 정치학과 국제관계론을 강의한 것이 전부였다. 결국 그는 토인비가 주관하던 외무부 국제문제연구소(채텀하우스)를 출입하면서 저술활동을 계속할 수밖에 없었다. 2차대전기에는 외무부로 복귀해 일거리를 맡기도 했고, 그후에는《더 타임스》에서 한동안 일했다. 신문사에서도 그는 동료들과 불화를 겪었고 결국 논설위원을 끝으로 더 이상 승진하지 못했다. 소련 전문가로 필명을 떨쳤으면서도, 달리 보면 삶은 좌절의 연속이었다.

그는 런던대학과 옥스퍼드대학의 교수직을 간절하게 원했

지만, 그때마다 보수적인 학계 분위기와 냉전기의 시대 상황 때문에 번번이 좌절을 겪었다. 그가 제도권 학계에 가까스로 진출한 것은 나이 60이 넘어서였다. 모교인 케임브리지대학 트리니티칼리지에 부임할 때도 그의 공식 직함은 선임연구원senior research fellow이었을 뿐이다. 내가 알아본 바로는 트리니티칼리지의 선임연구원 자리는 임기 7년의 단임직이었다. 임기를 채우고 그는 은퇴했다. 케임브리지대학 사학과 교수직은 그에게 아득히 멀었던 것이다.

그가 『역사란 무엇인가』를 쓰게 된 경위도 일종의 아이러니다. 그에게 케임브리지대 트리벨리언 강좌를 청탁한 사학과 학과장은 소비에트 현대사에 관한 개괄적인 내용을 기대했다. 그러나 기대와 달리 카는 역사학과 역사서술의 근본문제를 탐색하려는 원대한 야망을 드러냈다. 그는 강좌에서 역사적 사실, 역사학과 과학, 인과관계와 우연, 개인과 사회, 객관성의 문제 등 자신이 오랫동안 성찰한 내용들을 다양한 사례를 통해 설명했기 때문에 독서층의 큰 반향을 불러 일으켰다.

아마 카 자신도 강의 내용이 출판된 후에 전 세계적으로 그렇게 많은 지식인들의 관심을 불러오리라고는 생각하지 못했을 것이다. 그는 시대가 절실하게 필요로 했던 문제를 정면으로 성찰하려고 했으며, 바로 이 점 때문에 독자층의 폭넓은 관심을 얻을 수 있었다. 사족을 붙인다면, 그는 전문 역사가를 자처하는 사람들에게 '역사란 이것이다'라고 한수 가르쳐주려고 했는지도 모른다. 이렇게 보면 명저 『역사란 무엇인가』는 삶의 좌절과 한을 밑거름으로 해서 피워낸 꽃송이다.

돌이켜보면, 젊은 시절부터 내가 좋아했거나 또는 나의 탐구에 큰 영향을 주었던 역사가들 대부분이 아웃사이더였다. 도브는 경제학부에 속해 있었지만, 동료들로부터 소외당한 처지였다. 톰슨은 학계 제도권보다는 오랫동안 리즈대학 성인교육기관에서 강의를 맡았고, 1960년대 신대학의 하나인 워릭대학 사학과에 몸 담았다가 학교 당국의 관료제적 전횡에 항의한 후 대학을 떠났다. 18세기 사회사가로 이름이 높았던 로이 포터Roy Porter도 오랫동안 의학사 연구기관인 웰컴의학사연구소Welcome Institute for the History of Medicine에서 연구했을 뿐이고, 옥스퍼드의 프랑스사가 시어도어 젤딘Theodore Zeldin도 프랑스 정치사에서 출발했지만, 전통적인 역사서술을 버리고 사람들의 정서와 정감, 또는 현대인과 대화를 통해 삶의 내밀한 역사를 드러내는 데 관심을 기울였던 역사가였다.[8]

결국, 어떤 이가 아웃사이더로서 불리한 처지에 있으면서도 학문 연구에 탁월한 성취를 보인다면, 이는 그 자신의 꾸준한 노력에 힘입은 것이다. 그러나 이런 불굴의 노력이 아웃사이더 누구에게나 가능한 것은 아니다. 아웃사이더가 그의 사회와 불화함으로써 남는 것은 고독이다. 그 고독을 온전히 자신의 것으로 삼았을 때에만 비로소 무엇인가를 성취할 수 있지 않을까. 요즘 들어 부쩍 이런 생각에 젖는다.

## 학문공동체와 역사가의 정체성

2017년 6월 10일 내가 재직하고 있는 광주대 도서관에서 영국사학회와 호남사학회 공동으로 학술대회가 열렸다. 연구자란 무엇인가에 관해 다시 생각할 수 있는 기회가 되었기에 그에 관한 이야기를 하려고 한다.

광주는 우리나라 학문세계에서 아주 변방인데다가 멀리 떨어져 있다. 회원 수가 많은 학회에서 행사를 여는 것은 어렵지 않겠지만, 서양사학회 또는 그보다 분과학문인 영국사학회가 이곳 광주에서 학술대회를 치르기란 정말 어려운 일이다. 10여 년 전에 내가 서양사학회장을 맡았을 때만 해도 전남대나 또는 재직하고 있는 광주대에서 전국학술대회를 치를 생각도 하지 못했다. 서울이 아닌 지방에서 열 경우에도 대구나 부산 정도였다. 부끄러운 일이지만, 이것이 호남 학문연구의 현주소다. 물론 KTX가 개통된 후에는 사정이 약간 달라졌을 것이다.

연 초에 영국사학회를 맡고 있는 경북대 김중락 선생이 광주에서 전국학술대회를 치르는 게 어떻겠느냐고 물었을 때 나는 반대했다. 몇 사람이나 참석할지 알 수 없었기 때문이다. 그 후에 임원회에서 그렇게 결정했다는 연락을 받아 고심 끝에 한 가지

제안을 했다. 영국사 연구자들이 주로 수도권에 살기 때문에 참석인원이 적을 것을 고려해 이곳 호남사학회와 공동으로 학술대회를 열 것을 권했다. 두 학회 총무들이 서로 연락하고 조정해 '역사 속의 광기와 일탈'이라는 주제로 학술대회를 무사히 치렀다.

아무래도 내가 광주대에 있다 보니 행사 준비를 혼자 맡을 수밖에 없었다. 교양 담당교수여서 심부름할 학생을 동원하기도 부담스러웠다. 행사를 치러본 경험이 없어서 무엇을 먼저 시작해야 할지도 몰랐다. 한국사를 가르치는 한규무 선생이 준비할 사항을 알려주었을 뿐 아니라 나를 대신해 스스로 준비했다. 호남사학회의 고석규, 김덕진 선생 모두 함께 도와주었다. 사실, 김중락 선생이 굳이 이곳 광주대에서 행사를 치르겠다고 한 것은 나를 염두에 두고 생각한 것이다. 2년 후에 내가 퇴임하는 것을 고려해 그 전에 이곳에서 학술대회를 열고 싶었던 것이다. 고석규, 김덕진 선생도 이를 이해해 흔쾌하게 협조했다고 한다.

나는 처음에 호남사학회 회원들이 참석해야 겨우 회의장 자리를 메울 수 있으리라 생각했다. 오전 1부는 호남사학회 자체 논문 3편, 오후 2부 '역사에서 광기와 이탈'은 5편의 논문 발표가 예정되어 있었다. 학교 측에서 학술대회 경비를 일부 지원해주어서 플래카드, 점심과 저녁 식사비를 충당할 수 있었다. 나중에 한규무 선생의 전언에 따르면, 오전에 40여 명, 오후에도 더 많은 인원이 자리를 지켰다는 것이다. 영국사학회에서 준비한 자료집 70부가 다 나갔다는 말을 들었다. 학회 총무가 전하는 말로는, 영국사학회 방명록에 이름을 적은 분이 46명이었다는 것이다. 오후 발표 때에는 서울, 부산, 대구 각지의 여러 영국사 연구자들과 인사를 나눴다. 평소 학회 발표에서 자주 보기는 하지만, 이곳 광주까지 많은 분들이 내려오리라고 생각하지 못했다. 세상이 각박해지고 학문세계에서도 경쟁이 치열해지면서, 다른 사람의 사정을 살피고 관심을 기울이는 경우가 많지 않다. 나 자신만 하더라도 그렇다. 특히 젊은 연구자들이 많이 참석한 것을 보고 고마움을 느꼈다. 저녁 만찬도 40여 명이 참석해 즐거운 뒤풀이를 가졌다.

광주대학에는 서양사 전공자인 나와, 그리고 한국사 분야의 고영진, 한규무 선생 두 분이 학생들을 가르치며 활발한 연구를 하고 있다. 이전에는 교양학부에 함께 있었지만, 1998년 학과 구조조정 이후에 전공 성격에 따라 나는 외국어학부, 두 분은 관광학부에 소속되어 있다. 학과는 달라도 역사연구자로서 우리는 20여 년 이상 긴 세월 동료관계를 유지해왔다. 연구실도 같은 건물 18층에 나란히 있다. 학술회의에 한국사 관련 논문발표가 없어서 사실 두 분이 학술대회장을 지킬 필요는 없었을 것이다. 그럼에도 처음부터 끝까지 자리를 지켜주었다. 더욱이 이곳 광주에서 10여 분이 유숙하고 다음날 운주사를 답사하기로 했는데, 두 분이 함께 동행해 운주사의 풍물과 역사를 해설해주는 수고를 마다하지 않았다.

돌이켜보면, 20여 년 이상 우리 세 사람은 좋은 동료관계를 유지해왔다고 생각한다. 한 번도 다투거나 얼굴을 붉힌 적도 없다. 아마 열악한 연구 분위기에서 서로 도우며 학교생활을 하는 게 최선이라는 공감대 속에서 지내오지 않았나 싶다. 학술대회를 치르고 나서 새삼스럽게 좋은 동료관계가 얼마나 중요한 것인지 깨닫는다.

마지막으로, 이 글을 끝내면서 역사가로서 나의 정체성이 무엇인지 묻고 싶다. 정체성이란 원래 애매모호하다. 정작 '이것'이라고 지적하기가 쉽지 않다. 자신의 정체성을 생각하면서, 나는 젊은 시절부터 이런저런 책을 읽다가 발췌하고 정리하고 또 인용한 기록들을 뒤적인다. 지금 내가 훑어보는 자료는 탐구를 위해 뽑아낸 기록들이 아니라, 그저 인상 깊어 발췌한 기록들이다. 주로 역사가들이 말한 것을 살펴보다가 두 사람의 발언에 주목한다. 둘 다 역사가의 정체성에 관한 언급이다.

한 사람은 시어도어 젤딘이다. 그의 책 『인간의 내밀한 역사』는 국내에서도 소개된 바 있다.[9] 영국에서는 한때 베스트셀러였는데, 국내에서는 그만한 인기를 얻지 못했다. 조금 특이한 역사가인데, 그가 1976년 사회사의 방법에 관해 발표한 한 논문에서 발췌한 다음과 같은 발언이 상당히 인상적이었다.

삶으로의 역사

나는 어떤 사람에게도 특정한 방식으로 역사를 기술하라고 촉구하고 싶지 않다. 나는 당신이 쓰는 역사서가 당신의 개성의 표현임을 믿는다. 나는 우리가 사람들에게 역사쓰기를 가르칠 수 없다는 몸젠의 말에 동의한다. 용기 있는 젊은 역사가들에게 뒤따라갈 선례를 제시하기보다는 그들 자신의 개성과 자신의 견해와 그리고 그 자신만의 기발함을 개발하도록 고무함으로써 더 많은 것을 얻을 수 있다고 믿는다. 독창적인 역사학은 독창적인 정신의 반영물이며 따라서 그것을 낳을 수 있는 어떤 표준적인 처방이 있는 것은 아니다.[10]

젤딘의 영향을 받았는지는 알 수 없지만, 서양사를 공부해오면서도 나는 줄곧 나만의 스타일로 탐구하고 글을 쓰려는 노력을 기울여왔다. 서양 역사가들의 탐구 결과들을 앵무새처럼 되풀이하는 것을 가능한 한 피하고, 그 대신에 내가 관심 가진 것, 내게 흥미로운 것을 나만의 방식으로 접근해 재현하는 데 관심을 기울였다. 지금 생각하면 젤딘의 이 언급이 어느 정도 나의 학문세계와 관련되는 것이 아닐까.

또 한 사람은 조지 트리벨리언이다. 그의 짧은 글 〈클리오, 역사의 여신〉에 나오는 문단이다. 리처드 에번스의 『역사학을 위한 변론』을 번역하다가 그가 인용한 내용을 처음 읽었다. 번역할 그 당시에도 전율을 느꼈다. 그 후에 트리벨리언의 글을 찾아 읽었지만, 처음 읽었던 당시의 감흥을 다시 느끼지는 못했다. 그래도 트리벨리언이 강조한 역사가의 '정념'passion은 지금껏 존중해왔다.

우리 모두는 결국 역사가 시적poetic이므로 매력을 느낀다. 그러나 역사라는 운문은 대체로 배회하는 상상력이 아니라, 사실을 추구하고 그 사실에 매달리는 상상력으로 이루어진다. 역사가는 우리가 과거라고 부르는 저 신비의 땅에서 오래 전에 무엇이 실제로 일어났는가를 알려고 하는 그 자신의 호기심의 열정으로 '기쁨을 경멸하고 근면한 날들을 살아간다.' 역사가는 저 불타오르는 열정 때문에 마법의 거울을 응시하여 거기서 매일 새로운 인물들을 보고, 또한 그의 온 생애를 만족스럽게 소진하며, 매일 아침 연인처럼 열심히 도서관과 문서고로 다가선다. 역사는 대단한 위력을 가진 '정념'처럼 그를 사로잡는다. 그것이 시적이기 때문이다. 죽은 이들은 시적이지 않았고 지금도 그렇다. 그들이 살던 곳에는 더 이상 그들이 없으며 오늘날 우리가 살 뿐이다. 그러나 그들은 이전에 우리처럼 실재했고 우리는 내일 그들처럼 환영으로 변할 것이다.…역사라는 운문은 준準불가사의한 사실에 깃들어 있다. 즉 언젠가 이 땅에, 지난날 낯익은 장소에서 우리와는 다른 남녀가 현재의 우리처럼 살고 그들 자신의 생각에 잠기면서 자신의 열정에 사로잡혔지만, 그러나 이제 그들 모두는 가버렸다. 한 세대가 다른 세대 속으로 사라지고 우리 자신도 오래지 않아 없어지리라. 새벽녘 닭울음소리와 함께 홀연 사라지는 유령처럼.[11]

# 저자 후기

지난해 연말에 '역사'와 '서양'이라는 두 한자 성어成語의 기원을 찾으면서 내 생애사와 탐구의 여정을 찾아가는 글쓰기를 시작했다. 헤아려보니 꼭 반년이 걸렸다. 역사의 소비에 관심을 갖고 역사서술의 대중화에 관심을 기울여온 분도 있지만, 역사가들은 대부분 탐구의 결과물을 논문이나 연구서로만 발표할 뿐이다. 그 결과물은 대중과 거리가 멀다. 좁은 학계의 몇몇 동료들만이 역사서술의 주된 소비자일 뿐이다. 이 책을 쓰면서, 한편으로는 내 탐구의 여정을 새롭게 되돌아보고 정리하면서도, 다른 한편으로는 그 여정을 통해 내가 고민하고 방향전환하고 몰두했던 연구대상과 주제와 열망을 독자층에게 알리는 작업도 매우 소중하다는 사실을 깨달았다. 이 또한 말하자면 메타-역사서술인 셈이다.

글 전체를 훑어보면 때로는 자신의 탐구를 너무 내세우는 듯한 느낌이 없지 않지만, 그대로 묵인하기로 했다. 탐구 과정의 미세한 변화와 좌절과 새로운 열망을 그대로 기술하는 것이 내 자신을 위해서도, 그리고 굳이 이름 붙인 대로 메타-역사서술의 본의에 걸맞을 것 같았기 때문이다. 은퇴 전에 내 자신의 학문 연구를 정리하는 기회를 가진 것이 참으로 다행이라고 생각한다. 나이가 들수록 이런 작업도 더 어려워질 것이다. 이제, 다음 작업으로『제국의 기억, 제국의 유산』을 마무리하면 퇴장하기 전에 내가 계획했던 일은 모두 마무리하는 셈이다. 그렇다고 역사 글쓰기에서 완전히 철수하려는 것은 아니다. 요즘은 노령화 탓인지 은퇴 후에도 계속해서 저술과 번역작업을 하는 분들의 모습을 볼 수 있다. 나 또한 은퇴 후에 몇 권의 저술계획을 세우고 있다. 20세기의 역사를 탈유럽중심적 시각에서 정리하고, 지구화의 역사와 가능하다면 노년의 역사를 새롭게 쓰려고 한다. 그렇지만 학문적 탐구보다는 자유롭게 생각나는 대로 기술할 것이다.

나의 탐구 여정과 경험이 젊은 역사가들에게 작은 도움이 되었으면 하는 바람도 있다. 학문후속세대가 줄어들고 이제는 학문 재생산구조 자체가 붕괴되었다는 우려의 목소리가 높다. 어느 학회나 젊은 연구자들을 보기 어렵다. 하지만 그 숫자가 줄어들었더라도 어느 세대나 진실을 추구하고 탐구 자체에 중요한 의미를 부여하는 젊은이는 있는 법이다. 그들이 자신의 꿈을 쫓을 수 있는 여건을 마련해주는 것이 무엇보다 중요하다. 나는 이런 젊은이들을 주목하고 싶다. 물론 세대가 다르고 세계를 바라보는 시선도 다르겠지만, 탐구에 관심을 갖고 과거를 재현하는 데에서 무엇인가 보람과 가치를 찾으려는 젊은이라면, 나의 삶의 경험과 탐구의 여정이 그들의 탐구에 자극이 되기를 바라는 것이다.

마지막으로, 오랫동안 옆에서 항상 내 모습을 지켜보고 연구 결과물에 대해서는 자신의 분신처럼 소중히 생각해온 아내 최옥희에게 감사의 마음을 전한다. 이 책뿐만 아니라, 지금까지 내가 출간한 여러 저술은 기실 아내와 공동작업의 결실이라고 해도 지나치지 않다. 그녀는 항상 내가 쓴 원고의 최초의 독자였다. 자신의 독후감을 이야기하기도 하고 자신의 인상을 전해주었다. 그러한 관심이 탐구 자체를 좀 더 나은 수준으로 이끌었다. 내 생애사와 탐구의 여정을 섞어짤 때 아내의 삶과 경험 또한 함께 깃들어 있었다.

저자 후기

# 주석

## 1장 두 개념어의 탄생과 서양사

**1** 이영석, 〈영국산업혁명기 공장입법에 관한 일고〉, 《역사학보》 97집(1983), 63-104.

**2** 메이로쿠샤 활동에 관한 국내연구로는 다음을 볼 것. 이건상·정혜정, 〈일본 메이지유신기 메이로쿠샤 결성과 문명개화론의 성격〉, 《일본학연구》 33집 (2011), 261-84. 근래 일본 번역어를 통해 한국의 근대 개념어를 탐색한 다음 연구도 주목할 만하다. 하영선 외, 『근대한국의 사회과학 개념 형성사』 (창작과비평, 2009).

**3** '역사'와 '서양'이라는 번역어의 기원에 관해서는 다음을 볼 것. 佐藤正幸, 〈西洋史學はディシプリンか―母國語による近代化の上に成立した世界的に ユニークな學問〉, 《西洋史學》 260(2016), 47-50.

**4** 佐藤正幸, 〈西洋史學はディシプリンか〉, 50.

**5** 李永石, 〈1980年代韓国社会における進歩的読書の一断面－柴田三千雄の『近代世界と民衆運動』を中心に－〉, 《西洋史學》 260(2016), 7-20.

**6** 佐藤正幸, 〈西洋史學はディシプリンか〉, 49-50.

**7** 에드워드 사이드, 『오리엔탈리즘』, 박홍규 옮김(교보문고, 1996), 16.

**8** 이영석, 『다시 돌아본 자본의 시대』 (소나무, 1999), 393.

**9** 이영석, 〈영국사 연구 반세기―'근대의 전범'으로서의 역사?〉, 《서양사론》

95호(2007), 345-46.

**10** Edwin R. A. Seligman and Alvin S. Johnson, eds., *Encyclopaedia of the Social Sciences* (New York: Macmillan, 1935-67), 15 vols.; David L. Sills and Robert K. Merton, eds., *International Encyclopedia of the Social Sciences* (New York: Macmillan, 1968), 17 vols.

**11** Maurice Dobb, *Studies in the Development of Capitalism* (London: Routledge & Kegan Paul, 1946).

**12** 이영석, 〈노명식, 역사가와 그의 시대〉, 《역사학보》 214집(2012), 380-81.

## 2장 자기 절제와 근면성에 관하여

**1** 몇 년 전 서양사학자 설혜심 선생이 나에 관한 글을 쓰면서 "근면과 성실"로 일관한 학자라고 과분한 찬사의 말을 남겼는데, 부지런하게 살아왔다는 것은 스스로 인정한다. 설혜심, 『역사, 어떻게 볼 것인가』(길, 2011), 221-44.

**2** 《서울신문》 2001년 4월 31자 '대한광장' 칼럼.

**3** 이영훈, 『한국경제사』 전2권(일조각, 2016). 나는 이 책에 관해 이영훈 선생의 인터뷰 기사만 읽었다.

**4** 이영석, 『공장의 역사』(푸른역사, 2012), 61-65; 이영석, 『영국사 깊이 읽기』(푸른역사, 2016), 192-97.

**5** 速水融, 〈近世濃尾農村における生産構造の変化: 土地·人口·牛馬の量的観察を通じて〉, 《社會經濟史學》, 36卷 1號(1970); 速水融, 〈日本経済史における中世から近世への転換〉, 《社會經濟史學》, 37卷 1號(1971). 그의 일련의 연구 성과는 후에 다음 단행본으로 출판되었다. 『歷史人口學で見た日本』(東京: 文藝春秋, 2001). 이를 발췌한 우리말 번역본은 다음을 볼 것. 하야미 아키라, 『근세일본의 경제발전과 근면혁명』, 조성원·정안기 역(혜안, 2006).

**6** 스기하라의 견해는 다음을 볼 것. Kaoru Sugihara, "Agriculture and Industrialization: the Japanese Experience," in Peter Mathias and John Davis, eds., *Agriculture and Economic Growth* (Oxford: Blackwell, 1997), 148-66.

**7** Jan de Vris, "The Industrial Revolution and the Industrious

Revolution," *Journal of Economic History*, 54:2 (1994), 257.

**8**  몇 년 전에 이수일 선생은 10여 년에 걸친 감옥생활과 그 이후 전교조활동을 정리한 회상기를 펴냈다. 이수일, 『자기 땅에서 유배당한 사람들』(한겨레출판, 2010). 이수일은 책을 펴내던 당시 그 책의 뒷표지에 쓸 추천의 글을 도종환 시인과 홍세화 선생, 그리고 내게도 부탁했다. 나는 이렇게 썼다. "이수일 선생은 절친한 친구이면서 다른 한편으로는 내 삶의 오랜 안내자다. 그는 다른 사람들이 선뜻 들어서지 않으려는 길을 당당하게 걸어 나갔다. 유달리 험한 산길을 올라가는 그의 뒷모습을 보면서 나는 항상 부끄러운 마음으로 나태하고 비겁한 자신을 질책하곤 했다." 나는 지금도 이 짧은 언급이 이수일에 대한 나의 오랜 감정을 가감 없이 표현한 것이라고 생각한다.

## 3장 젊은 날의 독서

**1**  이영석, 『역사가를 사로잡은 역사가들』(푸른역사, 2015), 5-6.

**2**  존 해리슨, 『영국민중사』, 이영석 옮김(소나무, 1989), 251.

**3**  E. J. Hobsbawm, *The Age of Revolution, 1789-1848* (London: Abacus, 1962); György Lukác, *History and Class Consciousness: Studies in Marxist Dialects*, trans. Rodney Livingstone(London: Merlin Press, 1971).

**4**  P. Freire, *Pedagogy of the Oppressed* (New York: Continuum, 1970).

**5**  Immanuel Kant, "Beantwortung der Frage: Was ist Aufklärung?" *Berlinische Monartsschrift*, Dezember 1784, 481-94. 칸트의 글에 대한 소개와 분석은 다음을 참조. Alexander Broadie, "Introduction: What was the Scottish Enlightenment?" ed. idem, *The Scottish Enlightenment: An Anthology* (Edinburgh: Cannongate, 1997), 3-8.

**6**  리영희, 『전환시대의 논리』(창작과비평, 1974); 『8억인과의 대화』(창작과비평, 1977); 김우창, 『궁핍한 시대의 시인』(민음사, 1977); 송건호, 『해방전후사의 인식』(한길사, 1979)

**7**  Karl Marx, *Capital*, trans. Ben Fowkes(Harmondsworth: Penguin Books, 1976), vol. 1.

**8** R. Hilton, ed., *The Transition from Feudalism to Capitalism* (London: New Left Books, 1976); 김대환 편역, 『자본주의 이행논쟁』 (광민사, 1977).

**9** I. Wallerstein, *The Modern World-System I: Capitalist Agriculture and the Origins of the European World-Economy in the Sixteenth Century* (New York: Academic Press, 1974), idem, *The Modern World-System II: Mercantilism and the Consolidation of the European World-Economy* (New York: Academic Press, 1980); idem, *The Modern World-System III: The Second Era of Great Expansion of the Capitalist World Economy 1730s-1840s*(New York: Academic Press, 1988)

**10** 시바따 미찌오, 『근대세계와 민중운동』, 이광주, 이은호 옮김(서울: 한벗, 1984).

**11** 李永石, 「1980年代1980年代韓国社会における進歩的読書の一断面」.

## 4장 역사연구의 길잡이

**1** Paul Sweezy, *The Theory of Capitalist Development* (London: D. Dobson, 1946); Dobb, *Studies in the Development of Capitalism*; E. P. Thompson, *The Making of the English Working Class* (London: V. Gollancz, 1963); E. J. Hobsbawm, *The Age of Revolution* (London: Abacus, 1962).

**2** 1990년대에 쓴 몇 편의 글들도 이런 도식적인 견해를 되풀이하는 수준에 지나지 않았다. 이영석, 〈자본주의 발전의 재검토〉, 《역사비평》 27호(1994), 343-58; 이영석, 「초기자본주의와 국가」, 배영수 편, 『서양사 강의』 (한울, 개정판, 2000), 222-50.

**3** E. P. 톰슨, 『영국 노동계급의 형성』, 나종일 외 옮김(창작과비평, 2000), 상·하.

**4** David Thelen, "The Practice of American History," *The Journal of American History*, 81:3 (1994), 954.

5   이영석, 〈탈계급시대에 '톰슨'을 다시 읽다〉, 《서양사론》 119호(2013), 300.

6   E. J. Hobsbawm, *Labouring Men: Studies in the History of labour* (London: Weidenfeld & Nicloson, 1964).

7   E. J. Hobsbawm, *The Age of Revolution, 1789-1848* (London: Abacus, 1962); idem, *The Age of Capital, 1848-75* (London: Weidenfeld & Nicolson, 1975); idem, *The Age of Empire, 1875-1914* (London: Weidenfeld & Nicolson, 1987). 이 3부작은 모두 한길사에 의해 출간되었다. 『혁명의 시대』, 정도영, 차명수 역 (한길사, 1998); 『자본의 시대』, 정도영 역(한길사, 1998); 『제국의 시대』, 김동택 역(한길사, 1998). 홉스봄의 19세기사 3부작에 대한 개괄은 다음을 볼 것. 조용욱, 〈홉스봄과 격동의 19세기〉, 《진보평론》 1(2000), 327-38.

8   이하 3부작 개괄은 다음을 발췌했다. 이영석, 〈19세기 유럽사를 보는 시각〉, 《대구사학》 127집(2017), 267-72.

9   홉스봄, 『혁명의 시대』, 66.

10  홉스봄, 『혁명의 시대』, 71.

11  홉스봄, 『자본의 시대』, 76.

12  홉스봄, 『제국의 시대』, 173-4.

13  격변론에 따른 19세기사 서술로는 다음을 볼 것. Jonathan Sperber, *Revolutionary Europe, 1780-1850* (Harlow: Longman, 2000); William Simpson and Martin Jones, *Europe, 1793-1914* (London: Routledge, 2000). 그러나 스퍼버는 19세기 후반을 다룬 책에서는 격변론적 관점을 수정해 통합적인 전망을 제시한다. J. Sperber, *Europe 1850-1914: Progress, Participation and Apprehension* (Harlow: Longman, 2008).

## 5장 정치사와 사회사, 그리고 산업혁명

1   리처드 에번스, 『역사학을 위한 변론』, 이영석 옮김(소나무, 1999), 223 참조.

2   Samuel Pepys, *The Diary of Samuel Pepys*, eds. Robert Latham and William Matthews (London: Harper collins, 1995 edn), vol. 7; John

Evelyn, *Diary and Correspondence of John Evelyn, F. R. S.*, ed. William Bray, (Lodon: Henry Colburn, 1850 edn), vol. 2.

3 이영석, 〈1666년 런던 대화재—재난과 수습의 사회사〉, 《역사학보》 230집 (2016), 205-38.

4 D. C. Douglas, ed., *English Historical Documents* (London: Eyre & Spottiswoode, 1953-57), vol. 11, vol. 12 part 1.

5 서울대 역사연구소 편, 『역사용어사전』(서울대출판부, 2014), '공장법' 항목 참조.

6 Maxine Berg, ed., *Technology and Toil in Nineteenth Century Britain* (London: Humanities Press, 1979); Maxine Berg, *The Machinery Question and the Making of Political Economy, 1815-1848* (Cambridge: Cambridge University Press, 1980).

7 주로 정독했던 전통적인 서술은 다음과 같다. E. Baines, *History of the Cotton Manufacture in Great Britain* (London, 1835); S. J. Chapman, *The Lancashire Cotton Industry* (Manchester, 1904); A. P. Wadsworth and J. de Mann, *The Cotton Trade and Industrial Lancashire* (Manchester, 1931).

8 Giorgio Riello, *Cotton: The Fabric that Made the Modern World* (Cambridge: Cambridge University Press, 2013)가 이런 시각을 대변하는 연구다.

9 〈영국 산업혁명기의 면공업과 아동노동〉, 《서양사론》 28호 (1987), 59-108; 「영국의 공장개혁과 면방적공」 『민병하교수 정년기념 사학논총』 (성균관대 사학과, 1988), 625-665.

10 「1830년대 영국의 공장개혁운동 연구」 성균관대 대학원(1989).

## 6장 새로운 모색

1 김성식, 민석홍, 노명식, 길현모, 이보형 교수 등이 1세대 서양사학자들이다.

2 N. F. R. Crafts, "British Economic Growth, 1700-1831: A Review of the Evidence," *Economic History Review*, 2nd ser., 36:2 (1983), 177-

99; idem, "British Economic Growth, 1700-1850: Some Difficulties of Interpretation," *Explorations in Economic History*, 24 (1987), 245-268; Charles K. Harley, "British Industrialization Before 1840: Evidence of Slower Growth during the Industrial Revolution," *Journal of Economic History*, 42:2 (1982), 267-89; idem, "Reassessing the Industrial Revolution: A Macro View," in J. Moykr, ed., *The British Industrial Revolution: An Economic Perspective0* (Boulder: Westview, 1993), 171-226; J.G. Williamson, "Why Was British Growth So Slow During the Industrial Revolution?" *Journal of Economic History*, 44:3(1984), 687-712; idem, "Debating the British Industrial Revolution," *Explorations in Economic History*, 24(1987), 269-92.

3  D. S. Landes, *The Unbound Prometheus: Technical Change and Industrial Development in Western Europe from 1750 to the Present* (Cambridge: Cambridge University Press, 1969), 41.

4  점진론과 거시경제적 해석은 이영석, 『다시 돌아본 자본의 시대』(소나무, 1999) 1장 내용을 발췌했다.

5  W. G. Hoffman, *British Industry 170-1850* (Oxford: Blackwell, 1955); P. Deane and W. A. Cole, *British Economic Growth 1688-1959* (Cambridge: Cambridge University Press, 1962).

6  E. A. Wrigley and R. Schofield, *The Population History of England, 1541-1877: A Reconstruction* (Cambridge: Cambridge University Press, 1981); P. H. Lindert and J. G. Williamson, "Revising England's Social Tables, 1688-1812," *Explorations in Economic History*, 19:1 (1982), 385-403.

7  C. K. Harley, "British Industrialization Before 1840: Evidence of Slower Growth during the Industrial Revolution," *Journal of Economic History*, 42:2 (1982), 267-89.

8  N. F. R. Crafts, "British Economic Growth, 1700-1831: A Review

삶으로의 역사

of the Evidence," *Economic History Review*, 2nd ser., 36:2 (1983), 177-99; Crafts, *British Economic Growth during the Industrial Revolution* (Oxford: Oxford University Press, 1985); Crafts, "British Economic Growth, 1700-1850: Some Difficulties of Interpretation," *Explorations in Economic History*, 24:2 (1987), 245-268.

**9** Crafts, *British Economic Growth during the Industrial Revolution*, 81, 87.

**10** 1833년 공장문제에 대한 논란이 계속되자 의회는 공장조사를 위한 왕립위원회를 구성해 공장 실태를 조사하도록 했다. 공장조사위원회 보고서는 1차, 2차, 보충보고서 등으로 간행되었다. 방대한 설문조사자료는 보충보고서에 수록되어 있다. *Parliamentary Papers*, 1834 [167], vol. 20, "Supplementary Report of the Factory Commission, part II."

**11** 교차표를 도출하기까지의 과정 및 12개 교차표에 대한 해석은 이영석, 『산업혁명과 노동정책』(한울 1994), 〈부록1〉에서 상세하게 소개했다.

**12** 『산업혁명과 노동정책』, 187-88. 특히 〈표5-2〉 및 〈표 5-3〉 참조.

**13** 이 주제는 개별 논문으로 발표한 바 있다. 이영석, 〈영국 공장입법의 영향, 1833-56〉, 《서양사론》 40호(1993), 127-62.

**14** 나는 공장에 관한 담론 분석을 개별 논문으로 발표한 바 있다. 〈공장에 관한 담론-1830년대 영국 사회관찰자들의 공장관〉, 《전남사학》 8집(1994), 85-121; 〈언어, 공장, 산업화-배비지와 유어의 공장관을 중심으로〉, 《사회와 역사》 56호(1999), 249-78.

**15** 『산업혁명과 노동정책』, 248.

## 7장 영국경제의 쇠퇴, 그 이후

**1** Martin J. Wiener, *English Culture and the Decline of the Industrial Spirit* (Cambridge: Cambridge University, 1981); William D. Rubinstein, *Capitalism, Culture and Decline in Britain* (London: Routledge, 1993).

**2** 마틴 위너(1941- )는 브랜다이스대학을 거쳐 하버드대학에서 학위를 받은

후 현재 라이스대학 사학과 교수로 재직 중이다. 윌리엄 루빈스타인(1946- )
은 존스홉킨스대학에서 학위를 받은 후, 호주의 국립오스트레일리아대
(NAU), 디킨대(Deakin University)를 거쳐 현재는 웨일스의 에버리스트위
스대학(Aberystwyth University)에 재직하고 있다.

3   Wiener, *English Culture and the Decline of the Industrial Spiritit*,
    28.

4   Wiener, *English Culture and the Decline of the Industrial Spiritit*,
    ch. 3 참조.

5   Wiener, *English Culture and the Decline of the Industrial Spiritit*,
    21.

6   Wiener, *English Culture and the Decline of the Industrial Spiritit*,
    97, 127.

7   Wiener, *English Culture and the Decline of the Industrial Spiritit*,
    21.

8   Rubinstein, *Capitalism, Culture and Decline in Britain*, 23-25.

9   Rubinstein, *Capitalism, Culture and Decline in Britain*, 35.

10  Rubinstein, *Capitalism, Culture and Decline in Britain*, 26-27.

11  Rubinstein, *Capitalism, Culture and Decline in Britain*, 36-44.

12  8개교는 이튼(Eton), 해로우(Harrow), 윈체스터(Winchester), 러그비
    (Rugby), 챌터넘(Cheltenham), 세인트 폴즈(St Paul's), 덜리치(Dulwich),
    밀 힐(Mill Hill) 등이다.

13  Rubinstein, *Capitalism, Culture and Decline in Britain*, 116-20.

14  Rubinstein, *Capitalism, Culture and Decline in Britain*, 148.

15  이영석, 〈19세기 영국자본주의의 성격〉, 《성곡논총》 25집(1995), 1441-
    1475; 이영석, 〈영국경제의 쇠퇴와 영국 자본주의 성격, 1870-1914〉, 《경
    제와 사회》 21호(1995), 223-52.

16  *Parliamentary Papers*, 1886 [C.4621] 21, "First Report from the
    Royal Commission on the Depression of Trade and Industry";
    *Parliamentary Papers*, 1886 [C.4715] 21, "Second Report from

the Royal Commission on the Depression of Trade and Industry";
*Parliamentary Papers*, 1886 [C.4715-1] 22, "Second Report,
Appendix, Part 2"; *Parliamentary Papers*, 1886 [C.4797] 23, "Third
Report from the Royal Commission on the Depression of Trade and
Industry"; *Parliamentary Papers*, 1886 [C.4893] 23, "Final Report from
the Royal Commission on the Depression of Trade and Industry."

**17** 다수의견은 Final Report, xi-xviii, 소수의견은 Final Report, xliii-lxviii.

**18** 노조 관계자들의 설문응답자료는, Second Report, Appendix Part
II, 3-98; 상업회의소 인사의 설문응답자료는 First Report, 73-120
(Appendix A)과 Second Report, Appendix Part I, 384-408에 수록되어
있다.

**19** 그 문항은 다음과 같다. 당신 지역의 직종 및 산업의 현재 상태가 어느 정도
까지 다음 원인들의 작용 때문에 영향을 받았다고 생각합니까? (a) 자본과
노동 사이의 관계의 변화, (b) 노동시간의 변화, (c) 생산자, 분배자, 소비자
사이의 관계의 변화, (d) 가격하락, (e) 화폐상태 및 은행법, (f) 규제 또는 신
용 인플레이션, (g) 과잉생산, (h) 외국과의 경쟁, (i) 외국의 관세 및 무역장
벽, (j) 세금부담(지방 또는 제국), (k) 다른 시장과의 커뮤니케이션, (l) 교역
에 영향을 주는 입법, (m) 토지에 영향을 주는 입법. First Report, 73.

**20** 이영석, 〈대불황의 한 단면-1886년 영국 왕립위원회 보고서 분석〉, 《역사
학보》 155집(1997), 151-85.

**21** 이영석, 『공장의 역사』, 13-14.

## 8장 포스트모더니즘의 공습

**1** Peter Burke, *Popular Culture in Early Modern Europe* (New York:
Harper & Row, 1978); Steven Kaplan, ed., *Understanding Popular
Culture: Europe from the Middle Ages to the Nineteenth Century*
(Berlin: Moulton, 1984); Natalie Z. Davis, *Society and Culture in
Early Modern France* (Stanford: Stanford University Press, 1965);
Eileen and Stephen Yeo, eds., *Popular Culture and Class Conflict*

*1590-1914: Explorations in the History of Labour and Leisure* (Brighton: Harvester, 1981); Robert B. Malcolmson, *Popular Recreation in English Society 1700-1850* (Cambridge: Cambridge University Press, 1973).

**2** 김기봉, 〈독일의 일상생활사, 어디서 와서 어디로 가는가〉,《서양사론》 50호 (1996), 175-238; 〈누가 포스트모던을 두려워하랴?〉,《역사학보》 161집 (1999), 185-209.

**3** R. Evans, *In Defense of History* (London: Granta Books, 1997).

**4** 이영석, 〈'언어로의 전환'과 노동사의 위기〉,《영국 연구》 창간호(1997), 71-99.

**5** 박상익, 『번역은 반역인가』(푸른역사, 2006).

**6** F. C. Harrison, *The Common People: A History from the Norman Conquest to the Present* (London: Fontana, 1984); W. G. Hoskins, *The Making of the English Landscape* (London: Hodder and Stoughton, 1955). 이들 책은 필자의 번역으로 국내 출판되었다. 존 해리슨, 『영국 민중사』(소나무, 1989); 윌리엄 호스킨스, 『잉글랜드 풍경의 형성』(한길사, 2007).

**7** 이영석, 『'역사학을 위한 변론', 그 이후』, 김기봉 편, 『포스트모더니즘과 역사학』(푸른역사, 2002), 199-223. 이하 에번스의 견해에 관한 서술은 이 글의 내용을 발췌했다.

**8** 에번스, 『역사학을 위한 변론』, 133-34.

**9** 『변론』, 191-93.

**10** 『변론』, 276-78.

**11** 『변론』, 156-57.

**12** 『변론』, 115-16.

**13** 『변론』, 122.

**14** 『변론』, 127-28.

**15** 그는 책의 마지막 부분에서 그 믿음을 이렇게 표현한다. "나는 여전히 낙관적이어서 객관적인 역사 지식이 바람직하며 도달할 수 있다고 믿는다"(『변론』, 327). 따라서 에번스는 카의 상대주의적 태도에 대해 매우 비판적이다. 그는

객관성과 인과관계에 대한 카의 설명을 따져 묻고, 그의 설명이 실제로는 소비에트 계획경제에서 인류의 미래를 찾는 그의 신념과 관련된 것이라는 결론을 내린다(『변론』, 293-99).

16 《교수신문》 2001년 11월 14일자.

17 그의 주요 저술은 다음과 같다. *The Feminist Movement in Germany* (London: Sage, 1976); *The German Working Class, 1883-1933: The Politics of Everyday Life* (London: Croom Helm, 1982); *Death in Hamburg: Society and Politics in the Cholera Years 1830-1910* (Oxford: Clarendon Press, 1987); *Rituals of Retribution: Capital Punishment in Germany 1600-1987* (New York: Oxford University Press, 1996). 주로 근대 독일 사회사 분야에서 뛰어난 학문적 성취를 이루었다. 특히 『심판의 제식』으로 프랑켈상을, 『함부르크에서의 죽음』으로 울프슨상을 수상했다. 이 두 책은 근래 영국 사학계에서 간행된 가장 뛰어난 저술이라는 평가를 받았다.

18 R. Evans, *The Coming of the Third Reich* (London: Allen Lane, 2003); *The Third Reich in Power, 1933-39* (London: Penguin, 2005); *The Third Retch at War* (London: Allen Lane, 2008).

## 9장 노동사와 사회적 풍경의 역사

1 이런 분위기는 이영석, 〈영국사 연구 반세기-근대의 전범으로서의 역사?-〉, 《서양사론》 95호(2007), 341-42 참조.

2 한국서양사학회, 『창립 60주년 기념학술대회자료집: 역사 속 민주주의 위기와 대안 모색』(2016), 7.

3 E. J. Hobsbawm, "The Forward March of Labour Halted?" in M. Martin and F. Mulhern, eds., *The Forward March of Labour Halted?* (London: Verso, 1981), 1-19.

4 I. Katznelson and A. R. Solberg, eds., *Working Class Formation: Nineteenth-Century Patterns in Western Europe and the United States* (Princeton: Princeton University Press, 1986).

5   이영석, 「영국 산업사회의 성립과 노동계급, 1780-1914」, 안병직 외, 『유럽의 산업화와 노동계급』(까치, 1997), 52.

6   〈전쟁, 공황, 영국 노동계급의 경험, 1914-45〉, 《전남사학》 11집(1997), 625-52; 〈현대 영국사회와 노동계급-사회사적 개관〉, 《영국 연구》 3호 (1999), 157-183. 이들 논문은 나의 책, 『다시 돌아본 자본의 시대』, 11, 12장에 재수록되었다.

7   G. Stedman Jones, "Class Struggle and the Industrial Revolution," *New Left Review*, no. 90 (1975), 52-69; P. Joyce, *Work, Society and Politics* (Brighton: Harvester, 1980), 60-82. 이상에 관해서는 이영석, 「'언어로의 전환'과 노동사의 위기」, 74-77 참조.

8   「'언어로의 전환'과 노동사의 위기」, 79-80 참조.

9   「'언어로의 전환'과 노동사의 위기」 84 참조.

10   이영석, 「영국 산업사회의 성립과 노동계급」, 53-57 참조.

11   이영석, 〈19세기 런던-사회사적 풍경들〉, 《안과밖: 영미문학연구》 9호 (2000), 93-116; 〈18세기 초 런던상인의 생활세계〉, 《사회와 역사》 60호 (2001), 206-38; 〈노동계급, 축구, 국민 정체성: 19세기 영국사회와 축구〉, 《당대비평》 19호(2002), 168-81.

12   호스킨스의 저술에 관한 개괄적 소개는 필자 번역본인, 윌리엄 호스킨스, 『잉글랜드 풍경의 형성』(한길사, 2007) 역자 해설을 발췌했음.

13   이런 문제제기는 이미 1999년 『다시 돌아본 자본의 시대』를 출간한 이후 더 짙어졌다. 나는 이미 상인, 노동자집단, 도시민 등의 삶의 세계를 조망하는 몇 편의 글들을 발표했으며, 이들과 영국경제사 및 노동사에 관련된 다른 몇 편의 글들을 모아 『역사가가 그린 근대의 풍경』(푸른역사, 2003)을 펴냈다. 그러나 이 책에서는 '사회적 풍경'이라는 저술의도가 분명하게 드러나지는 않았다.

14   이영석, 『영국 제국의 초상』(푸른역사, 2009). 이 책에 수록된 글의 상당수는 학술지에 논문 형태로 발표했다. 〈빅토리아 시대 후기의 영국경제와 지식인〉, 《대구사학》 73호(2003); 〈이스트 엔드, 가깝고도 먼 곳〉, 《서양사론》 81호(2004); 〈빅토리아 후기의 영국 사회와 유대인 문제〉, 《영국연구》 12호

(2004); 〈딸들의 반란?: 빅토리아 시대 후기 여성성에 관한 비평〉, 『영국연구』 17호(2007); 〈크로포트킨과 과학: 1890년대 과학평론 분석〉, 《영국연구》 20호(2008); 〈19세기 말 영국 지식인과 동아시아〉, 《대구사학》 95호(2009); 〈19세기말 영국사회의 변화와 종교〉, 《이화사학연구》 38호(2009).

15 『영국 제국의 초상』, 198-99.
16 『영국 제국의 초상』, 203.
17 『영국 제국의 초상』, 7.

## 10장 사상의 사회사

1 Young-Suk Lee, "The Iwakura Embassy and British Industrial Cities," *The Asian Review of World Histories*, vol. 1, no. 2 (July 2013), 265-93.

2 이영석, 〈잉글랜드, 스코틀랜드, 국민 정체성〉, 《대구사학》 69집(2002), 53-78.

3 이영석, 〈스코틀랜드 계몽운동과 담론의 공간-에든버러 사변협회를 중심으로〉, 《역사학보》 109집(2011), 223-251.

4 이영석, 『지식인과 사회: 스코틀랜드 계몽운동의 역사』(아카넷, 2014), 21-22 참조.

5 『지식인과 사회』, 45-46. 이하의 서술은 이 책의 내용을 발췌했다.

6 W. L. Mathieson, *The Awakening of Scotland* (Glasgow: James Macles, 1910), 203.

7 Hugh Trevor-Roper, "The Scottish Enlightenment," *Studies on Voltaire and the Eighteenth Century*, vol. 58 (1967), 1636.

8 같은 글, 1635.

9 『지식인과 사회』, 383. 이하 기술은 이 책을 발췌함.

10 M. W. Flinn, ed., *Scottish Population History from the Seventeenth Century to the 1930s* (Cambridge: Cambridge University Press, 1977), 439-59.

11 『지식인과 사회』, 392-93.

## 11장 제국사와 지구사의 전망

**1** P. J. Cain and A. G. Hopkins, *British Imperialism I: Innovation and Expansion, 1688-1914* (London: Longman, 1993); idem, *British Imperialism II: Crisis and Deconstruction, 1914-1990*, (1993).

**2** 이영석, 〈신사적 자본주의와 제국〉, 《서양사론》 69호(2001), 183-209.

**3** 이영석, 「18세기 영국의 국가체제와 제국 경영」 서울대 미국학연구소 편, 『세계화의 역사와 패권 경쟁』(서울대출판부, 2007), 52-79.

**4** 〈신사적 자본주의와 제국〉, 186. 이하 신사적 자본주의에 대한 기술은 이 논문을 발췌했다.

**5** Cain and Hopkins, *British Imperialism I*, 24.

**6** *British Imperialism I*, 83.

**7** *British Imperialism I*, 144.

**8** *British Imperialism I*, 26.

**9** *British Imperialism I*, 240.

**10** 최근에 나는 이런 주제들과 씨름하면서 일련의 논문을 발표해왔다. 이들 결과는 앞으로 펴낼 책의 주요 내용을 구성할 것이다. 〈제국의 유산: '영연방'의 과거와 현재〉, 《영국연구》 25호(2011), 235-66; 〈19세기 영제국과 세계〉, 《역사학보》 217집(2013), 213-44; 〈수에즈위기와 영제국 해체 문제〉, 《역사학연구》 55집(2014), 159-92; 〈역사가와 제국의 진단: 존 실리의 사례〉, 《영국연구》 32호(2014), 169-96; 〈전쟁과 동원, 그리고 제국〉, 《역사학연구》 64호(2016), 199-226; 〈제국의 기억과 영연방, 그리고 '상상의 잉글랜드'〉, 《영국연구》 36호(2016), 199-236.

**11** Commonwealth Secretariat, *The Commonwealth at the Summit, 1944-1986* (London: Commonwealth Secretariat, 1987), 29.

**12** 이영석, 〈'대분기'와 근면혁명론〉, 《역사학연구》 58집(2015), 325-59. 이하 대분기논쟁은 이 논문 내용을 발췌했다.

**13** K. Pomeranz, *The Great Divergence* (Princeton: Princeton University Press, 2000), 12.

**14** Riello, *Cotton: The Fabric That Made the Modern World*; G. Riello,

"Cotton: The Making of a Modern Commodity," *The East Asian Journal of British History*, 5 (2016), 135-49; John Styles, "Fashion, Textiles and the Origins of Industrial Revolution," *The East Asian Journal of British History*, 5 (2016), 161-89.

**15** Young-Suk Lee, "Why Did They Admire the Machinery?," *The East Asian Journal of British History*, 5 (2016), 151-60.

**16** Andrew Ure, *The Philosophy of Manufactures* (1835; London: Cass, 1J967 edn); Edward Baines, *History of Cotton Manufacture in Great Britain* (1835; London: Cass, 1966 edn).

**17** Ure, *Philosophy of Manufacture*, 15; 이영석, 『공장의 역사』, 108-9.

**18** Ure, *Philosophy of Manufactures*, 13; 이영석, 『공장의 역사』, 185-86.

## 12장 역사, 진실, 직업으로서 학문

**1** 그는 자신의 책의 서문에서 이렇게 기술한다. "역사는 미래의 이익을 위하여 과거를 판단하고 현재에 가르침을 주는 일을 맡아왔다. 이 책은 그와 같은 고원한 임무를 바라지 않는다. 다만 '실제로 그것이 어떻게 일어났는가'를 보여주고자 할 뿐이다." 이 마지막 구절은 역사연구에 대한 랑케의 태도를 보여주는 것으로 널리 알려졌다. 에번스, 『역사학을 위한 변론』, 17에서 재인용. 이 절의 내용은 다음 논문 내용을 발췌했다. 이영석, 〈오늘의 역사학은 무엇을 할 수 있는가〉, 《전남사학》 12집(1998), 307-29.

**2** 에번스, 『역사학을 위한 변론』, 89.

**3** 『변론』, 83-84.

**4** Lorence Stone, "The Revival of Narrative Reflection on a New Old History," *Past and Present* 85 (1979), 74-96.

**5** 오늘날 여러 대학에서 전공학생의 감소를 이유로 사학과를 비롯한 인문학 전공을 없애고 교양과정으로 개편하거나 또는 기존의 교양과정마저 해체하려는 움직임을 보여준다. 이제 대학의 역사 전공자는 사실상 '잉여교수'로 내몰리고 있다.

**6** 1970년대 중엽 1,700명 선에 이르렀던 영국 대학의 역사 강의 담당자 수는

1980년대에 10% 이상 줄었다. 세기말에 이르면 40세 미만의 전문역사가를 대학에서 찾아보기 힘들 것이라는 비관적인 전망도 나오고 있다. David Cannadine, "British History : Past, Present and Future?" *Past and Present* 116 (1987), 171, 181-82를 볼 것. 프랑스는 예외적으로 역사학이 활력을 유지하고 있는데, 이는 중등학교 역사교육의 비중이 크고 몇몇 탁월한 역사가들이 학문적 성취와 함께 대중적인 명성을 누리는 데 기인하는 것 같다.

**7** 이영석, 『역사가가 그린 근대의 풍경』, 10장 참조.,

**8** 이들 역사가의 다양한 면모에 관해서는 다음을 볼 것. 이영석, 『역사가를 사로잡은 역사가들』(푸른역사, 2015), 3, 4, 5, 9장.

**9** 시어도어 젤딘, 『인간의 내밀한 역사』, 김태우 역(강, 1999).

**10** Theore Zeldin, "Social Historyand Total History," *Journal of Social History*, 10 (1976/7), 237.

**11** 에번스, 『역사학을 위한 변론』, 323-4에서 재인용.

# 저자의 주요 논저 목록

## 저서

- 『산업혁명과 노동정책: 19세기 영국의 공장법 연구』 (한울, 1994).
- 『다시 돌아본 자본의 시대: 영국 사회경제사 연구』 (소나무, 1999).
- 『역사가가 그린 근대의 풍경』 (푸른역사, 2003).
- 『사회사의 유혹1: 나를 사로잡은 역사가들』 (푸른역사, 2006).
- 『사회사의 유혹2: 다시 역사학의 길을 걷다』 (푸른역사, 2006).
- 『영국, 제국의 초상』 (푸른역사, 2009).
- 『공장의 역사: 근대 영국사회와 생산, 언어, 정치』 (푸른역사, 2012).
- 『지식인과 사회: 스코틀랜드 계몽운동의 역사』 (아카넷, 2014).
- 『역사가를 사로잡은 역사가들』 (푸른역사, 2015).
- 『영국사 깊이읽기』 (푸른역사, 2016).
- 『삶으로서의 역사』 (아카넷, 2017).
- 『유럽의 산업화와 노동계급』 (공저, 까치, 1997).

## 번역서

- 존 해리슨, 『영국 민중사』 (소나무, 1989).

- 리처드 에번스, 『역사학을 위한 변론』(소나무, 1999).
- 팀 블래닝 편, 『옥스퍼드 유럽 현대사』, 김덕호·이영석 공역(한울, 2003).
- 존 루카스, 『자연과학을 모르는 역사가는 왜 근대를 말할 수 없는가』(몸과 마음, 2004).
- 윌리엄 호스킨스, 『잉글랜드 풍경의 형성』(한길사 2007).

## 논문

- 〈영국 산업혁명기의 공장입법에 관한 일고〉, 《역사학보》 97집 (1983), 63-104.
- 〈영국 산업혁명기의 면공업과 아동노동〉, 《서양사론》 28호 (1987), 59-108.
- 「영국의 공장개혁과 면방적공」, 『민병하교수 정년기념 사학논총』(1988), 625-65.
- 〈산업혁명과 노동과정-1833년 공장조사보고서 설문응답자료 분석〉, 《숙대사론》 16·17 합집 (1992), 43-66.
- 「18세기 후반 영국의 농업경제와 세계체제론」, 『백현 나종일 박사 정년 기념논총』(1992), 297-320.
- 〈영국 공장입법의 영향, 1833-56〉, 《서양사론》 40호 (1993), 127-62.
- 「자조 -19세기 영국 중간계급의 가치와 노동귀족」, 노명식 외 지음, 『시민 계급과 시민사회』(한울, 1993), 313-39.
- 〈자본주의 발전의 재검토〉, 《역사비평》 27호(1994), 342-58.
- 〈영국경제의 쇠퇴와 문화〉, 《서양사론》 44호(1994), 171-82.
- 〈공장에 관한 담론-1830년대 영국 사회관찰자들의 공장관〉, 《전남사학》 8집(1994), 85-121.
- 〈19세기 영국자본주의의 성격〉, 《성곡논총》25집(1995), 1441-1475
- 〈영국경제의 쇠퇴와 영국 자본주의 성격, 1870-1914〉, 《경제와 사회》 27호 (1995), 223-52.

- 「산업혁명과 세계체제론」, 한국서양사학회 편, 『세계체제론의 역사적 이해』 (까치, 1996), 208-43.
- 〈대불황의 한 단면-1886년 영국 왕립위원회 보고서 분석〉, 《역사학보》 155집(1997), 151-85.
- 〈'언어로의 전환'과 노동사의 위기〉, 《영국연구》 1호(1997), 71-99.
- 〈전쟁, 공황, 영국 노동계급의 경험, 1914-45〉, 《전남사학》 11집(1997), 625-52.
- 〈공장법, 문화적 표지?〉, 《영국연구》 2호(1998), 249-66.
- 〈회고와 전망-영국사, 1995-97〉, 《역사학보》 159집(1998), 280-96.
- 〈오늘의 역사학은 무엇을 할 수 있는가〉, 《전남사학》 12집(1998), 307-29.
- 〈언어, 공장, 산업화: 배비지와 유어의 공장관을 중심으로〉, 《사회와 역사》 56호(1999), 249-78.
- 〈현대 영국사회와 노동계급-사회사적 개관〉, 《영국 연구》 3호(1999), 157-83.
- 「초기 자본주의와 국가」, 배영수 편, 『개정 서양사 강의』 (한울, 2000), 151-75.
- 〈19세기 런던-사회사적 풍경들〉, 《안과밖: 영미문학연구》 9호(2000), 93-116.
- 〈신사적 자본주의와 제국〉, 《서양사론》 69호(2001), 183-209.
- 〈디지털시대의 역사학, 긴장과 적응의 이중주〉, 《영국연구》 5호(2001), 123-40.
- 〈18세기 초 런던상인의 생활세계〉, 《사회와 역사》 60호(2001), 206-38.
- 〈대불황과 정치〉, 《영국연구》 6호(2001), 65-94.
- 〈잉글랜드, 스코틀랜드, 국민 정체성〉, 《대구사학》 69집(2002), 53-78.
- 〈노동계급, 축구, 국민 정체성: 19세기 영국사회와 축구〉, 《당대비평》 19호 (2002), 168-81.

저자의 주요 논저 목록

- 〈빅토리아 시대의 교육문제-시험에 관한 담론〉, 《서양사론》 74호(2002), 89-115.

- 〈영국경제의 쇠퇴, 신화와 현실〉, 《국제지역연구》 23호(2003), 3-24.

- 〈빅토리아 시대 후기의 영국경제와 지식인〉, 《대구사학》 73집(2003), 397-426.

- 〈스코틀랜드 계몽운동과 오리엔탈리즘〉, 《담론201》 15호(2004), 99-124.

- 〈로이 포터, 다산성의 미학〉, 《역사와 문화》 8호(2004), 123-40.

- 〈이스트 엔드, 가깝고도 먼 곳〉, 《서양사론》 81호(2004), 65-93.

- 〈빅토리아 후기의 영국 사회와 유대인 문제〉, 《영국연구》 12호(2004), 47-73.

- 〈시어도어 젤딘과 감성의 역사〉, 《역사와 경계》 54호(2005), 103-29.

- 〈근대 유럽에서 수도의 발전: 런던, 파리, 베를린의 사례〉, 《대구사학》 81집 (2005), 315-48.

- 〈로런스 스톤과 사회사의 지평 넓히기〉, 《서양사연구》 33집(2005), 77-108.

- 〈18세기 영국의 국가체제와 제국 경영〉, 《미국학》 28집(2005), 33-60.

- "Change or Continuity?: Recent Trends of the Nineteenth Century British Studies in Korea," 《영국연구》 14 (2005), 399-412.

- 〈윌리엄 호스킨스와 풍경의 역사〉, 《역사학연구》 26호(2006), 222-47.

- 〈영제국과 앵글로벌리즘: 니알 퍼거슨의 제국론과 그 비판〉, 《서양사론》 93호(2006), 283-311.

- "Disputes on Examination and Intellectuals in the Late Victorian Age," *Journal of the Haskins Society, Japan,* 2(March 2007), 45-55.

- 〈딸들의 반란?: 빅토리아 시대 후기 여성성에 관한 비평〉, 《영국연구》 17호 (2007), 141-170.

삶으로의 역사

- 〈19세기 영제국의 사회적 성격과 정체성〉, 《역사학연구》 31집(2007), 249-69.
- 〈영국사연구 반세기: 근대의 전범으로서의 역사?〉, 《서양사론》 97호 (2007), 337-371.
- 〈사이먼 샤머와 영상으로서의 역사〉, 《역사와 경계》 66호(2008), 171-195.
- 〈귀족과 제국: 데이비드 캐너다인의 역사세계〉, 《역사비평》 85호(2008), 312-331.
- 〈크로포트킨과 과학: 1890년대 과학평론 분석〉, 《영국연구》 20호(2008), 213-44.
- 〈19세기 말 영국 지식인과 동아시아〉, 《대구사학》 95집(2009), 201-33.
- 〈19세기말 영국사회의 변화와 종교〉, 《이화사학연구》 38호(2009), 237-64.
- "A Korean Intellectual's View of Western Europe in the Early 1930s," 《담론201》 12권 2호(2009), 5-26.
- 〈한국의 서양사학 2007-8: 연구의 새로운 지평을 위하여〉, 《역사학보》 203호(2009), 111-20.
- 〈근대성으로서의 행복〉, 《호남문화연구》 45호(2009), 29-64.
- 〈산업혁명과 산업고고학: 아크라이트식 수력방적공장의 재검토〉, 《영국연구》 22호(2009), 315-37.
- 〈의회 인클로저와 근대성: 길과 생활환경의 직선화〉, 《역사와 경계》 74호 (2010), 52-83.
- 〈전간기 영국의 자동차산업과 포디즘〉, 《영국연구》 24호(2010), 211-39.
- 〈스코틀랜드 계몽운동과 담론의 공간-에든버러 사변협회를 중심으로〉, 《역사학보》 109집(2011), 223-51.
- 〈제국의 유산: '영연방'의 과거와 현재〉, 《영국연구》 25호(2011), 235-66.

- "Britain, Modernity and the Change of Historical Consciousness in Korea, 1960-2000," *The Haskins Society Journal Japan*, 4(2011), 25-32.

- 〈17세기 템스 강 결빙과 상업세계의 변화〉, 《이화사학연구》 43호(2011), 39-70.

- 〈양차대전 사이의 영국경제와 제국〉, 《영국연구》 26호(2011), 35-68.

- 〈근대 초 런던 소매업의 재검토〉, 《도시연구》 7호(2011), 28-53.

- "Rethinking the Industrial Revolution in the Perspective of World history," *The East Asian Journal of British History*, 2 (March 2012), 119-135.

- 〈노명식-역사가와 그의 시대〉, 《역사학보》 217집(2012), 393-408.

- 〈영제국사 서술과 지구사〉, 《한국사회사학보》 25호(2012), 297-326.

- 〈1908년 영국 노령연금법에 관하여-담론, 의회조사, 입법〉, 《서양사연구》 47집(2012), 79-110.

- 〈19세기 영제국과 세계〉, 《역사학보》 217집(2013), 213-44.

- "The Iwakura Embassy and British Industrial Cities," *The Asian Review of World Histories*, 1:2 (July 2013), 265-93.

- 〈아널드 토인비와 동아시아〉, 《역사학연구》 52집(2013), 357-83.

- 〈탈계급시대에 '톰슨'을 다시 읽다〉, 《서양사론》 119호(2013), 273-300.

- 〈영제국사 서술과 문화〉, 《서양사연구》 50집(2014), 61-90.

- 〈수에즈위기와 영제국 해체 문제〉, 《역사학연구》 55집(2014), 159-92.

- 〈역사가와 제국의 진단: 존 실리의 사례〉, 《영국연구》 32호(2014), 169-96.

- 「산업혁명」, 서울대역사연구소 편, 『역사용어사전』(서울대출판부 2015), 904-17.

- 〈'대분기'와 근면혁명론〉, 《역사학연구》 58집(2015), 325-59.

- "Britain and the Unites States: A Korean Intellectual's View of the Two Countries in the Early 1930s," 《미국학논집》 47집 3호(2015), 235-57.

- 〈면의 세계사와 근대문명〉, 《영국연구》』 34호(2015), 249-78.

- "Why Did They Admire the Machinery? -Rethinking Intellectuals' View from the Perspective of the Competition between English Cotton Goods and Indian Handicraft Ones in the Early Industrial Revolution-" *The East Asian Journal of British History*, 5 (March 2016), 151-60.

- 〈1980年代韓国社会における進歩的読書の一断面 - 柴田三千雄の『近代世界と民衆運動』を中心に - 〉, 《西洋史學》 260호(2016), 7-20.

- 〈1666년 런던 대화재—재난과 수습의 사회사〉, 《역사학보》 230집 (2016), 205-38.

- 〈전쟁과 동원, 그리고 제국〉, 《역사학연구》 64호(2016), 199-226.

- 〈제국의 기억과 영연방, 그리고 '상상의 잉글랜드'〉, 《영국연구》 36호 (2016), 199-236.

- 〈19세기 유럽사를 보는 시각〉, 《대구사학》 127집(2017), 263-93.

- 〈브렉시트, 어떻게 볼 것인가?〉, 《영국연구》 37호(2017), 129-54.

# 찾아보기

삶으로의 역사

삶으로의 역사

대우휴먼사이언스 018

# 삶으로서의 역사
나의 서양사 편력기


1판 1쇄 찍음 | 2017년 12월 15일
1판 1쇄 펴냄 | 2017년 12월 25일

지은이 | 이영석
펴낸이 | 김정호
펴낸곳 | 아카넷

출판등록 | 2000년 1월 24일(제406-2000-000012호)
주소 | 10881 경기도 파주시 회동길 445-3
전화 | 031-955-9511(편집)·031-955-9514(주문)   팩시밀리 | 031-955-9519
www.acanet.co.kr | www.phildam.net

Printed in Seoul, Korea.

ISBN 978-89-5733-582-6 03900

이 도서의 국립중앙도서관 출판예정도서목록(CIP)은 서지정보유통지원시스템 홈페이지(http://seoji.nl.go.kr)와
국가자료공동목록시스템(http://www.nl.go.kr/kolisnet)에서 이용하실 수 있습니다.(CIP제어번호:CIP2017033427)